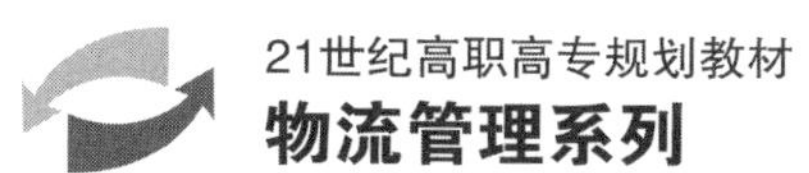

采购管理

主编 曾益坤 副主编 周宁武 （第2版）

Purchasing management

中国人民大学出版社

·北京·

图书在版编目（CIP）数据

采购管理/曾益坤主编．--2版．--北京：中国人民大学出版社，2020.7
21世纪高职高专规划教材．物流管理系列
ISBN 978-7-300-28365-4

Ⅰ.①采… Ⅱ.①曾… Ⅲ.①采购管理—高等职业教育—教材 Ⅳ.①F253

中国版本图书馆CIP数据核字（2020）第122075号

21世纪高职高专规划教材・物流管理系列
采购管理（第2版）
主　编　曾益坤
副主编　周宁武
Caigou Guanli

出版发行	中国人民大学出版社		
社　　址	北京中关村大街31号	**邮政编码**	100080
电　　话	010－62511242（总编室）		010－62511770（质管部）
	010－82501766（邮购部）		010－62514148（门市部）
	010－62515195（发行公司）		010－62515275（盗版举报）
网　　址	http://www.crup.com.cn		
经　　销	新华书店		
印　　刷	北京七色印务有限公司	**版　　次**	2014年5月第1版
规　　格	185 mm×260 mm　16开本		2020年7月第2版
印　　张	18.5 插页1	**印　　次**	2020年7月第1次印刷
字　　数	388 000	**定　　价**	38.00元

前　言

采购管理是企业物流系统的重要组成部分，采购活动的有效性、科学性和前瞻性对企业效益将会产生直接的影响。随着经济全球化和信息技术的发展，采购管理的作用日益凸显，采购已不仅仅是企业或部门的一种独立功能和一般性工作，而且是一种与公司战略决策紧密相关的综合性管理活动。在经济全球化和信息技术飞速发展的今天，企业面临着越来越大的压力：一方面是成本上升，另一方面是购买方对价格的挑剔和市场对快速响应的要求，采购已成为企业在激烈竞争中获得优势的重要环节。虽然一些企业已认识到采购对于自身的重要性，但仍存在采购管理制度不健全、管理不规范、采购人员素质参差不齐等问题，在某种程度上制约了企业战略目标的实现。因此，加强采购环节的研究、优化采购流程、提高采购组织和管理水平等，对于企业提高采购运作质量和经营水平都具有十分重要的意义。为了能使企业科学、合理地从事采购业务，相应的管理者和工作人员必须具备采购管理的知识和技能，而作为即将进入生产、经营第一线的高职物流管理专业的学生，更有必要学习采购的知识并熟练掌握采购的技能，以便在工作中展示才能，开拓事业。

项目化教学是近几年来在高职高专院校讨论较多的一种教学活动，它是将传统学科体系课程中的知识、内容蕴含于工作实践中，学生通过完成项目而掌握理论知识与实践技能。项目化教学有助于改变偏重理论教学的现状，有助于学生在学习过程中充分发挥主观能动性。本书在编写过程中遵循“以培养职业能力为核心，以工作实践为主线，项目导向，任务驱动”的原则，根据工商企业采购业务运作的实际需求，结合采购管理的实际案例，设置了采购管理认知、采购环境与需求分析、采购前的准备工作、采购实施、采购合同的履行及采购绩效管理六个项目。每个项目设置若干个基于工作过程的任务，并以“业务背景”作为导读，引入项目的具体任务；为了更好地完成相应的导入任务，学生需要储备相应的专业知识，为此，我们安排了“知识准备”，除了讲清主要知识点外，还穿插了一定的案例、实例和相关资料，旨在拓宽学生的专业视野。完成每个项目的学习后，学生还需要通过完成相应的实践任务来检验学习的成效。“操作指导”的安排增强了本书教学的可操作性。为更好地完成任务，学生要先对每个任务进行分析，借助现有实施条件，按照既定的实施步骤，完成具体的学习任务，并由教师对结果进行评价。学生在完成训练项目的过程中，可以采用自主学习、同学之间相互讨论、教师给予指导并协助学生解决问题等方式，最终达到提高学生自主解决问题能力的目的。此外，本书还有机融入了《物流师国家职业标准》和《采购师国家职业标准》的有关内容，以充分体现国家职业标准的技能要求，从而将课程与职业技能考级、考证紧密结合，这不仅有利于对学生的职业能力的培养，而且有利于贯彻执行“双证融通”制度。

本书的编写方式有助于项目教学法的实施，很显然，这种教学模式既考虑到高职高专院校学生的素养层次，又迎合了高职高专院校应用型人才的培养要求。本书既可以作为高职高专院校物流管理、工商企业管理、市场营销等专业的教材，也可以作为采购从业人员及与物流产业相关人员的学习、培训用书。

本书由曾益坤教授担任主编并总纂，周宁武副教授担任副主编，具体编写分工为：湖州职业技术学院曾益坤教授及浙工大在读博士黄明田讲师负责项目一、项目二和项目三，湖州职业技术学院产业处采购主管应志军讲师负责项目四，湖州职业技术学院物流管理专业教师周宁武副教授负责项目五和项目六。在本书编写过程中，编者得到了主、参编所在单位及湖州市物流与供应链协会的大力支持，书中还参考了国内外许多专业书籍和同类教材，不论是否列出，在此一并致谢。

鉴于采购管理的理论、方式和实践还在不断的发展过程中，当前进行采购管理理论和实践研究的团体及个人也日益增多，在基本保持第 1 版格局及框架的基础上，我们针对采购管理六个项目的有关概念及文字表述作了局部的修改、完善，增补、调整了部分案例，调整了部分配图，增补了若干采购术语；考虑到《中华人民共和国招标投标法》《中华人民共和国招标投标法实施条例》已分别于 2017 年、2019 年作了修订，本书将之作为附录供读者参考。本书编者希望能借本书再版的机会，进一步推动全社会对于采购管理的研究，尤其是对高职高专院校物流管理专业职业技能训练的探索。

高职项目化教材的编写模式还不成熟，且采购理论日新月异，各种心得、理论和见解多之又多，外加编者水平有限，编写时间仓促，书中难免有不妥之处，真诚地希望得到广大读者的批评、指正。

编者

2020 年 3 月 28 日于湖州职业技术学院

目　录

项目一　**采购管理认知**　**1**

任务 1　认知采购与采购管理　2

任务 2　认知采购业务流程　10

任务 3　认知采购组织与岗位职责　17

项目二　**采购环境与需求分析**　**43**

任务 1　采购环境分析　44

任务 2　采购需求分析　62

项目三　**采购前的准备工作**　**86**

任务 1　采购计划编制　87

任务 2　采购预算编制　94

任务 3　供应商评估与选择　99

项目四　**采购实施**　**126**

任务 1　采购方式选择　127

任务 2　采购成本控制　154

任务 3　采购洽商　172

项目五　**采购合同的履行**　**199**

任务 1　采购合同的编制与签订　200

任务 2　采购合同的管理及纠纷处理　208

任务 3　交货验收管理　217

任务 4　采购货款结算　226

项目六 **采购绩效管理** **251**

任务 1 采购绩效考核体系的制定 252

任务 2 采购绩效考核的实施 258

任务 3 供应商供应绩效考核 266

附录 290

参考文献 291

项目一
采购管理认知

【学习目标】

知识目标

1. 了解采购的概念；
2. 了解采购管理的概念；
3. 了解采购的业务流程；
4. 了解采购的组织架构及采购人员的素质要求。

技能目标

1. 能区别采购与采购管理；
2. 能细分采购岗位并制定职责；
3. 能对采购流程进行分析；
4. 能根据企业的规模设置采购组织架构。

【重点难点】

本项目的重点是采购业务流程和组织架构，难点是采购与采购管理的区别和采购人员的工作分析。

任务1
认知采购与采购管理

业务背景

当今社会，任何企业在不同市场上的经营运作，其主要程序都离不开三个基本环节，即采购、生产及销售。很显然，采购是企业生产和人们日常生活的重要保障。过去在许多企业中，人们往往认为采购部门是个花钱的部门，是企业经营活动中的成本中心。其实，企业如果能通过专业能力和谈判技巧，降低采购成本，进而减少开支，提高企业利润，这也是建立竞争优势的有效手段。通用电气公司前CEO杰克·韦尔奇说过："采购是企业能带来利润和增值的部门。"有统计数据表明，生产制造企业外购的材料和零部件占企业采购成本的40%～60%，而材料价格每降低1%，在其他条件不变的前提下，企业的净资产回报率可提高15%左右。因此，采购对企业来讲，是非常重要的一个环节，如何保证企业以最小的采购成本，创造最大的采购效益，是所有企业和个人的采购行为所追寻的主要目标。

导入任务

本任务主要通过课堂教学和网络工具的运用，获取采购及采购管理的相关知识，使学习者认知采购和采购管理的概念，熟悉采购的分类，理解采购管理在现代企业中的功能和作用，为后续项目的学习和相关任务的完成打下坚实的基础。

知识准备

一、采购的认知

（一）采购的概念

采购是指企业在一定的条件下从供应市场获取产品或服务作为企业资源，以保证企业生产及经营活动正常开展的一项经营活动。采购是一个商业性质的有机体为维持正常运转而寻求从体外摄入的过程。采购对于生产、生活的意义在于通过这种活动来获取需要但缺乏的资源。这些资源既包括生产资料，也包括生活资料；既包括实物资料，如原材料、机器设备等，也包括非实物资料，如信息、服务、高新技术等。采购最基本的功能就是帮助自然人或组织从资源市场中获取他们所需要的各种资源。

采购有狭义和广义之分。狭义的采购是指以购买的方式，由买方支付对等的代价，向卖方换取物品或服务的行为过程，在买卖双方的交易过程中，伴随着物品所有权的转移；广义的采购是指除了以购买的方式占有物品的所有权外，还可以通过租赁、借贷等途径取得物品的使用权，以达到满足需求的目的。

根据采购主体与采购资金来源的差异，采购可分为企业（私人）采购和政府采购，本书所说的采购是主要是企业采购，指工商企业以营利为目的，为社会提供最终产品或服务而购买生产资料的活动，即企业根据需求提出采购计划、审核计划、选择供应商，通过洽商确定采购价格和交货条件，最终签订合同并按要求收货付款的全过程。生活中所说的买或购买，是指普通意义上用货币换取商品的交易过程，而采购更为专业化。

（二）与采购相关的概念

1. 请购

请购就是企业内部的员工对于工作或生产中需要用到的办公用品、原材料等物品的需求，向供应部门（或称采购部门）提出请求的过程。员工请购之后待主管批复，主管可以同意，也可以拒绝，或是部分同意。

2. 订购

订购是指依照事先约定的条件，企业向供应商下订单的过程。另外，它还被用在并没有询问供应商的条件下直接发出采购订单的情况，如电话订购。

3. 供应

供应是指供应商将企业经营所需的资源提供给企业的经营活动。在我国，它的基本含义是指供应商向顾客提供产品或服务的过程。而在欧美国家，供应包括采购、存储和接受货物在内的更为广泛的含义。供应偏重于物流活动，而采购更偏重于商流活动。

4. 购买

购买是指使用货币换取商品的交易过程，其主体通常是家庭或个人，购买的物品多为衣、食、住、行、用等生活资料。采购的概念应当比购买的概念更专业、含义更广泛，包括购买、储运、接收、检验及废料处理等。

5. 战略采购

战略采购是一种有别于常规采购的思考方法。它与普遍意义上的采购的区别是前者注重的要素是“最低总成本”，而后者注重的要素是“单一最低采购价格”。因此，战略采购是一种系统性的、以数据分析为基础的采购方法，是在宏观范围内确立采购资源，建立最优的供应商体系及战略伙伴关系的过程。

6. 日常采购

日常采购是指采购人员根据确定的供应协议和条款，以及企业的物料需求时间计划，以采购订单的形式向供应商发出需求信息，并安排和跟踪整个物流过程，确保物料按时到达企业，以支持企业的正常运营的过程。内容包括：制定采购计划、寻找供应商、供应商资质调查、询价、比价、签订合同、发出订单、发货通知单给仓库、采购请款等。

7. 全球采购

全球采购是指利用全球的资源，在全世界范围内寻找供应商，寻找质量最好、价格合理的产品。全球采购是一个企业的战略举动。具有规模经济生产能力和创新能力的供应商将成为全球采购企业的一个战略组成部分。

（三）采购的分类

1. 按采购方式分类

按采购方式分类，采购可分为直接采购、委托采购与调拨采购。

（1）直接采购：是指直接向物料供应商订货实施采购的行为。

（2）委托采购：是指通过中间商实施采购的行为，也称中介采购。

（3）调拨采购：是指将过剩物料互相支持、调拨使用的行为。

2. 按采购性质分类

按采购性质分类，采购可分为公开采购与秘密采购、大量采购与零星采购、特殊采购与普通采购、正常性采购与投机性采购等。

（1）公开采购：是指采购信息及行为公开化的采购行为。

（2）秘密采购：是指采购信息及行为在秘密中进行的采购行为。

（3）大量采购：是指一些金额大、批量大的采购行为。

（4）零星采购：是指一些金额小、零散的采购行为。

（5）特殊采购：是指采购项目特殊，采购人员事先必须花很多时间搜集采购情报的采购行为，如采购特殊规格、特种用途的机器等。

（6）普通采购：是指采购项目极为普通的采购行为。

（7）正常性采购：是指采购行为正常化而不带投机性的采购。

（8）投机性采购：是指物料价格低廉时大量买进以期涨价时转手图利的采购行为。

3. 按采购时间分类

按采购时间分类，采购可分为长期固定性采购与非固定性采购、计划性采购与紧急采购、预购与现购。

（1）长期固定性采购：是指采购行为长期而固定性的采购。

（2）非固定性采购：是指采购行为非固定性，需要时就采购的采购。

（3）计划性采购：是指根据材料计划或采购计划而进行的采购行为。

（4）紧急采购：是指物料急用时毫无计划性的紧急采购行为。

（5）预购：是指先将物料买进而后付款的采购行为。

（6）现购：是指以现金购买物料的采购行为。

4. 按采购订约方式分类

按采购订约方式分类，采购可分为订约采购、口头或电话采购、书信或电报采购以及试探性订单采购。

（1）订约采购：是指买卖双方根据订约方式进行采购的行为。

（2）口头或电话采购：是指买卖双方不经过订约的方式而是以口头或电话的洽谈方式进行采购的行为。

（3）书信或电报采购：是指买卖双方通过书信或电报进行采购的行为。

（4）试探性订单采购：是指买卖双方在进行采购事宜时，因某种原因不敢大批量下订单，先以试探方式下少量订单，待试探性订单采购进行顺利时，而后才下大批量订单。

5. 按决定采购价格的方式分类

按决定采购价格的方式分类，采购可分为招标采购、询价现购、比价采购、议价采购、定价收购、公开市场采购。

（1）招标采购：是指将物料采购的所有条件（诸如物料名称、规格、数量、交货日期、付款条件、罚则、投标押金、投标厂商资格、开标日期等）详细列明，登报公告。投标厂商依照公告的所有条件，在规定时间内，交纳投标押金，参加投标。招标采购的开标按规定必须三家以上的厂商报价，投标方得开标。

（2）询价现购：是指采购人员选择信用可靠的厂商，讲明采购条件，询问价格或寄送询价单并请对方报价，作出比较后再进行采购。

（3）比价采购：是指采购人员请数家厂商提供价格，作出价格比较后，最终确定厂商实施采购行为。

（4）议价采购：是指采购人员与厂商通过讨价还价，之后按一定价格进行采购的行为。一般来说，询价、比价、议价是结合使用的。

（5）定价收购：是指企业所需购买的物料数量巨大，是几家厂商所能全部提供的，如粮食收储公司收购粮食、油料，烟草公司收购烟叶等，或当市场上某种物料匮乏时，企业以订立价格以现款向供应商收购该物料。

（6）公开市场采购：是指采购人员在公开交易或拍卖时随时机动地采购。

6. 按采购对象分类

按采购对象分类，采购可分为原材料采购、半成品采购、零配件采购、主要设备采购和附属设备采购。

（1）原材料采购：是指企业采购生产某种产品的基本原料以及用于生产过程起点产品的行为。

（2）半成品采购：是指企业采购半成品以生产最终产品的行为。

（3）零配件采购：是指企业采购装配产品所需的各种零部件的行为。

（4）主要设备采购：是指保证企业进行某种生产的基本设备的采购行为。

（5）附属设备采购：是指企业所需动力、供电、机修、办公设备等附属设备的采购行为。

7. 按采购政策分类

按采购政策分类，采购可分为集中采购和分散采购。

（1）集中采购：是指同一企业内部或同一企业集团内部的采购管理集中化的趋势，即通过对同一类材料进行集中化采购来降低采购成本。

（2）分散采购：是指由企业下属各单位（如子公司、分厂、车间或分店）实施的满足自身生产经营需要的采购行为。

8. 按采购方法分类

按采购方法分类，采购可分为传统采购和科学采购。

（1）传统采购：传统采购是企业一种常规的业务活动过程，即企业根据生产需要，首先由各需要单位在月末、季末或年末，编制需要采购物资的申请计划；然后由物资采购供应部门汇总成企业物资计划采购表，报经主管领导审批后，组织具体实施；最后，所需物资采购回来后验收入库，组织供应，以满足企业生产的需要。这种采购方式存在市场信息不灵、库存量大、资金占用多、库存风险大的不足，可能出现供不应求，影响企业生产经营活动的正常进行，或者库存积压、成本居高不下，影响企业的经济效益。

（2）科学采购：当今社会，网络和信息技术可为采购人员提供工具，借助这个工具，采购人员能够通过互联网在全球范围内即时地与其供应商进行通信和交易，及时、准确、合理地向供应商发送订单及采购计划，从而防止牛鞭效应、商品脱销及商品囤积，为企业快速降低采购成本带来了机会。科学采购主要有订货点采购、MRP 采购、JIT 采购、供应链采购和电子商务采购五种模式。

1）订货点采购：订货点采购是严格根据需求的变化和订货提前期的长短，精确地确定订货点、订货批量或订货周期、最高库存量等，建立起连续的订货机制和库存控制机制，达到既满足需求、又使库存总成本最小的目的。这种采购模式以需求分析为依据，以填充库存为目的，采用计量方法，兼顾满足需求和库存成本控制，原理比较科学，操作比较简单。但是由于市场的随机因素多，该方法同样具有库存量大、市场响应不灵敏的缺陷。

2）MRP 采购：MRP 采购主要应用于生产企业。它是生产企业根据生产计划和主产品的结构以及库存情况，逐步推导出生产主产品所需要的零部件、原材料等的生产计划和采购计划的过程。MRP 采购计划规定了采购品种、数量、采购时间和采购回来的时间，计划比较精确、严格。它是以需求分析为依据，以满足库存为目的的，其市场响应灵敏度及库存水平与订货点采购模式相比，有不少进步。

3）JIT 采购：又称准时化采购，是一种完全以满足需求为依据的采购模式。它对采购的要求是：供应商恰好在采购者需要的时候，将合适的品种、合适的数量送到采购者要求的合适的位置。它以需求为依据，改造采购流程和采购方式，使它们完全适合于需求的品种、时间、数量，做到既能灵敏响应需求的变化，又能使得库存向零库存趋近。这是一种比较科学、比较理想的采购模式。

4）供应链采购：供应链采购是一种供应链机制下的采购模式。在供应链机制下，采购不再由采购者操作，而是由供应商操作。采购者只需要把自己的需求规律信息及库存信息向供应商连续及时地传递，供应商根据自己产品的消耗情况，不断及时、连续、小批量地补充库存，保证采购者既能满足需要、又使总库存量最小。供应链采购对信息系统和供应商操作要求都比较高，也是一种科学的、理想的采购模式。

5）电子商务采购：即网上采购，是在电子商务环境下的采购模式。它的基本特点是采购者在网上寻找商品、寻找供应商、网上交易洽谈、网上下单和网上付款结算，货物通过物流系统进行配送。这种模式的好处是扩大了采购市场的范围，缩短了供需距离，简化了采购手续，减少了采购时间和采购成本，提高了工作效率，是一种很有发展前途的采购模式。

9. 按采购地区分类

按采购地区分类，采购可分为国内采购与国外采购。

（1）国内采购：简称内购，是指向国内厂商进行采购的行为。

（2）国外采购：简称外购，是指向国外供货商或外国货在本国境内的代理商进行采购的行为。

二、采购管理的认知

（一）采购管理的概念

采购管理是指为保证企业采购目标的实现而对采购活动所进行的计划、组织、协调与控制，是企业为达到战略目标而获取供应商的商品和资源的活动。在这个过程中，管理者执行采购决策，指导所有的采购活动，利用企业能力范围内存在的机会，从而实现企业的长期目标。因此，要做好采购管理，需要做好事前的统筹规划、事中的执行以及事后的控制等环节，在确保质量可靠的前提下，从适当的供应商、以适当的价格、适时购入必需数量的物品或服务，从而达到维持正常的企业经营活动、降低产销成本的目的。

采购管理着眼于采购部门内部、采购部门与企业内其他相关部门的关系，同时，兼顾与供应商的联系。因此，采购管理有内部和外部两个方面。在内部，不仅面向企业全体采购人员，而且面向企业组织内的其他成员；在外部，主要是加强与供应商之间的信息联系和相互之间的合作，建立新的供需合作模式，保持与供应商之间的互利关系。在现代市场竞争激烈的条件下，采购管理逐渐成为企业管理的重头戏之一。由于采购管理在供应链企业之间、原材料和半成品生产合作交流方面架起一座桥梁，沟通生产需求与物资供应的联系，因此采购管理也是企业物流管理的重要内容之一。同时，物资供应模式往往会在很大程度上影响生产模式。如果实行准时化采购模式，则企业的生产方式类似于丰田公司的“看板方式”，企业的生产流程、物料搬运方式都要做很大的变动。如果要实行供应链采购模式，需要实行供应商管理库存、多频次小批量补充货物的方式，这也将大大改变企业的生产方式和物料搬运方式。所以，如果物资采购提供一种科学的供应模式，必然会要求生产方式、物料搬运方式都做出相应的变动，以共同构成一种科学管理模式，而且这种科学管理模式是从物资采购供应作为开端而运作的。现阶段，随着互联网技术的发展以及企业管理模式的改进，采购管理出现了一些新的趋势。企业战略决策中越来越多地考虑到采购，采购管理已发展到战略层面，而不仅仅停留在操作层面。此外，采购中也越来越多地使用新技术，电子商务在采购管理中的应用更加广泛。

（二）与采购管理相关的概念

1. 供应链管理

供应链管理是指在满足一定的客户服务水平的条件下，为了使整个供应链系统成本达到最小而把供应商、制造商、仓库、配送中心和渠道商等有效地组织在一起进行的产品制造、转运、分销及销售的管理方法。供应链管理包括计划、采购、制造、配送、退货五大基本内容。通过对整个供应链系统进行计划、协调、控制和优化，从而发挥供应链中所有企业的协同效应，实现提升供应链整体竞争实力和价值增值的目的。

2. 物流管理

物流管理是指在社会再生产过程中，根据物质资料实体流动的规律，应用管理的基本原理和科学方法，对物流活动进行计划、组织、指挥、协调、控制和监督，使各项物流活动实现最佳的协调与配合，以降低物流成本，提高物流效率和经济效益。物流管理能够优化企业的产品、原材料、信息及其他各种资源的移动方式，是实施高效供应链管理的基础。企业的物流活动通常包括生产物流、销售物流、采购物流和回收物流。采购物流是企业物流的重要起点，是企业物流管理的主要环节。

3. 物料管理

物料管理是把物料流动看成一个系统，计划、组织、激励和控制与采购物料有关的所有活动。它的主要业务包括：预测物料需求、寻找货源并获得物料、把物料引入企业、按流动资产控制物料状态。物料管理的目标是从整个企业的角度来解决物料问题，它通过协调不同物料的性能表现、提供交流网络和控制物料流动来实现这一目的。物料管理与采购管理具有一定的相似性。

4. 供应管理

供应管理是采购管理发展到一定阶段的代名词。20 世纪 90 年代以后，采购管理从以交易为基础的战术职能发展到以流程为导向的战略职能，人们不再认为采购仅仅与供应有直接关系或仅仅是购买。一些企业随之把职能名称从采购管理改为供应管理。供应的核心内容就是通过采购、使用和运输各种资源为现有客户和潜在客户提供产品或服务。

（三）采购管理的主要内容、功能及目标

1. 采购管理的主要内容

采购管理是采购计划下达、采购订单生成、采购订单执行、到货接收、检验入库、采购发票收集到采购结算的采购活动的全过程，对采购过程中物流运动的各个环节状态进行严密的跟踪、监督，实现对企业采购活动执行过程的科学管理。其主要内容包括采购计划管理、采购订单管理、采购财务管理、采购评估和监控等。

（1）采购计划管理。采购计划管理是对企业的采购计划进行制定和管理，为企业提供及时、准确的采购计划和执行路线。采购计划包括定期采购计划（如周、月度、季度、年度）、非定期采购计划（如系统根据销售和生产需求产生的）。通过对多对象、多元素的采购计划的编制、分解，将企业的采购需求变为直接的采购任务，系统支持企业以销定购、以销定产、以产定购的多种采购应用模式，支持多种设置灵活的采购订单生成流程。

（2）采购订单管理。采购订单管理以采购订单为源头，对从供应商确认订单、发货、到货、检验、入库等采购订单流转的各个环节进行准确的跟踪，实现全过程管理。通过流程配置，可进行多种采购流程选择，如订单直接入库，或经过到货质检环节后检验入库等，在整个过程中，可以实现对采购存货的计划状态、订单在途状态、到货待检状态等的监控和管理。采购订单也可以直接通过电子商务系统发给对应的供应商，进行在线采购。

（3）采购财务管理。发票管理是采购财务管理中的重要内容。采购货物是否需要暂估、劳务采购的处理、非库存的消耗性采购处理、直运采购业务、受托代销业务等均在此进行处理。通过对流程进行配置，允许客户更改各种业务的处理规则，也可定义新的业务处理规则，以适应企业业务不断重组、流程不断优化的需要。

（4）采购评估和监控。采购评估就是在一次采购完成以后，或月末、季末、年末对一定时期的采购活动的总结评价，意在评估采购活动的效果、总结经验教训、提出改进方法等；采购监控，是指对采购活动的监督和控制，包括对采购有关人员、采购资金及采购活动的监控等。

2. 采购管理的功能

采购是企业活动中最重要的功能之一。一般企业购料支出占制造成本的55%以上，因此，采购管理是否良好，对企业的存续与发展有着直接影响。在现今竞争激烈的全球化环境下，企业可通过降低成本而达到为客户增加价值的目的。因此，已经有越来越多的企业重视采购和资源管理。采购管理的功能主要表现在以下几个方面：

（1）保证本企业所需物料与服务的正常供应；

（2）不断改进采购过程及供应商管理过程以提高原材料质量；

（3）控制、减少所有与采购相关的成本，包括直接采购成本和间接采购成本；

（4）建立可靠、最优的供应配套体系；

（5）利用供应商的专业优势，积极参与产品或流程开发；

（6）维护本企业的良好形象；

（7）作为企业和资源市场的关系接口、外部供应链的操作点及与市场的信息接口；

（8）管理、控制好与采购相关的文件，如程序性文件、作业指导书、供应商调研报告、供应商考核及认可报告、图纸及样品、合同、发票等。

3. 采购管理的目标

企业采购管理的总目标就是以最低的总成本为企业提供满足需要的物料和服务。具体的目标有以下五点：

（1）确保选择合适的供应商。供应商的选择是确保物料和服务质量最重要的措施之一，是采购管理的首要目标。只有正确选择供应商，才能在最适当的价格下，得到适当品质和数量的物料和服务。在选择供应商的时候，一般应从品质、价格、交货期限和服务等方面来考察，并努力建立双方相互信任的长期的合作伙伴关系。

（2）为企业提供所需的物料和服务。提供不间断的物料和服务，以使整个企业正常运转，这是采购部门的第一要务。原材料和零部件的缺货，因必须支出的固定成本而导致运营成本的增加，以及无法向客户兑现作出的交货承诺等，都会给企业造成极大的损失。

（3）争取最低成本。尽管“价格购买者”这个词由于意味着其在采购时所关注的唯一因素是价格而一般被误解为贬义词，但是当质量、运输和服务等方面的需求得到满足时，采购部门还是应该全力以赴以最低的价格获得所需的物料和服务。

（4）使存货和损失降到最低。保证物料供应不间断的一个方法是保持大量的库存，而保持库存必然占用资金，这些资金再不能用于其他方面。

（5）提高产品或服务质量。为了生产产品或提高服务质量，每一种物料的投入都要达到一定的质量要求，否则最终产品或服务将达不到期望的要求，或是其生产成本将远远超过可以接受的程度。

要达到以上几个目标，首先要完善采购制度，规范采购流程，然后选择适当的、合乎本企业实际运行情况的采购模式。一个合乎企业自身实际情况的采购模式，不仅能降低企业的采购成本，提高采购效率，而且能提高企业的整体管理效率，使企业得到长远发展。

任务2
认知采购业务流程

业务背景

在生产订单实施过程中，企业采购部门需要生产、财务、仓储、质检等各个部门的大力支持，才能顺利地完成采购工作，每个部门之间的联系都需要一个标准的规划，以提高工作效率，减少工作失误，为生产订单的顺利实施承担好各自的责任。因此，建立高效、实用与完善的采购工作流程是提高采购效率与降低成本最有效的方法。

导入任务

采购流程基本上是信息流、物流和资金流的交互过程，其核心是判断在什么时间、与谁、以什么方式进行交互。本任务主要通过案例、企业调研及网络工具的运用，获取工商企业采购业务流程及政府采购流程的相关知识，使学习者认知工商企业及政府的采购业务流程，为以后从事采购工作打下坚实的业务基础。

知识准备

一、采购的一般流程及注意事项

（一）采购的一般流程

采购作业会因采购的来源、方式以及对象等的不同而在作业细节上有所差异，但基本流程大同小异。以下是美国采购学者威斯汀所主张的采购的一般流程：

1. 确认需求

在采购之前应先确定买哪些物料、买多少、何时买、由谁决定等。

2. 说明需求

确认需求之后，对需求的细节，如品质、包装、售后服务、运输及检验方式等，均加以明确说明，以便使来源选择及价格谈判等作业能顺利进行。

3. 选择可能的供应商

根据需求说明在原有供应商中选择业绩良好的供应商，通知其报价，或以登报公告等方式公开征求。在选择供应商时，企业应考虑的主要因素有：

（1）价格。物美价廉的商品是每个企业都想获得的。相对于其他因素，虽然价格并不是最重要的，但比较各个供应商提供的价格连同各种折扣是选择供应商时不可或缺的一个重要指标。

（2）质量。商品质量也是一个十分重要的影响因素。企业应根据自身实际情况考虑商品质量，并不是质量最好的就是最适合的，应力求用最低的价格买到最适合本企业质量要求的产品。

（3）服务。服务也是一个很重要的影响因素。例如：更换次品、指导设备使用、修理设备等，类似这样的一些服务在采购某些物料时，可能会在选择过程中起到关键作用。

（4）位置。供应商所处的位置对送货时间、运输成本、紧急订货与加急服务的回应时间都会产生影响。在当地购买有助于发展地区经济，易于形成社区信誉以及获得良好的售后服务。

（5）供应商库存政策。如果供应商的库存政策要求自己随时持有备件库存，那么拥有安全库存将有助于设备突发故障的解决。

（6）柔性。那些愿意且能够回应需求改变、接受设计改变等要求的供应商应予以重点考虑。

4. 确定价格

企业确定可能的供应商后，应与其进行价格谈判，以确定最终的采购价格。

5. 安排订单

价格谈妥后，应办理订货签约手续。订单和合约均属于具有法律效力的书面文件，对买卖双方的要求、权利及义务必须予以说明。

6. 追踪与稽核订单

签约订货后，为使供应商如期、如质、如量交货，企业应依据合约规定，督促供应商按规定交货，并予以严格验收入库。

7. 核对发票

供应商交货验收合格后，企业随即开具发票。要求付清货款时，对于发票的内容是否正确，应先经采购部门核对，然后财务部门才能付款。

8. 不符与退货处理

凡供应商所交货品与合约规定不符而验收不合格者，应依据合约规定退货，并立即办理重购，予以结案。

9. 结案与验收

合格付款，或验收不合格退货，均须办理结案手续，企业相关人员应清查各项书面资料有无缺失、绩效好坏等，并报高级管理层或权责部门核阅、批示。

10. 记录与档案维护

维护经结案批示后的采购文件，应列入档案登记编号并分类，予以保管，以备参阅或事后发生问题时查证。档案应具有一定保管期限的规定。

（二）采购流程构建的注意事项

采购流程的控制是采购管理的核心，尤其是企业的规模较大、采购金额较高的采购案件，管理者对采购流程的构建应高度重视。控制的目的在于提高采购效率，降低采购成本。需要注意先后顺序、关键点设置、权责划分及实际控制等，避免作业过程发生摩擦、重复与混乱并使价值与程序相适应。在通常的业务流程中，要特别关注四个环节性控制点，即采购计划、供应商选择、采购合同、付款。

1. 采购计划

采购计划是采购活动的基本依据，是控制盲目采购的有效措施，更是搞好现金流量预测的有力手段。控制采购流程的首要任务就是根据生产计划、资金条件、采购手段等信息认真编制计划，并严格执行计划，一定要做到无采购计划不采购。

2. 供应商选择

供应商选择对于稳定料源、确保进料质量和交货十分重要。企业应严格执行供应商的评估标准，对已有的供应商不能降低标准，对新的供应商必须严格把关。

3. 采购合同

采购合同是企业生产用料的法律保证文件，丝毫不能马虎。采购人员辛苦劳动的成果就是购销双方签订的合同条款。供应商是否按合同规定的质量、时间、数量等条款供货对企业正常的生产经营活动会产生重要影响，这也是对企业寻找合格供应商的考验。企业要严格管理订单，对经预测可能推迟交货的供应商要及时催货，以免交货太迟贻误生产。

4. 付款

付款是采购流程的最后一个环节。它的前提是确认采购验收业务确实完结，即物料经验收确认无差错后才能付款，一定要把供应商错发、误发、少发等事故杜绝在入库之前。采购人员持采购发票去财务报销时，必须逐笔核对进货情况，确认无误并在发票上签字再经领导审批后，方可报销。

二、工商企业的采购业务流程

工业企业和商业企业由于业务流程、服务对象及方式的差异，因此两者在采购需求、采购服务对象、采购流程及供应商选择的标准上是有区别的。具体来说，商业采购属于转卖性需求，企业通过购买商品或劳务以转售或出租给第三方获取利润为目的，采购主体是批发商或零售商，采购对象通常为生活资料；而工业采购属于生产性需求，企业为生产产品或提供服务而向外界购买生产装备、附属设备、零部件、原材料、初步加工过的生产资料、消耗品和服务等，采购对象通常为生产资料。商业采购的服务对象为顾客，作为顾客的采购代理，从供应商那里选择适合顾客的产品，为顾客提供尽可能优质的服务；工业采购的服务对象为企业用户，采购人员是为本企业采购或服务于其他企业。工商企业选择供应商的共同标准是质量、价格、条件、交付速度、服务以及过去订单的实际绩效等，但商业采购除此之外，还需考虑商品标准（是否符合零售商店定位、形象，是否适合目标市场，是否能按时间、数量、地点交货，是否能满足自创品牌等特殊要求）和促销标准（提供促销支持的种类和数量，包括广告支持、示范资助、展示材料、销售促进等）。总的来说，商业采购需要不断地根据市场的变化而变化，采购人员一般会涉及 2 000 个单品左右；工业采购一般都比较集中和单一，因为每个零部件都是固定的，只要选择好即可。工业企业的生产资料及消耗品等基本上是没有替代性的，而商业企业的商品很多都是同质的。

（一）工业企业的采购业务流程

工业企业是指为满足社会需要并获得盈利，从事工业性生产经营活动或工业性劳务活动、自主经营、自负盈亏、独立核算并且有法人资格的经济组织。这些企业的制造品，可以根据它们参与生产过程的程度和价值大小划分为材料和部件、资本项目以及供应品和服务三大类。其采购业务流程如下：

提出需求→描述需求→选择可能的供应来源并评价供应商→确定适宜的价格→发出采购订单→订单跟踪与稽核→核对发票→交货验收与退货处理→结案→记录与档案维护。

（二）商业企业的采购业务流程

商业企业是指通过对商品的购进和销售以及由此产生的运输和储存业务，完成商品从生产领域到消费领域转移的过程，满足顾客的需要并从中获取利润的经济组织。其主要特征是：以商品的购、销、运、存为基本业务，对经营的商品基本上不进行加工或只进行浅度（流通）加工。其采购业务流程如下：

制定商品经营目录→市场调查及分析与预测→确认需求→寻找可能的供应商→询价报价→选择供应商→购货洽谈与签订合约→商品检验与验收→购后评价。

三、政府采购的流程

政府采购是指各级国家机关、事业单位和团体组织，使用财政资金采购依法制定的集中采购目录以内的或者采购限额标准以上的货物、工程和服务的行为。政府采购不仅是指具体的采购过程，而且是采购政策、采购程序、采购过程及采购管理的总称，是一种公共采购管理制度，是一种政府行为。政府采购的基本流程如下：

受理申请表→确定采购方式（公开招标、邀请招标、竞争性谈判、单一来源采购、询价采购、其他采购方式）→编制招标文件→招标办审核招标文件、采购人员确认招标文件→发布招标公告→投标报名、资格预审、发售招标文件→组织答疑、对招标文件进行必要的补遗（发布变更公告）→组织召开招标会→中标公示→签发中标通知（成交确认）书→未中标供应商退还投标保证金→签订合同（中标供应商和业主单位在招标文件规定的时间内签订合同）→中标供应商退还投标保证金并按招标文件规定交纳履约保证金→将招标文件资料整理后统一装订编号归档。

以下为某市政府采购的流程：

（一）确认采购资金

（1）属于财政拨款的采购资金，由财政部门有关业务科室根据下达给采购单位的年度采购预算，按照拨款申办程序，由负责资金拨付和账户管理的科室于采购前将计划安排的采购资金划入市政府采购资金专户；实行国库集中支付试点单位的采购预算资金，单位只需在网上填报采购预算给相关业务科室批复后，采购办人员即可在网上查询到，该笔资金无须拨入市政府采购资金专户。

（2）未列入政府采购计划，需另外追加的采购项目，由行政事业单位向市财政局分管业务科室申报，采购办根据资金落实情况给予追加采购计划；实行国库集中支付试点单位的采购追加资金，其资金的确认同上，不需要拨入市政府采购资金专户。

（3）属于单位自筹的采购资金，采购单位应在采购前5个工作日将资金划入市政府采购资金专户。

（二）确认采购计划

（1）属于集中采购的项目，在采购前，各单位必须对所采购项目的技术参数、规格型号、采购数量、资金渠道、售后服务等要求进行确认（公务用车采购还应按程序报相关部门审批），并按采购办规定的时间上报。

（2）各单位报送的采购计划，不得提出具体的品牌要求。但考虑到部分项目的特殊性及工作需要，各单位可提出1～2个推荐品牌，供市采购办参考。

（3）对于较复杂、非标准的货物，报送采购计划时应附详细的采购要求及说明。

（4）各单位一般不采购外国货物，确因工作需要采购的，应当报经市采购办批准。

（三）政府采购的具体流程

（1）单位提出采购计划，报市财政局分管业务科室进行预算审核。

（2）财政局各业务科室批复采购计划，转采购办。

（3）采购办按政府采购制度审批汇总采购计划，一般货物交由政府采购中心采购，特殊物品可委托单位自行采购。

（4）确定采购方式（公开招标、协议采购、询价采购、竞争性谈判采购、单一来源采购等）。

（5）公开招标流程：

1）政府采购中心制作标书，并送采购单位确认；

2）政府采购中心发布招标公告或发出招标邀请，发售标书；

3）投标报名，资格预审，发售招标文件；

4）组织答疑，对招标文件进行必要的补遗（发布变更公告）；

5）组织召开招标会；

6）中标公示；

7）签发中标通知（成交确认）书；

8）未中标供应商退还投标保证金；

9）中标供应商和业主单位在招标文件规定的时间内签订合同；

10）中标供应商退还投标保证金并按招标文件规定交纳履约保证金；

11）中标供应商履约，采购办与采购单位验收（对技术要求高的采购项目要有专家参与验收）后，由采购单位把合同、供货发票原件和《采购单位验收物品意见表》送到采购中心办理付款手续；

12）政府采购中心办好手续，送交采购办作为依据，向供应商支付货款；

13）采购单位入固定资产账；

14）招标活动结束后，采购部门要建立档案，包括各供应商招标的标底资料、评标结果、公布的合法证书、公证资料、招标方案等。

（6）协议采购流程：

1）受理申请表；

2）确定采购方式；

3）由业主填写《政府采购定标申请联系单》并选择供应商；

4）由供应商提供报价单；

5）根据协议采购有关规定确定中标价；

6）出具中标通知书。

（7）询价采购流程：

1）受理申请表；

2）确定采购方式；

3）制作询价单，发布招标公告；

4）被询价的供应商一次性报出不得更改的价格；

5）确定成交供应商，招投标中心根据符合采购要求、质量和服务的相等条件下，以报价最低的为成交供应商；

6）出具中标通知书。

（8）竞争性谈判采购流程：

1）受理申请表；

2）确定采购方式；

3）编制招标文件；

4）发布招标公告；

5）成立谈判小组，所需专家从专家库中随机抽签产生；

6）谈判小组所有成员集中与单一供应商分别进行谈判；

7）确定成交供应商；

8）出具中标通知书。

（9）单一来源采购流程：

1）受理申请表；

2）确定采购方式；

3）采购人员与供应商在保证采购项目质量的基础上协商；

4）供应商填写报价单；

5）确认，报监督科备案；

6）出具中标通知书。

任务 3
认知采购组织与岗位职责

业务背景

为加强采购工作的管理，提高采购工作的效率，一般企业所有需求物料必须由企业采购部门统一采购，其所有的采购人员及相关人员均应依据企业制度及职责开展各项工作。因此，采购部门作为一个职能部门，在生产订单的具体实施中担负着不可推卸的重要责任，采购工作的好与坏，会直接影响生产订单的质量、工期与成本。

企业成本是否可以降下来，首先要考察的是采购成本。采购成本是否可以降下来，首先要考察的是企业是否有一个尽职尽责的、拥有良好采购策略的采购部门，是否有一群全心全意为企业着想的采购人员。一般企业的采购部门常被视为“用钱”的部门，采购管理得当，才能保证采购物品的质量，降低采购物品的价格。因此，建立一个好的采购部门对任何一个企业来讲，都是降低采购成本的关键所在。一个好的采购部门，时刻都应以降低采购成本、保证采购质量为己任，把降低采购成本、提高原材料质量作为工作的终极目标。建立了采购部门以后，采购人员的选择也是非常重要的，采购人员的各方面素质是决定采购部门工作好坏的关键。

导入任务

采购部门的组织结构只有根据企业的类别、策略、规模等实际状况来设定，才能真正契合需要发挥功能。采购部门可以隶属于生产部门，也可以隶属于行政部门，还可以隶属于其他业务部门。本任务主要通过上网搜集若干个著名企业采购方面的资料或实地调研某个工商企业，分析比较其采购组织的类型及岗位设置，使学习者能根据企业性质及规模，合理设置企业的采购组织并能制定相应的岗位职责。同时，针对社会上采购人员吃回扣、索红包等损害企业利益等现象，组织学习者进行讨论，以强化学习者对采购人员素质和职责的理解。

知识准备

一、认识采购组织

（一）企业设置采购组织需考虑的因素

1. 企业规模

企业采购组织的大小与企业规模成正比关系。企业规模越大、业务量越大，对生产企业而言，所耗费的原材料数量越多；对商业企业而言，商品的销售量越大。无论是为了保证生产企业的生产需要，还是为了满足商业企业的销售需要，都必须完成大批量的采购任务，从而也就需要较为庞大的采购队伍。反之，企业规模越小、业务量越小，采购人员数量也就越少。

2. 采购供应状况

采购供应工作是在一定的市场上进行的，因此，确定企业采购组织大小时应考虑市场供应状况，一般应考虑市场供求态势和供应点的分布情况。

3. 经营范围

值得提出的是，不同类型的企业对采购组织的要求也有差异。经营品种繁多的综合性商场，由于货源广泛、采购业务量大，采购组织应该大些。相反，经营品种较为单一的企业，如专业商店，由于进货地点较为集中，业务简单，采购组织可小些。

4. 采购人员素质

企业采购人员素质的高低不仅决定了采购工作的质量，而且影响采购组织的大小。一般来说，采购人员素质高、业务熟练、工作能力强、效率高，采购队伍可小些。相反，采购人员素质低、业务生疏、工作责任心差、效率低下，这样要完成相应的采购工作，只能使用更多的采购人员，采购组织也就较为庞大。

5. 企业内部各部门的配合程度

采购工作是由一系列相互配合的业务环节所组成的，要使采购工作效率高，采购部门应与企业内部的其他部门（如运输、仓库、财务部门等）加强配合，使采购人员集中精力做好采购工作。相反，如果一个企业的采购人员将大量精力放在发运验收、付款上，其工作效率就会非常低下，这样要完成相应的采购任务，需要的采购人员也会较多。

6. 信息传递形式与速度

市场需求信息是企业采购的依据，企业应有一整套灵敏的信息传输系统，及时把握市场行情的变化，信息传输速度越快，采购决策越及时，效率越高，采购工作的准确性也就越高，无效劳动越少，如此采购人员数量可少些。相反，如果企业没有灵敏的信息传输系统，企业采购人员冗余，必然效率低，采购队伍就会庞大。

7. 其他因素

其他影响采购组织大小的因素也很多，如国家相关政策、交通运输条件、通信现代化水平、自然条件等都会从不同的方面影响一个企业的采购组织的设立。

（二）采购组织的人员结构

对于一个成熟的规模较大的工商企业的采购部门而言，70%左右的人员应具备大学本科以上学历，其余30%的人员应具有专科水平，其中工程技术、经济贸易及其他专业背景宜分别占70%、10%、20%。采购队伍的平均工作时间为10年左右，在采购部门最好每年保持5%～10%的人员流动率，并有30%左右的专业采购人员长期在采购领域发展，而70%左右的采购人员在职业发展中能流入其他部门或领域，这样既能保持采购队伍基本力量的稳定、基本能力的继承，又能增加采购队伍的活力与创造性，并能将采购的理念带入其他领域，使整个企业能形成对采购的正确认识，从而形成有利于采购工作的大环境。一般来说，一个1 000人左右的企业的采购部门，人员宜配置10人左右，平均每人管理的供应商为10～15家、采购的物品数在200种左右。

（三）常见的采购组织设置模式

1. 集权式采购组织

集权式采购组织模式是将采购的职责全部授予一个部门完成，即采购权集中在总部，由专职的采购部门来负责，采购权不下放。其下属机构的采购部门无决定权，但有建议权。这样，从采购计划、采购执行到物料接收、绩效衡量都由一个部门完成，大大降低了采购管理成本，节省了人力资源，缩短了采购时限。下属机构由于不负责采购，可专心致力于搞好生产或服务工作。但这种采购模式也存在弊端，采购集中于某一部门，对其监控难度加大，并且由于下属机构的工作弹性小，较难满足消费者的需求，如果衔接不好，也有可能造成采购工作和销售工作的脱节。

2. 分权式采购组织

分权式采购组织模式主要是指在采购过程中，不同的工作和职责分别授予不同的部门，由此各部门互相监督，提高内部控制的效果。例如：采购计划和采购工作由不同的部门操作，而验收、储存、保管的工作由销售部门、制造部门、储存部门分别执行。这种采购组织模式，使得采购行为分散化管理，有利于互相监督，提高采购的透明度。其弊端在于：将采购权分散，使采购时间拉长。由于新产品会产生额外原物料需求，因此分权式采购组织模式较容易支持新产品的开发。这种采购组织模式的采购人员与供货商拥有良好的关系，企业将更加容易取得所需的原物料。

3. 集权与分权相结合的采购组织

采用这种模式的采购组织要求企业实施集权与分权相结合的采购管理体制来保证有效的采购管理。需集中的采购权力要集中，该下放的权力要大胆地分给下级机构，这样才能增加企业的采购灵活性和适应性。但在一个企业中，究竟哪些采购权力该集中，哪些权力该分散，没有统一的模式，往往是根据企业的具体性质和管理者的经验来确定。

（四）常见的采购组织结构

1. 中小企业的采购组织结构

中小企业的采购组织相对比较简单，一般由一个采购部门来负责整个企业的原材料和设备的采购。但是，不同的企业结构形式，其采购组织结构也是不同的，主要有平行的采购组织结构、生产导向的采购组织结构、体系独立的采购组织结构3种。

（1）平行的采购组织结构。在平行的采购组织结构中（见图1-1），采购部门直接归总经理管理，关系简单，权力集中，权责分明，联系简捷，决策速度快。这种结构提升了采购人员的地位和执行能力，可以发挥降低成本的效能，使采购部门真正成为企业利润的重要来源，适合于生产规模不大、材料在制造成本中所占比重较大的企业。而对于较大的企业，总经理一般很难进行这样大跨度管理的指挥控制。

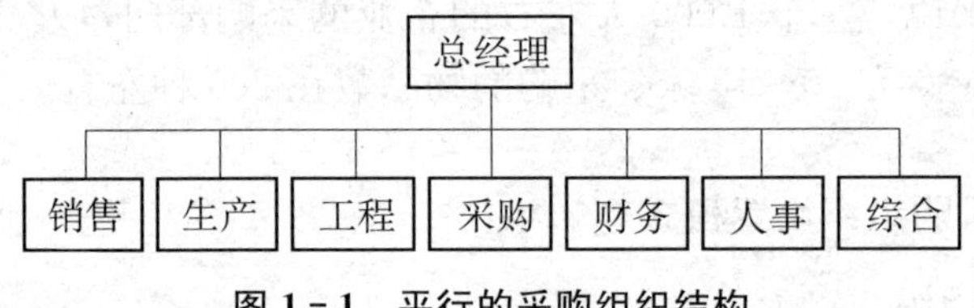

图1-1 平行的采购组织结构

（2）生产导向的采购组织结构。在生产导向的采购组织结构中（见图1-2），采购部门隶属于生产部门管理，其主要职责是协助生产的顺利进行。因此，采购工作的重点是提供足够的物料以满足生产需求，至于议价的功能则退居次要地位。这种组织结构比较适合以生产为导向的企业，其采购功能比较单一，物料价格也比较稳定。

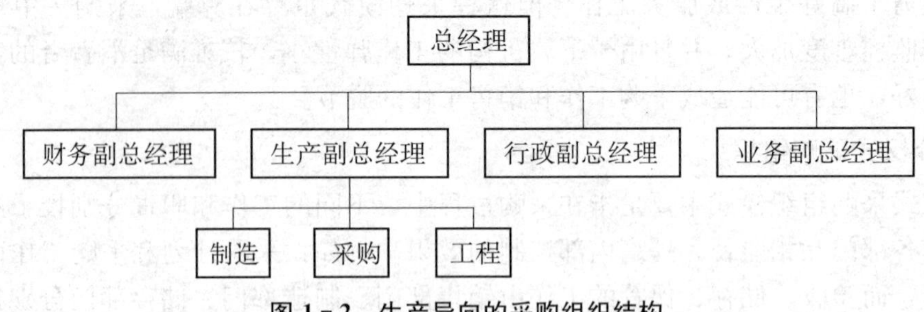

图1-2 生产导向的采购组织结构

（3）体系独立的采购组织结构。在体系独立的采购组织结构中（见图1-3），采购部门隶属于行政部门管理，独立于生产部门，采购工作的主要目的是获得较优的价格和付款方式。生产规模庞大、物料种类众多、价格经常波动的企业，比较适合采取这种组织结构。

通常而言，中小型企业的采购部门应根据工作需要，设采购经理1名及采购主管（专员）若干名。

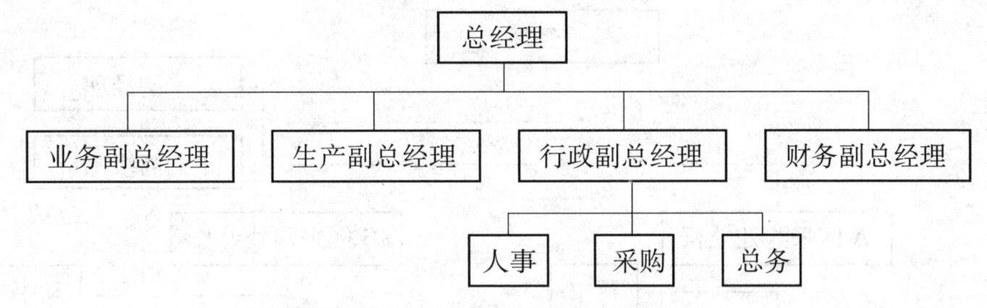

图 1-3 体系独立的采购组织结构

2. 大型集团企业的采购组织结构

大型集团企业往往有多个分公司或事业部，因此它们的采购组织结构更加复杂。随着跨国公司、联合企业、控股公司及其他大型集团企业数量的增长，其采购组织所采取的集中或分散的模式近年来被广泛分析、研究。大型集团企业在集中购买和本地化分散购买之间基本上有三种模式可供选择：一是完全分散，由各业务单元自主执行采购任务；二是完全集中，除在当地购买低值物品外，所有物品由集团安排购买；三是集中和分散相结合。

（1）分散模式的特点：1）本地采购人员更清楚本企业或业务单元的需求，更了解当地供应商、运输和储存设施等方面的情况；2）本地采购人员对需求反应更快，这在紧急需求情况下很重要，因为采购人员和需求部门沟通方便，避免了层层上报的麻烦，而且与远在总部的人员相比，对情况更熟悉；3）本地采购人员对管理人员直接负责，可以使本地的高层管理者更好地控制采购工作。

（2）集中模式的特点：1）集中集团企业各单元的类似需求，可以在采购中获取规模经济，提高谈判中的购买力并增进与供应商的关系；2）节省人员和减少工作量，统一手续、表格和规格，便于采购品管理和后续服务成本的降低；3）避免集团企业业务单元间价格的不统一，避免业务单元之间的采购竞争；4）更好地管理库存和合理利用材料。

一般来说，一种模式的优点往往是另一种模式的缺点。因此，企业若能结合采用这两种模式，就可以从二者最好的特性中获益，同时避免两者的弱点。大型集团企业比较常见的是集中和分散相结合的混合型采购组织模式。在这种采购组织模式下（见图 1-4），企业总部设立集团采购部，负责企业总体的采购战略和计划的制定，决定政策、标准和程序以及集团规格，协调各事业部或子公司的采购行动，集中采购企业共性化的产品和服务，处理相关法律事宜，进行集团库存的协调；在各事业部或子公司分设采购部，以满足个性化需求和联系供应商。集中与分散结合型的模式一般适用于规模大、产品种类多、具有需求差异、各子公司地理距离较远的企业。

（五）采购职能的层次划分

根据采购的方针、目标、采购工作范围及采购过程层次，可将采购、采购任务、责权归纳为战略、战术及运作三个层次（见表 1-1）。不同层次的责权意味着相关人员或部门在企业中拥有不同程度的地位，也是采购部门内部组织机构设置的依据。

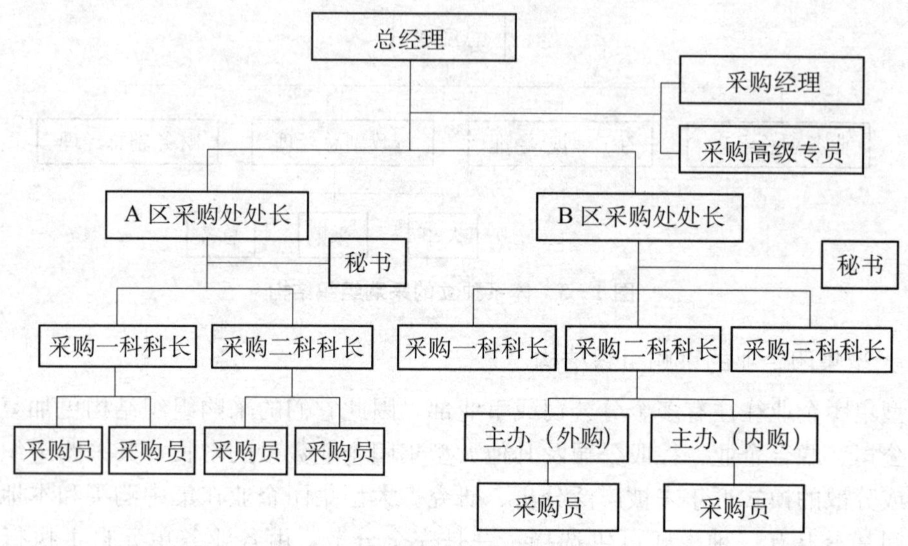

图 1－4 大型集团企业的采购组织结构

表 1－1 采购职能的层次划分表

管理层次 / 职责层次	最高管理层	企划等部门	采购部门经理	采购员	采购助理/物料员
战略层	▲	▲	▲		
战术层		▲	▲	▲	
运作层				▲	▲

1. 战略层

战略层是指那些影响企业长远发展及市场定位的有关采购决策（影响跨度为 3～5 年）。决策最终在于最高层，对应采购经理及战略采购的职责。主要包括：

（1）制定、发布采购方针政策，管理运作程序及工作描述；

（2）对采购运作及表现进行审核以衡量采购绩效并促使采购不断改进；

（3）主要投资决策如厂房、设备、信息技术等；

（4）主要零部件自制或外协决策；

（5）供应市场定位、供应体系定位及供应商关系定位；

（6）供应商合作决策，如是否向供应商投资、是否与供应商共同开发等；

（7）集团企业内部供应商的内部价位决策等。

2. 战术层

战术层是在战略采购的指导下，对采购中涉及产品、工艺、质量及具体供应商选择等相关问题的决策，它对企业中期运作和发展产生影响（影响跨度为 1～3 年），要求内部相关的职能部门如工程、开发、制造、企划、品质等部门与采购部密切合作。主要包括：

（1）供应商审核、选择及确定；

（2）订立合作协议、采购合同或年度改进目标协议等；

（3）制定供应商改进计划或采购改进项目；

（4）制定实施供应商考评、考核、奖励的措施；

（5）实施供应体系优化等。

3. 运作层

运作层又称执行层，对应采购过程中的后期采购，主要是执行开单下单、跟进交货、付款及相关的事宜。主要包括：

（1）按采购供应合同与生产计划、物料需求计划的需要开出订单、签单落单；

（2）跟进供应商的交货及周转包装材料的使用；

（3）衔接收验货过程，按有关规定及决策处理不合格材料的退货等；

（4）跟进供应商表现，向供应商知会有关考评结果促其改进等；

（5）跟进发票及付款等事宜。

【实例 1-1】某企业的采购组织结构及职权

某企业的采购组织结构及职权见表 1-2。

表 1-2　某企业的采购组织结构及职权

组织结构	负责的采购类别	职权
集团物资采购部	生产设备； 大宗器材配件，如包装袋； 水电等； 车辆、高档办公用品等	为集团内所有子公司统一组织所负责采购类别的战略采购，确定供应商名单； 与挑选出来的供应商签订供货的框架协议，明确采购价格； 指导、监督下属采购部门的战略采购工作； 维护并更新各公司设备及大宗备品配件信息库，协调各工厂间的物资调配； 维护、更新和修改采购程序与制度
地区事业部物资采购处	大宗原燃物料； 办公用品、部分专业服务等	为该地区所有工厂统一组织所负责采购类别的战略采购，确定供应商名单； 与挑选出来的供应商签订供货的框架协议，明确采购价格； 指导、监督下属采购部门的战略采购工作
工厂采购部门	小额采购的原物料； 与地域关系较强的专业服务、非标加工件等	负责所属物资类别的采购； 记录与维护采购的数据库； 与供应商日常联系，安排送货事宜，并记录供应商的业绩表现

【实例 1-2】某公司的采购管理制度

第一章　总则

第一条　为规范采购行为，加强对采购活动的管理与监督，有效控制采购成本，防范采购风险，保障库存商品结构与工程配套的合理性，确保公司财产安全和流通，特制定本制度。

第二条　本制度所称“采购”，是指购买物资（包括购买劳务）及支付款项等相关活动。

第三条　本制度适用于本公司及控股子公司。各子公司可根据本制度制定具体的实施细则，参股公司可参照执行，并报公司财务管理部备案。

第四条　公司采购遵循“公开、公正、公平”和“确保公司利益最大化”的原则，贯彻不相容职务分离的原则。

第五条　公司重要货物、工程及服务均采用集中采购的模式。

第二章　采购管理组织机构

第六条　公司设立负责采购的部门，统一管理公司物资采购工作，履行以下主要职责：

（一）充分与公司各部门和下属子公司进行沟通，根据公司可能采购的所有货物进行详细的市场调研，明确不同供应商可能供应的材料的质量、价格及供应商的供货能力，制定采购战略并为公司提供决策依据。

（二）负责制定公司采购管理制度，定期检查下属子公司相关制度执行情况，建立定期跟踪机制和定期报告机制。

（三）根据各部门和下属子公司报批的采购需求实施采购，保证供货及时性。

（四）负责指导和协助下属子公司的自行采购工作。

（五）负责建立供应商管理档案，定期对供应商的货物品质、交货期限、价格、服务、信誉等进行分析，为公司经常性采购的货物优选2～3家成为相对固定的供应商。

（六）负责建立采购管理档案，定期分析和汇报各项采购工作。

（七）负责公司采购货物的库存管理工作，包括进出库的验收、记账和发放等，做好库房的安全管理工作。

（八）负责公司采购货物的状态管理，及时掌握货物的状态信息。

第七条　公司各部门及子公司负责配合和执行公司集中采购结果，组织实施本单位采购工作，其主要职责如下：

（一）参与编制公司集中采购物资年度计划；

（二）负责提交已审定的物资需求计划、进度要求和技术规范书；

（三）负责合同履约过程中的技术问题，配合合同变更技术谈判等工作；

（四）负责组织物资验收、资产移交并配合项目决算；

（五）依据授权，组织本单位有关物资采购工作；

（六）配合物资采购、监造和检验；

（七）参与集中采购物资供应商推荐和考核工作；

（八）根据公司的管理制度，制定本单位采购管理的策略、制度和操作流程，组织实施本单位采购工作。

第八条　为了实现采购作业相互监督的制衡机制，采购组织应贯彻不相容职务分离的原则：

（一）请购与审批岗位分离；

（二）供应商选择、采购执行、审批岗位分离；

（三）采购业务的询价岗位与确定供应商岗位分离；

（四）采购合同或协议的拟定与审核、审批岗位分离；

（五）采购、验收与记录岗位分离；

（六）付款申请、审批与执行岗位分离。

第三章　采购计划

第九条　物资采购实行计划管理。所有采购物资必须依据下达的年度固定资产投资计划或项目采购预算安排编制采购计划，按照公司审批权限，提交项目经理或者分管领导审批，按计划实施采购。

第十条　编制物资需求计划时，必须落实项目立项审批情况，根据已批准的工程项目、采购预算、项目实施进度、生产进度、采购与供货周期等要求合理编制。

第四章　供应商管理

第十一条　公司采购部门应当建立和完善合格供应商名录，并每年组织包括财务部门在内的公司相关部门人员对上年度各类供应商的供货情况进行评价，对价格高、服务差的供应商进行淘汰、替换，实现合格供应商名录的动态管理。采购部门每年编制合格供应商名录，报经公司分管领导审批后，提供给公司销售部门和下属子公司作为当年方案设计和产品选型的依据。

第十二条　对供应商评价的方法有：对供方的生产或销售能力、交货能力、产品信誉、售后服务能力及质量体系状况进行现场评定。

第十三条　对供应商评价由采购部组织公司有关部门进行，根据合格供应商评审标准选择供应商。由采购部填写外购产品的合格供应商审批表，报经公司分管领导审批。

第十四条　采购部门建立并保存外购产品的供应商记录，记录供货质量，作为定期进行供应商评审的资料。

第十五条　如果合格供应商不能满足采购要求，需从新的供应商采购，必须取得该供应商的质量保证能力的资料或者提供相关测试产品，经公司相关技术部门评测通过后，报采购部经理、经公司分管领导审批后，方可采购。新增供应商评价按公司合格供应商评审标准评定后，纳入每年度合格供应商名录。

第十六条　物资使用部门、生产技术管理部门必须将设备、物资使用过程中出现的问题及时反馈给采购部门，采购部门应及时做好产品质量的记录工作。

第五章　采购申请

第十七条　公司各部门、子公司根据采购计划和实际采购需求，填写项目设备采购申请单（固定资产、低值易耗品等应由需求部门填写固定资产采购申请单、低值易耗品采购申请单），经项目经理或者分管领导批准，财务部门审核后，交采购部采购。

第十八条　采购申请单应清楚地说明订购产品的有关要求，可包括：

（一）产品标识；

（二）需求规格说明；

（三）采用的标准；

（四）规程或工作要求说明；

（五）开发环境；

（六）对人员的要求。

第十九条　采购人员在执行采购任务时，首先检查采购申请单的各项内容是否齐全，如所需各项资料、审批手续不齐全，应当要求申请人补充必需的材料及手续。

第六章　采购价格管理

第二十条　采购部门执行采购计划时，应优先与公司合格供应商名录上的供应商联系购买，如公司合格供应商名录上的供应商不能满足供应，采购人员应进行充分的市场询价调查，并作好市场询价记录，择优择廉购买，同时保管好市场询价记录表，以供以后参考和审核。

第二十一条　需要进行询价采购的物资，先由采购人员至少向三家供应商询价、谈判，达成初步意见后由采购部门按公司有关规定签订正式合同后进行物资采购。

第二十二条　物资需求单位负责人应根据物资采购的数量、规格等对采购物资的价格进行审核确认。

第二十三条　供应商给予公司现金折扣和销售折让的情况，必须在合同条款中提及，严禁采购人员私自收取或索要供应商回扣、佣金等。

第七章　采购合同管理

第二十四条　公司应当根据确定的供应商、采购方式、采购价格等情况拟定采购合同，准确描述合同条款，明确双方权利、义务和违约责任，按照公司规定的审批权限签订采购合同。

第二十五条　建立了年度供应合作关系并签订年度采购合作框架协议的采购业务，年中实施具体采购项目时，可以只签订商务条款或采购订单。

第八章　采购验收管理

第二十六条　根据采购合同相关规定条款，货物到达交货地点后，采购部门应组织需求部门、项目相关负责人对货物进行一般检验，包括货物的数量、外观、质量等，必要时对货物进行测试，设备类可进行开机试运转。

第二十七条　检验合格后，采购部门应填写项目设备入库签收单或进仓单，并由各项目相关负责人作入库签收，货物移交仓库或直接交给项目负责人，固定资产和低值易耗品采购后，行政部门应完成签收。

第九章　采购付款

第二十八条　采购人员应将收集到的、审批齐全的采购申请单、采购合同、项目设备入库签收单、进仓单、合法的商业发票等相关资料送交财务部门办理付款手续，财务部门按照公司内部付款审批手续，要求采购人员在办理好相关的审批后，再接受单证进行审核付款。

第二十九条　财务部门应对采购人员提交的付款资料进行财务审核，主要审核相关的审批手续是否齐全、单证是否完整、发票是否合法、金额是否正确、数量是否一致等，核对发票计算的正确性；应将发票上所记载的品名、规格、数量、条件及运费与采购合同、订购单、项目设备入库签收单、进仓单等资料核对一致。在审核无误后再办理付款手续，发现虚假或重大瑕疵的，应查明原因，并及时报请有关领导处理。

第三十条　公司应当合理选择付款方式，并严格遵循合同规定，防范付款方式不当带来的法律风险，保证资金安全；公司及各子公司财务部门应严格按照合同约定方式付款。

第三十一条　财务部门应定期与供应商进行货款结算的核对。取得供应商对账单，审核其余额与公司应付账款、应付票据、预付账款余额是否一致，在考虑买卖双方在收发货物上可能存在时间差等因素之后，公司与供应商的月末余额应保持一致。

第三十二条　公司应当加强对购买、验收、付款业务的会计系统控制，详细记录供应商情况、请购申请、采购合同、采购通知、验收证明、入库凭证、商业票据、款项支付等情况，确保会计记录、采购记录与仓储记录核对一致。

第十章　附则

第三十三条　本制度未尽事宜，依据有关法律、法规、规范性文件及《公司章程》规定执行。

第三十四条　本制度由公司董事会负责解释和修订。

第三十五条　本制度自公司董事会审议通过之日起生效。

二、采购部门及人员的职责

（一）采购人员的职业能力要求

根据《采购师国家职业标准》的相关内容，采购人员的职业能力见表1－3。

表1－3　采购人员的职业能力

职业能力	工作要求	备注
1. 需求分析	1. 市场调查	
	2. 需求确定	
2. 采购计划制定	1. 采购计划编制	
	2. 采购计划分解	
3. 采购洽商	1. 供应商选择	
	2. 商务洽谈	
	3. 采购合同签订	
4. 采购合同履行	1. 订单管理	
	2. 货款支付	
	3. 进货与验收	
	4. 商品质量管理	
	5. 退货换货	

续前表

职业能力	工作要求	备注
5. 供应商管理	1. 供应商关系管理	
	2. 供应商绩效评估	
6. 采购绩效管理	1. 制定采购绩效评估方案	
	2. 实施采购绩效考核	

（二）采购人员的素质要求

1. 采购伦理

由于采购人员掌握大量资金，而且其又同时扮演对外谈判的角色，与供应商接洽，因此，他们的立场与道德对于企业和供应商而言都非常重要。他们必须遵守职业道德，遵守企业的相关规定。企业应将采购人员在采购业务上必须遵守的基本道德，以具体的方针、规定明示，即通常被认为与采购伦理有关的方针、规定。在某些情况下，采购伦理也适用于采购有关人员。此外，伦理问题还涉及赠礼、接待等方面。大体而言，大多数企业的做法是严格禁止赠礼与接待，某些企业在有限度的范围内予以同意，而少数企业则采取放任的态度。那么，采购人员应具备怎样的伦理呢？美国采购管理协会曾发布《有关采购习惯的原理与基准》，其对采购人员的行为规范要求如下：

（1）采购人员在任何交易中，首先要考虑企业利益，信赖企业的经营方针，循此完成业务。

（2）采购人员必须善于接纳相关人员的意见，此类意见在不损害采购部门权威与责任的限度内，应予重视并评估。

（3）采购人员切勿持有偏见，务必使支出的金额都能发挥最大效用。

（4）采购人员必须经常致力于有系统地获得采购物料及其有关的知识，同时也谋求采购部门采购事务合理化并使采购环节更有效率。

（5）采购人员在整个采购业务中，务必廉洁诚实，必须避免任何形式、形态下，可能受贿的情形。

（6）对于正当的来访厂商，采购人员必须在许可的范围内，迅速且郑重地招待来访者。

（7）采购人员要尊重自己的职责，同时应该在不损害采购业务顺利进行的范围内，使别人也尊重自己的职责。

（8）在情况许可下，采购人员必须为同事的工作提供意见，且从旁协助。

（9）对于以采购业务的发展及强化采购立场为目的的各种团体与个人，采购人员必须给予全面性的协助。

2. 采购人员应具备的品德与能力

在现代企业中，采购部门的作用越来越大，采购人员素质的高低直接影响企业的经济效益，因此，优秀的采购人员应该德才兼备。

（1）品德方面：

1）公正、诚实。采购人员必须以公平、公开、公正的方式来评价供应商，不可心存偏见，厚此薄彼。应该以实事求是的态度与供应商来往，不可有欺瞒行为，造成不道德的采购。

2）临财不苟。采购人员所处理的“订购单”与“钞票”并无太大差异，因此难免被唯利是图的供应商所包围。无论是威迫（通过人际关系）或利诱（回扣或红包），采购人员必须维持“平常心”“不动心”，否则以牺牲企业利益图利他人或自己，终将误人误己。重利忘义之徒，实难胜任采购职责。

3）敬业精神。采购人员必须具有高度责任心，负责调度企业所需物料，绝不能使企业出现“停工断料”事件。

4）虚心与耐心。采购人员虽然较占上风，但对供应商的态度，必须公平互惠，甚至不耻下问，虚心求教，不可趾高气扬，傲慢无礼。与供应商谈判或议价的过程，可能相当艰辛与复杂。采购人员只有具备忍耐、等待的修养，才能欲擒故纵、气定神闲地开展工作；居于劣势时，亦能忍让求全，不愠不火。

（2）能力方面：

1）价值分析能力。采购人员必须具有成本意识，精打细算，锱铢必争，不可“大而化之”。采购人员必须具有成本效益观念，不可花冤枉钱，买品质太好或无法使用的物品。随时将投入成本与产出（使用状况：时效、损耗率、维修次数等）加以比较。此外，对报价单的内容，应有分析的技巧，不可以总价比较。必须在相同的基础上，逐项（包括原料、人工、制造费、税金、利润、交货时间、付款条件等）加以剖析评断。这就要求采购人员对所在行业的市场动态有较好的把握，包括对供应商产品、技术、市场有足够的了解，以及宽广的知识面。

2）预测能力。在动态经济环境下，物品的采购价格与供应数量经常调整变动。采购人员应能依据各种产销资料，判断货源是否充裕；通过与供应商的接触，从其“惜售”的态度，亦能揣摩物品可能供应紧张；从物品原料价格的涨跌，亦能推断采购成本将受影响的幅度有多大。总之，采购人员必须具备察言观色的能力，对物品将来供应的趋势能作出预测。

3）表达能力。采购人员无论是口头还是书面与供应商沟通，必须能正确、清晰地表达欲采购物品的各种条件，如规格、数量、价格、交货期限、付款方式等，避免语意含混，产生误解。采购人员必须具备长话短说、言简意赅的表达能力，以免浪费时间。晓之以理，动之以情，以争取优惠的采购条件，更是采购人员必须锻炼的表达技巧。

4）专业知识。采购人员对其经办的产品，若能了解原料来源、组合过程、基本功能、品质、用途、成本等，将有助于与供应商的沟通，并避免由于信息不对称导致吃亏上当。有了专业知识，才能主动开发新来源或替代品，这都有助于降低采购成本。

5）应变能力。尽管可以根据一些理论和现象进行市场预测，但是市场还是会时刻发生变化，并且这种变化未必是采购人员能够预测到的，这个时候就需要采购人员具备一定的应变能力。

6）在企业中与其他部门的沟通能力。

7）熟悉企业的经营状况和销售情况。

8）较强的判断和决策能力。

9）身体素质良好，外表精明干练。

（三）企业采购部门的职责

不同类型的企业，采购部门的设置方法不同，其拥有的职责也有所不同，这里，我们列举一些较为典型的采购部门的职责。

1. 采购总部的职责

某连锁超市采购总部的职责如下：

（1）采购组织架构与工作职责的制定；

（2）商品结构的制定（大组、小组、商品群、价格带、品项数、陈列间距等）；

（3）《采购作业规范手册》的编制与更新；

（4）拟订全国品牌采购条件、年度采购与全国性促销方案；

（5）统一订货与结算商品的处理；

（6）定期召开全国联采会议，加强地区采购部门与全国采购总部、地区采购部门之间的沟通与交流；

（7）促进各分店之间的采购交流工作；

（8）采购人员的培训与采购工作的稽核；

（9）协助新人开展分店的地方性商品的采购工作；

（10）协调财务部门，确保全国联采供应商“绿色通道”的执行；

（11）指导各分店的采购工作；

（12）分析各分店商品结构，并给予各分店建议或指导；

（13）协调各分店与供应商之间的矛盾及交易条件。

2. 采购分部的职责

某连锁超市采购分部的职责如下：

（1）筛选合作的供应商；

（2）选择适合超市顾客群的产品；

（3）协商与供应商采购最有利的条件（包括质量、包装、品牌、折扣、价格、进货奖励、广告赞助、促销办法、订货办法、订货数量、交货期限及送货地点等）；

（4）制定最有竞争力，同时又有合理利润的售价；

（5）与各卖场做最有效的沟通，确保商品畅销；

（6）收集市场资讯，掌握市场的需要及未来的趋势；

（7）为企业创造最高的业绩及利润回报股东，并为全体员工谋求最佳的福利。

（四）企业采购人员的职责

1. 采购总监的职责

采购总监隶属于区域经理，采购总监是各部门采购经理的上司。某商业集团采购总监的职责如下：

（1）主持采购部门的全面工作，提出与企业相关的采购计划，上报给总经理，经过总经理审核后，组织实施并确保各项采购工作圆满完成；

（2）调查并研究企业各个部门的商品需求以及商品的销售情况，熟悉各种商品相应的供应渠道，了解市场的变化，做到对商场的供需情况心中有数；

（3）指导并监督属下开展业务，不断地提高他们的业务能力，保证达到企业正常的采购量；

（4）负责审核企业各部门呈报的年度采购计划，统筹计划并确定企业的采购内容，以减少不必要的开支，利用最有效的资金保证最大限度的供应；

（5）熟悉和掌握企业所需要的各种商品的名称、型号、规格、用途、单价以及产地，并检查采购的商品是否符合产品质量要求，对企业的商品采购和质量负有领导的责任；

（6）进行供应商的评价和管理，建立合理的采购流程；

（7）负责监督并参与企业大批量的商品订货的业务洽谈，检查合同的执行程度和落实情况；

（8）监督并检查各部门采购主管的采购进程和控制价格的情况；

（9）监督采购人员在采购业务的活动中是否严格遵守企业的各项规章制度，是否与供货单位建立良好的关系，是否在公平互利的原则下开展采购业务。

2. 采购经理的职责

某制造企业采购经理的职责如下：

（1）拟订采购部门的工作方针与目标；

（2）负责主要原料或物料的采购；

（3）编制年度采购计划与预算；

（4）签核订购单与合同；

（5）建立与改善采购制度；

（6）撰写部门周报或月报；

（7）主持采购人员的培训；

（8）建立与供应商的良好关系；

（9）督导采购部门的全盘业务及人员考核；

（10）主持或参与采购相关业务的会议，并做好部门间的协调工作。

3. 采购主管的职责

某制造企业采购主管的职责如下：

（1）分派采购人员及助理的日常工作；

（2）负责次要原料或物料的采购；

（3）协助采购人员与供应商谈判价格、付款方式、交货日期等；

（4）追踪采购进度；

（5）保险、公证、索赔的督导；

（6）审核一般物料采购案；

（7）市场调查；

（8）考核供应商。

4. 采购员的职责

某制造企业采购员的职责如下：

（1）经办一般性物料采购；

（2）查访厂商；

（3）与供应商谈判价格、付款方式、交货日期等；

（4）要求供应商执行降低成本的工作；

（5）确认交货日期；

（6）一般索赔案件的处理；

（7）处理退货；

（8）收集价格信息及替代品资料。

5. 采购助理的职责

某制造企业采购助理的职责如下：

（1）请购单、验收单的登记；

（2）订购单与合同的登记；

（3）交货记录及稽催；

（4）访客的安排与接待；

（5）采购费用的申请与报支；

（6）进出口文件及手续的申请；

（7）档案管理；

（8）承办保险、公证事宜。

操作指导

任务1　认知采购与采购管理

（一）任务分析

采购是企业运营的主要环节，通过查阅资料、实地调研、走访，可以让学生了解采购在企业中的地位和作用，企业采购的基本业务及采购管理的主要内容，为以后深入学习采购运作及管理技能做好铺垫。

（二）实施条件

校内图书馆、物流综合实训基地或多媒体教室，校内后勤服务公司或校外生产、经营企业的采购管理部门。

（三）实施步骤

1. 准备工作：对学生分组，每组 4 人左右，指导教师讲解资料搜集方法、途径，参观考察的安全注意事项，调研要求和调研报告撰写要求；

2. 指导教师可推荐部分合作企业或校内后勤服务公司，也可由学生自行确定；

3. 通过上网查阅有关资料、实地调研、走访及案例分析，使每位同学都能参与其中，经过讨论，得出结论，完成相应的表格填写和报告撰写工作。

（四）具体内容

1. 利用课余时间，通过网络、电话或实地采访的形式，调研一个生产企业的采购部门，询问和考察其采购管理的具体工作内容，填入表 1－4。

表 1－4　某企业采购管理的具体工作内容

企业名称	
企业概况	
企业采购管理具体工作内容	

2. 通过网络或学校图书馆，解剖某企业的采购案例，让学生进一步理解现代采购管理的概念、特点及传统采购与现代采购的区别，使学生深刻理解现代采购的理念，以及采购管理在企业经营中的重要性，并将相关内容填入表 1－5。

表 1－5　案例阅后体会

案例名称	
案例概要	
阅后体会	

（五）结果评价

对学生任务实施过程及所填表格、调研报告质量进行评价，评价可分为个人评价和小组评价两个层面，以激励学生积极认真地实施项目并发挥团队作用。同时，在下一个任务实施前，选取典型报告或优秀案例进行展示点评，对表现突出的学生和完成任务的亮点给予表彰和推广，对于存在的共性问题提醒学生及时改进。

任务2　认知采购业务流程

（一）任务分析

采购业务流程会因采购地点、采购方式和采购对象等不同而在作业细节上有所差异，但对于基本流程，每个企业都大同小异。本任务将通过查阅资料、实地调研、走访等形式，让学生了解工商企业的采购业务流程，为以后深入学习采购管理技能做好铺垫。

（二）实施条件

校内图书馆、物流综合实训基地或多媒体教室，校内后勤服务公司或校外生产、经营企业的采购管理部门。

（三）实施步骤

1. 准备工作：对学生分组，每组4人左右，指导教师讲解资料搜集方法、途径，参观考察的安全注意事项，调研要求和调研报告撰写要求；

2. 指导教师可推荐部分合作企业或校内后勤服务公司，也可由学生自行确定；

3. 通过上网查阅有关资料、实地调研、走访及案例分析，使每位同学都能参与其中，经过讨论，得出结论，完成相应的表格填写和报告撰写工作。

（四）具体内容

通过电话、网络、登门拜访等方式调研某企业的采购业务流程，并将相关内容填入表1-6。

表1-6　某企业的采购业务流程

企业名称		企业类型	
企业采购业务流程			
备注			

（五）结果评价

对学生任务实施过程及所填表格、调研报告质量进行评价，评价可分为个人评价和小组评价两个层面，以激励学生积极认真地实施项目及发挥团队作用。同时，在下一个任务实施前，选取典型报告或优秀案例进行展示点评，对表现突出的学生和完成任务的亮点给予表彰和推广，对于存在的共性问题提醒学生及时改进。

任务3　认知采购组织与岗位职责

（一）任务分析

组织结构是企业资源和权力分配的载体，它在人的能动行为下，通过信息传递，承载企业的业务流动、推动或者阻碍企业的使命的进程。采购部门是企业重要的业务部门，主要承担采购职能、执行职能、采购管理与支持职能。本任务主要通过查阅资料、实地调研、走访等形式，让学生了解工商企业的采购组织设置模式及主要职责，为采购业务的具体开展做好人力资源的准备。

（二）实施条件

校内图书馆、物流综合实训基地或多媒体教室，校内后勤服务公司或校外生产、经营企业的采购管理部门。

（三）实施步骤

1. 准备工作：对学生分组，每组4人左右，指导教师讲解资料搜集方法、途径，参观考察的安全注意事项，调研要求和调研报告撰写要求；

2. 指导教师可推荐部分合作企业或校内后勤服务公司，也可由学生自行确定；

3. 通过上网查阅有关资料、实地调研、走访及案例分析，使每位同学都能参与其中，经过讨论，得出结论，完成相应的表格填写和报告撰写工作。

（四）具体内容

1. 上网收集两份著名企业采购管理方面的资料，比较其采购组织类型及对采购人员的职责要求，并将相关内容填入表1－7。

表1－7　企业采购组织类型及对采购人员的职责要求比较

企业1名称		企业2名称	
采购组织类型		采购组织类型	
企业对采购人员的职责要求		企业对采购人员的职责要求	

2. 组织一个辩论会。

［背景资料］小张是某企业的采购人员，在采购的岗位上已任劳任怨地干了10年。在这10年中，他与许多供应商打过交道，并且与不少供应商建立了良好的关系。每逢过年过节，这些供应商会对小张有所“表示”，少则一幅挂历，多则几百元不等的现金。小张对这些“表示”也一一笑纳，但小张有个原则，从不向供应商张口要什么。小张的观点是在“不牺牲公司利益”的情况下，获得供应商的好处也没什么关系。

正方观点：(1) 小张的行为是对的；(2) 供应商对小张是善意的表示。

反方观点：(1) 小张的行为是错的；(2) 供应商对小张是贿赂行为。

辩论规则：各小组抽签决定正方与反方，每组推选一位主辩，陈述己方观点3分钟（每组1.5分钟）；

双方自由辩论10分钟；

最后，小组每位成员总结己方观点（每组1分钟）。

由评委打分，选出获胜方，计入小组考核成绩。

（五）结果评价

对学生任务实施过程及所填表格、调研报告质量进行评价，评价可分为个人评价和小组评价两个层面，以激励学生积极认真地实施项目及发挥团队作用。同时，在下一个任务实施前，选取典型报告或优秀案例进行展示点评，对表现突出的学生和完成任务的亮点给予表彰和推广，对于存在的共性问题提醒学生及时改进。

案例学习

案例一：政采云——一站式政府采购服务平台

“政采云”是政府采购云计算服务平台的简称。该平台是全国首个经财政部批准、按云计算架构搭建的政府采购电子卖场试点项目，是以互联网为基础，充分运用云计算和大数据技术，以政府采购电子化交易和管理为重点，涉及政府采购全流程、各领域、多用户，集政府采购网上交易、网上监管和网上服务为一体的综合性云服务平台。

政采云有限公司由浙江省财政厅与阿里巴巴集团共同筹建成立，专注服务于政府采购各类用户，为政府采购交易和管理电子化提供整体解决方案，致力于打造政府采购云服务生态圈。公司成立于2016年7月26日，主要业务范围：经营增值电信业务（凭许可证经营），商务网络平台技术研发，计算机网络与云计算软硬件的技术开发、技术咨询服务，会展服务，设计、制作、代理、发布国内各类广告，培训服务（不含办班培训），设备安装、维修，计算机软硬件等。

（一）政采云使命

公司使命：打造政府采购云服务生态圈。

公司愿景：（1）让采购变得简单、高效、快乐；（2）让监管变得精准、有力、温情；（3）让生态变得和谐、共赢、清净。

（二）政采云价值

政采云是顺应“互联网+”新形势、迎接大数据时代的一项创新举措，对全面深化政府采购制度改革，充分发挥财政在国家治理中的基础和重要支柱作用具有现实而深远的意义。“政采云”平台的建设，是政府采购制度的一次革命。“政采云”平台的开发建设在浙江省乃至全国的推广运用有以下重大意义：

第一，是切实解决政府采购领域中突出问题的重要手段。通过云计算和大数据技术，可以实现浙江省甚至全国政府采购交易和管理电子化、一体化，以及信息资源的共享共用，促进政府采购更加阳光透明、廉洁高效，实现物有所值的目标。

第二，是落实“最多跑一次”改革的重要举措。通过对政府采购流程的信息化改造，优化业务流程，实现全流程网上办理，真正落实“最多跑一次”改革要求，从而推动政府采购管理从程序导向向结果导向的转变，促进政府采购模式从传统管理向现代治理的转变，为建立阳光政府、廉洁政府和服务型政府奠定基础。

第三，是推动政府采购制度改革和管理转型的客观要求。“互联网+政府采购”，其核心就是要通过互联网技术和思维，促进财政部门简政放权，激发政府采购市场活力和创新能力，实现数据应用向数据决策的转变。政府可以更加快速、准确地掌握各类市场主体信息和实时交易数据，为经济运行分析、重大经济决策提供重要的数据支持。也可以通过向社会提供“数据产品”，引导企业快速适应市场变化，调整生产和销售，提高市场配置资源效率，从而真正实现政府采购的精准服务、精准监管目标。

第四，是促进落实政府采购政策目标的重要工具。通过“政采云”平台的“中国制造精品——地方馆”建设，可以更好地宣传地方制造、中国制造的精品和名品，促进当地经济发展与产业转型升级，推动建立网上“丝绸之路”。并通过网上超市“厂家直销、单位直购”等制度创新，更好地落实政府采购扶持中小企业和残疾人企业、支持地方企业或产业发展政策目标，真正实现国产优先、绿色优先、创新优先三大战略。

（三）主要产品

“政采云”平台功能主要包括网上超市采购、在线询价采购（反向竞价）、协议供货+批量采购、服务定点采购等电子卖场系统及传统与现代相结合的项目采购（电子招投标）系统，涵盖浙江政府采购网、采购专家管理、供应商管理、中介代理机构管理、商品库管理、诚信预警、大数据分析及报表统计等采购业务及财政监管模块。

1. 电子卖场交易系统

（1）网上超市——主要针对采购金额较小的项目，采购单位可通过政府采购网上超市平台，比对商品的性能、价格，并可直接订购下单，享受电商采购的便利，充分发挥小额零星采购自主、高效、灵活的优点。

（2）在线询价（反向竞价）——主要针对单次采购金额较大但未达到公开招标限额

的非通用类项目，采购单位可自行在网上发起询价，供应商在线报价，由市场决定价格，提升采购效率、节约采购成本。它能赋予采购人员在市场低价范围内的有限采购自主权，也保证了政府采购的规范性和市场定价的有效性。

(3) 协议供货十批量采购——主要服务于通用类项目，在原协议定点采购模式的基础上，通过定期归集采购人员需求，形成批量，进行二次集合竞价。既发挥出协议采购高效、自主的优点，又实现批量集中采购的规模优势，达到两种模式的融合和优势互补。

2. 项目采购交易系统

项目电子化采购是传统与现代相融合的项目采购模式，对一些专业要求较高、金额较大的综合性货物、服务或大型工程项目，采用公开招标为主的方式，委托采购代理机构组织实施，突出“专业的机构做专业的事”的理念，同时融入现代信息技术，推行网上招标投标、电子评标等电子手段，提高采购的透明度和公信力。

资料来源：https://.baike.baidu.com/item/政采云有限公司/22091141.

问题：

1. 何为“政采云”？其与传统采购平台的区别在哪里？
2. “政采云”的使命与价值是什么？
3. “政采云”的主要产品有哪些？各有何特点？

案例二：解百集团如何优化采购流程

杭州解百集团股份有限公司坐落于闻名遐迩的西子湖畔，是一家跨越两个世纪、有着100多年历史的中华老字号企业，也是一家具有相当规模和实力的上市公司。公司以深厚的历史和文化积淀著称于全国商界，又以崭新的现代百货形象呈现勃勃生机。在提升现代百货经营品质的同时，公司十分注重提升现代企业的管理水平，在商贸服务中导入ISO国际管理标准，已获得ISO9001质量管理体系和ISO14001环境管理体系国际标准认证证书，成为杭州市首家获得“双认证”的商业企业。通过认证，公司上下提升了管理理念，实现了从经验管理到科学管理的跨越，特别是近年来公司加强了采购管理，通过优化采购流程取得了明显的效益。

(一)落实组织机构，规范采购流程

在采购和配送方面，解百集团制定了一套较为规范的操作流程和配套的组织机构与规章制度，把加强商品采购管理放到极其重要的位置。设立了专门的采供部，下设专职采购人员和三信员（质量、计量、物价管理员）。采购人员由一批综合素质较强，具有一定的经营管理意识、市场意识和公关谈判技巧的人员组成，负责新渠道开发和新产品引进；三信员负责商品质量把关，并直接参与新产品引进的资质审核，包括商品质量、计量、价格、标识、标志、合同的审核，引进的新产品必须做到证件齐全。各连锁门店专门负责销售促进，并不具有独立的进货权。新产品引进后配送到各门店，门店销完后向采供部提出要货计划，采供部保证在两天内将货品配送到要货门店，实行统一进货、统一配送、统一结算。这种“进销分离”的经营模式，使各个岗位分工明确，各司其职，有利于岗位之间相互合作、相互监督，使采购员能一心一意钻研市场需求，了解市场动态，提高业务能力，引进适销对路的商品，不断扩大经营商品的类别和品种；门店则专门研究市场营销技能，提高促销水平，扩大市场占有率。这种模式为净化进货渠道、杜绝人情货，引进货真价实的商品提供了机制上的保障。

（二）强化商品控制，完善淘汰机制

解百集团建立起一套商品控制和淘汰机制，主要措施有：

（1）引入计算机POS系统，利用计算机系统方便、快捷、准确的特性对商品进、销、存进行全过程动态控制，掌握商品的动销情况。

（2）质量控制，把好商品质量关。进货时坚持“六不进”原则，即假冒伪劣产品不进，无厂名、无厂址、无合格证产品不进，不符合质量标准及有关法律法规产品不进，索证不齐产品不进，进货渠道不正产品不进，来路不明、有疑问产品不进。上柜时坚持商品检查验收，各门店每月定期和不定期对商品进行抽查，并形成制度，对于不符合质量标准的坚决不予上柜。

（3）对同类商品的品种实行严格的控制，对于生活必需品，如拖鞋、扫帚、拖把等，由于顾客对此类商品的品牌要求不高，因此要控制同类商品的重复和重叠；而对于那些品牌认知度较高的商品，如化妆品等，则尽量扩大经营的品牌，细分目标顾客群，从而提高销售额。

（4）对于新引进的产品实行试销制度，新产品引进后配送到各门店，试销3～6个月，如门店销售不畅，该产品坚决予以清退。

（5）换季商品及时撤换，腾出场地销售当季热销商品，提高场地的利用率。

（6）随着商品市场的日益丰富，新产品层出不穷，对那些逐渐滞销的商品及时淘汰，使门店商品常换常新，保持旺盛的生命力。

（三）降低进价成本，形成规模效应

为了降低零售价格，解百集团首先降低进价成本，为此，公司采取了多种行之有效的办法，例如：

（1）对采购人员进行职业道德和业务技能培训，不断提高他们的业务水平，使他们掌握谈判技巧，竭尽全力降低进货价格。

（2）利用公司的品牌、信誉效应和现有的业务渠道，吸引大量厂家主动为公司提供价廉物美的产品。

（3）制定具体的进货原则：本地产品坚持从厂家直接进货，扩大一手货的范围；外地产品要从总代理处以最低价格购入；减少进货环节，降低进货成本。

（4）扩大连锁范围，发展直营和加盟形式的便民超市和大型综合超市，不断扩大销售量，通过规模效应降低进价成本。

（5）加强与厂家的合作，建立良好的工商关系，通过为供货商提供良好的服务，及时反馈产品信息、及时结算或引进一些产品、已形成系列化的厂家进店设立专柜等，使进货价格进一步降低；而厂家派往门店的促销员，也使门店节省了大量的劳动力成本。

(6) 掌握市场需求，扩大商品销售。为了及时把握市场动向，采购人员改变以往商家坐等厂家和供货商上门推销的被动做法，采取多种渠道开展市场调研，了解市场需求，从而确定门店经营的商品种类。门店向周围小区居民和购物顾客发放了近万张调查表，征询消费者的意见，并在此基础上对经营的商品进行调整，在加大非食品类经营力度的同时，重点增加生鲜食品、熟食卤味、腌腊制品、粮食等居民“菜篮子”工程系列商品，增加了门店的销售额。

门店发展中心还针对个性化的消费需求，走自有品牌的道路，探索定牌加工的路子，充分发挥解百的品牌优势，创出自己的经营特色，挖掘新的利润空间。

资料来源：http://www.cqxyw.com/a/jingyijianshe/zhuanjiazhihui/2012/0525/3883.html.

问题：

1. 解百集团是如何设置采购机构的？人员是如何配备的？
2. 解百集团是如何优化采购流程的？主要采取了哪些措施？

思考练习

(一) 简答题

1. 你认为企业采购与家庭采购行为有哪些异同点？
2. 调查了解你所在学校的实验、实训设备采购的流程，并比较其与企业采购流程有何不同。
3. 采购组织常见的类型有哪些？并分别说出它们的特点。
4. 假如让你设计一个企业的采购组织，你会从哪几个方面考虑？
5. 假如你是一个企业的采购人员，你觉得应该具备哪些基本素质才能更好地适应工作？
6. 请为某中小商业企业制定一份采购人员的工作职责。

(二) 单选题

1. 下列属于采购部门本身质量管理的是（　　）。

   A. 供应商评估、认证和监督

   B. 物料采购的组织、协调和控制工作

C. 采购质量管理体系的建立和运转

D. 产品检验

2. 对采购管理和采购之间关系表述不正确的是（　　）。

A. 采购本身涉及具体管理工作　　B. 采购属于采购管理

C. 采购管理可直接管到具体的采购业务　　D. 采购和采购管理完全一样

3. 采购业务流程是（　　）。

A. 确认需求→需求描述→选择供应商→确定采购价格→订单安排与执行

B. 确定采购合同

C. 发出订单→到货检验→结算

D. 供应商调查→订单安排与执行→到货检验→结算

4. 混合制采购是将集中与分散采购组合而成的采购模式，适用于（　　）的企业。

A. 总公司与分公司分层管理　　B. 采购部门与使用部门分地经营

C. 采购物品种类多、数量大　　D. 大型流通型

5. 采购管理的基本目标是适时适量保证供应、质量保证、费用最省以及（　　）。

A. 适当的采购策略　　B. 达成战略伙伴

C. 管理、协调供应商　　D. 流程优化

6. 一个完整的采购流程由需求确定与采购计划制定、（　　）、定价、拟定并发出订单、订单跟踪和催货、验货和收货、开票与支持货款、记录维护组成，缺一不可。

A. 供应商搜寻与分析　　B. 竞争性报价

C. 谈判　　D. 发送采购意向

7. （　　）不属于采购制度的类型。

A. 集中制　　B. 分散制　　C. 订购制　　D. 混合制

8. 以下属于现代采购的是（　　）。

A. 比价采购　　B. 询价采购　　C. 招标采购　　D. 电子采购

9. 集中采购的优点是（　　）。

A. 对市场反应灵敏　　B. 补货及时

C. 形成交叉采购　　D. 专业化水平高

10. 以下（　　）不属于企业内部采购部门与其他部门之间的信息流。

A. 订单商品的供应商信息

B. 每个供应商分摊的订单比例信息

C. 从下单到交货的订单周期

D. 订单操作程序

（三）多选题

1. 采购管理的职能是（　　）。

A. 资源市场信息管理　　B. 供应链管理

C. 保障供应　　D. 节约成本

2. 根据采购单位的市场地位和采购物品的特性，采购组织结构分为（　　）几种。
   A. 集中化采购　　B. 分散化采购　　C. 混合化采购　　D. JIT 采购
3. 按采购政策分类，可以将采购分为（　　）。
   A. 集中采购　　B. 政府采购　　C. 直接采购　　D. 分散采购
4. 按采购方式分类，可以将采购分为（　　）。
   A. 直接采购　　B. 委托采购　　C. 调拨采购　　D. 集中采购
5. 议价采购主要适用于（　　）的情形。
   A. 需求量小　　B. 需求量大　　C. 质量稳定　　D. 定期供应
6. 招标采购操作中应该注意（　　）。
   A. 严格遵守采购程序　　B. 严格遵守采购承诺
   C. 做好文档整理和保管工作　　D. 防止供应商抢标
7. 以下不属于采购部门职能的是（　　）。
   A. 库存管理　　B. 采购计划管理
   C. 产品成本　　D. 采购监控与评价

项目二
采购环境与需求分析

【学习目标】

知识目标

1. 了解供应市场的分析方法；
2. 了解采购需求管理的概念；
3. 熟悉规格说明的种类；
4. 知道采购调查的内容。

技能目标

1. 能从两个角度分析供应市场；
2. 能细分采购对象并进行规格说明；
3. 会进行采购市场调查；
4. 能进行采购预测。

【重点难点】

本项目的重点是供应市场分析和采购市场调查，难点是采购对象细分和采购预测。

任务1
采购环境分析

业务背景

现代企业的生产经营活动日益受到环境的作用和影响，采购与供应管理活动也不例外，既受到外部宏观环境和供应市场的制约，又受到企业内部部门间协调配合程度的影响。所以，企业要制定采购策略，首先必须全面、客观地分析供应环境的变化。采购环境分析，就是要对企业采购环境进行全面系统的分析和预测，目的在于为采购决策提供客观依据。而采购环境就是与企业供应管理活动有关的宏观环境因素、供应商所处行业环境因素以及企业内部微观环境因素等。

过去，很多企业重视产品销售市场环境分析，但忽视对采购环境的研究。随着采购管理在企业价值链中地位的提高，越来越多的人开始认识到采购环境分析的重要性和必要性。

导入任务

企业要进行有效的采购，就必须了解不同的供应市场以及它们是如何变化的，采购对象细分及采购对象的规格等。本任务主要通过网络工具的运用及相关案例等资源的利用，获取供应市场及采购市场的相关知识，分析与采购决策密切相关的供应市场与采购环境，使学习者认知供应市场的分析方法和市场的种类、采购对象的规格，熟悉采购市场细分的方法并能进行产品规格说明，为进行采购业务做好准备。

知识准备

一、采购环境分析的内容

（一）企业内部环境分析

采购过程所处的企业内部环境，主要包括以下几个方面：

1. 领导对采购工作的重视程度

企业的高层领导是否认识到采购管理对产品质量和价值的贡献、对企业利润的贡献，在企业流程重组中将采购管理放在什么位置等。

2. 各部门对采购工作的支持力度

销售部门是否及时提供顾客订单调整情况和顾客反馈信息，财务部门是否有充足的资金保证，设计部门提供原材料、零部件变动情况的及时程度，人力资源部门是否提供适合采购管理人员的激励机制、薪酬水平和培训机会。

3. 信息技术在采购工作中的应用程度

企业是否采用 ERP 管理采购业务，是否借助信息技术开展电子化、网络化采购等。

（二）供应环境分析

供应环境因素一方面是供应商因素，包括供应商的组织结构、财务状况、产品开发能力、生产能力、工艺水平、质量体系、交货周期及准时率、成本结构与价格等；另一方面是供应商所处的行业环境因素，包括该行业的供求状况、行业效率、行业增长率、行业生产与库存量、行业集中度、供应商的数量与分布等。供应环境分析又称供应市场分析。

1. 影响供应市场分析的主要因素

供应市场分析是指为了满足企业目前及未来发展的需要，针对所采购的商品，系统地进行供应商、供应价格、供应量、供应风险等基础数据的搜集、整理和分析，为企业的采购决策提供依据。供应市场分析可以分为对供应商所在国家或地区的宏观经济分析、供应行业及其市场的中观经济分析和供应商的微观经济分析三个层次。影响采购方进行主动的供应市场分析的主要因素有以下几个方面：

（1）技术的不断创新。无论是生产企业还是商业贸易，为保持竞争力必须致力于产品的创新和质量的改善。当出现新技术时，企业在制定自制、外购决策时就需要对最终供应商的选择进行大量的研究。

（2）供应市场的不断变化。国际供应市场处在不断变化之中，国家间的政治协定会突然限制一些出口贸易，供应商会因为突然破产而消失，或被其竞争对手收购，价格水平和供应的持续性都会因此受到影响。需求也会出现同样变化，企业可能会对某一产品的需求急剧上升（如 20 世纪 90 年代中期对奔腾微处理器的需求），从而导致紧缺状况的发生。企业必须预期某一产品供需状况的可能变化，并由此获得对自己的商品价格动态的更好理解。

（3）社会环境的变化。欧洲相对较高的工资水平已经造成了供应市场的变化。由于发展中国家较低的工资，有许多欧洲零售商的纺织品供应发生了变化，他们已将自己的供应基地从欧洲转移到了亚洲。

（4）汇率的变动。许多主要币种汇率的不断变化对国际化经营的企业施加了新的挑战。许多国家的高通货膨胀、巨额政府预算赤字、汇率的迅速变化都要求企业对其原料需求的重新分配做出快速反应。

（5）产品的生命周期及其产业转移。产业转移、技术进步不仅改变了供应市场的分布格局，整体上降低了制造成本，而且给采购的战略制定、策略实施及采购管理提出了新的要求，带来了新的变化，主要体现在：一是在自制、外购的决策中，外购的份额在增加；二是采购呈现向购买组件、成品的方向发展；三是采购的全球化趋势日益增强，同时采购的本地化趋势也伴随着生产本地化的要求得以加强；四是供应市场及供应商的信息更加透明化；五是技术发展使得许多企业必须完全依赖于与供应商的伙伴关系。

2. 供应市场分析的意义

市场由商品的购买者（采购商）以及这些商品的供应者（供应商）构成。从采购商的角度来看，供应市场是潜在的提供企业所需资源的场所，尽管它只是企业外部环境的一部分，但它对企业采购职能的履行，进而对企业的生存具有直接的影响。供应市场是采购商制定企业供应战略和进行供应商管理的起点，并对采购商内部生产、经营等产生重要影响。

在科技发达的现代社会，唯一不变的就是变化。产业转移、技术更新、产品生命周期缩短等，一方面改变了供应市场的分布格局，整体上降低了产品的制造成本；另一方面也对采购商的采购战略的制定、采购策略的实施以及采购管理提出了新的要求。

如果企业未能适时对其供应市场进行跟踪和分析，将可能在采购活动中遇到生产中断、供应延迟、产品质量以及采购成本超支等问题。而这很可能是因为采购活动遇到了供应提前期拉长、物料短缺、物流瓶颈等一系列本可事先预料的问题。

供应市场分析是采购企业的一项重要活动。一般来说，供应市场分析有以下一些意义：降低企业的采购风险，了解供应商的成本模型，确保供应商供应的持续性，寻求资源的替代品，为企业战略计划服务，利用供应商创新，改进采购流程，降低成本或增加价值。

3. 供应市场分析的内容

供应市场分析的内容包括供应市场研究和供应市场风险分析两部分。

（1）供应市场研究。供应市场研究主要包括三部分内容：一是供应市场研究过程；二是供应市场结构分析；三是宏观、中观、微观供应市场分析。

1）供应市场研究过程，这个过程主要工作包括确定目标、成效分析、可行性分析、制定研究方案与方案实施、总结报告。

2）供应市场结构分析，主要研究的是市场竞争的类型。

3）宏观、中观、微观供应市场分析，在进行供应市场研究时，可遵循由大到小、由粗到精的思路。

（2）供应市场风险分析。如果供应风险能够降低的话，将给成本的降低带来很大的空间。因此，它是采购决策必须重点考虑与分析的内容。一般应该在新供应商评价、选择认可之前就要做这件事情；对现有的供应商也可以定期进行分析。供应市场分析包括四个阶段：准备阶段、分析评价阶段、行动改进阶段、总结提高阶段。

1）准备阶段。这一阶段包括供应市场风险分析评价之前的所有准备工作：①明确潜在的风险性和是否需要作风险分析；②确定风险分析的理由，制定风险分析的准则、方法，界定风险分析所涉及的供应商和采购物品范围；③明确参与风险分析的人员，提出进一步的工作计划。

2）分析评价阶段。这一阶段可以采用检查表作为指导，由评价队伍通过对供应商进行提问、现场考察等方式进行。①评价内容主要包括：总体情况、管理对策与措施、质量保证体系、设计和工程能力、企划与供应商管理、市场及顾客服务及环境管理。②四种状态，根据上述各评价检查要素，依据实际情况可以划分为四种状态：不适用（指该要素针对供应商来说不适用，实际评价时可跳过不管）；红（指供应商在发现该要素对本企业来说存在较严重的潜在风险，不符合本企业的要求时，必须立即采取纠正行动）；黄（指该要素的状态不是太好，不能完全满足本企业的评价要求，需要进一步改进）；绿（指该要素的状态良好或超过本企业的要求）。

3）行动改进阶段。这一阶段主要根据评价分析调查结果，研究人员及评价小组应在企业采购人员的协调下，就供应商中存在的红色状态要素及黄色状态要素向供应商提出纠正及改进、提高的建议。

4）总结提高阶段。这一阶段与前一阶段紧密相关。如果供应商乐于改进并有能力改进，总结提高就有基础。

4. 供应市场结构的分析方法

通常认为，市场结构可以根据市场中买卖双方数量的多少分为卖方垄断市场、卖方寡头垄断市场、有限卖方垄断市场、完全竞争市场、买方寡头垄断市场、有限买方垄断市场、买方垄断市场等（见表2-1）。

表2-1　按买卖双方数量细分的供应市场结构表

卖方	买方		
	一个	少量	很多
一个	双边垄断市场	有限卖方垄断市场	卖方垄断市场
少量	有限买方垄断市场	双边寡头垄断市场	卖方寡头垄断市场
很多	买方垄断市场	买方寡头垄断市场	完全竞争市场

这里，我们着重分析卖方垄断市场、买方垄断市场、卖方寡头垄断市场、买方寡头垄断市场和完全竞争市场。

（1）卖方垄断市场。是指由一个供应商和多个采购企业构成的市场。该供应商是供应市场中某类产品的唯一销售者，且不存在直接的替代产品。该供应商同时决定了其产品的生产数量和销售价格，基本上不用考虑竞争因素。卖方垄断可以分为自然垄断、政府垄断和控制垄断三类。自然垄断往往来自显著的规模经济，如供电企业；政府垄断则是基于政府给予的特许经营，如奥运标志、铁路、邮政及其他共用设施；控制垄断包括专利拥有、某种产品所需的自然资源等。

面对卖方垄断市场，采购企业基本上没有任何的讨价还价能力，只能接受供应商的报价。但是，采购企业可以在产品设计时，尽量避免使用某些被垄断的产品或原材料。

（2）买方垄断市场。是指由单一的采购企业和多个供应商构成的市场。在这种市场中，采购企业成为产品的唯一购买者，因而控制了产品的价格。这可能是由于该产品没有其他的用途，或者是由于其他的用途并不经济。这里的采购企业成为买方垄断者，从另一方面看，它也是垄断型的供应商，因为没有任何其他企业提供用其采购的产品所生产的产品。如烟叶收购、铁路专用的机车和车辆的采购。

面对买方垄断市场，采购企业拥有绝对的话语权，能够主动掌握采购的价格，但是，一般也受到政府的管制。这类采购企业同时也将成为其他企业的独家供应商。

（3）卖方寡头垄断市场。是指少数供应商和大量采购企业所构成的市场。少数供应商提供相同或类似的产品，行业里存在明显的规模经济，市场进入壁垒明显。价格由行业领导者或行业联盟控制，同时也受到政府的管制和行业内部竞争状况的影响。卖方寡头垄断企业的数量越多，决策越独立，寡头垄断就越容易向完全竞争的市场转变。

当前的家电市场和汽车市场，以及中东的石油市场就是较为典型的卖方寡头垄断市场。这类市场对于采购企业来说其实并没有很多选择，各供应商所提供的产品之间并没有特别明显的差别，要想选择到合适的供应商，必须对此类市场进行长期的跟踪和观察，把握其市场规律，被选中的供应商将成为企业的战略供应商。

（4）买方寡头垄断市场。是指少数采购企业和大量供应商所构成的市场。在这种市场里，买方对于产品的定价有很大的影响。因为所有的卖方都为了能接到某项供应业务而展开激烈的竞争。采购企业也非常明了自己所处的位置，通常还能够主动利用这种位置在采购中获得好处。医药供应市场、汽车工业中零部件的供应市场就是这样的例子。

（5）完全竞争市场。是指由大量的采购企业和大量的供应商所构成的市场。这种市场具有一些明显的特征：

1）市场中采购企业和供应商的数量都很多，并且规模都不是很大，没有任何一家企业能通过购买或供应行为影响市场上的供求关系，产品的市场价格受该市场里所有的采购企业和供应商的共同影响，可以说每家企业都是市场价格的被动接受者。

2）市场上的产品是同质的，即任何一个供应商提供的产品都是无差别的，这也决定了没有哪个供应商能够控制产品的供应价格。

3）各种资源可以完全自由流动而不受任何限制，这包括：①劳动力可以毫无障碍地在不同地区、不同部门、不同行业、不同企业之间流动；②任何一个生产要素的所有者都不能垄断要素的投入；③新资本可以毫无障碍地进入，老资本可以毫无障碍地退出，这也决定了整个市场里可以有很多的供应商和采购企业；④市场信息是完全的和对称的，采购企业与供应商都可以获得完备的市场信息，双方不存在相互的欺骗。

这些条件是非常苛刻的，所以，现实中的完全竞争市场是罕见的，比较接近的是农产品市场、专业产品市场和期货市场。现实中是否存在真正意义上的完全竞争市场并不重要，重要的是说明在这种市场里，采购企业和供应商如何不受干扰地真正地进行交易。

在当今的经济环境下，无论是卖方还是买方，寡头垄断是最为常见的市场状况，完全的垄断非常少见，完全的竞争也是不存在的。

不同的供应市场决定了采购企业在市场交易中的不同地位，相应地，企业也要采取不同的采购策略和方法。从产品设计的角度出发，企业应尽量避免选择卖方完全垄断市场中的产品，如不得已，就应该与该供应商结成合作伙伴的关系；对于卖方垄断市场中的产品，应尽可能地优化已有的供应商并发展成为伙伴型的供应商；对于卖方寡头垄断市场中的产品，应尽最大可能与供应商结成伙伴型的互利合作关系；在完全竞争市场中，应把供应商看成商业型的供应业务合作伙伴。典型市场结构的主要特点见表 2-2。

表 2-2　典型市场结构的主要特点

市场类型	完全竞争	买方寡头垄断	卖方寡头垄断	卖方垄断
市场结构的特点	大量供应商，大量采购企业，采购企业选择的余地很大，市场透明	少量采购企业，大量供应商，采购企业可以控制价格	少量供应商，供应商控制价格的能力较强	只有单一的供应商，供应商完全控制价格
供应商定价策略	供应商按市场价格供应产品	供应商试图使产品的价格差异化	供应商跟随供应市场的领导者定价	供应商制定使利润最大化，同时不诱使产生替代产品的价格
产品类型和实例	农产品（初级产品）、标准件（纽扣等）	部分印刷品、某些专业产品	钢材、铜、胶合板、汽车、计算机设备	专利所有者（药品）、版权所有者（软件）
可参考的采购对策	期货或者其他远期交易	分析产品成本，了解供应商的生产流程	分析供应商的成本，必要时可以向较弱的竞争者采购，以获得价格折扣	尽可能发现替代品，重新设计产品

5. 市场中的五种竞争力分析法

由美国哈佛商学院管理学教授迈克尔·波特建立的“市场中的五种竞争力”模型（简称“波特五力分析模型”）从潜在盈利能力的角度分析某一产业的吸引力，这里，我们可以将这一分析框架用于供应市场分析。

波特五力分析模型指出，市场中的竞争力分别来自当前的竞争者、潜在的市场进入者、购买者、潜在替代产品以及要素供应者之间的相互作用。

这一模型可以帮助采购企业确认供应市场的结构，明确特定供应商的市场竞争力有多强，以及相对于同一市场中的其他购买者，采购企业的市场竞争力有多强。对于市场竞争力强度的评价能使采购企业更好地了解自己在供应市场中所处的位置，这将为以后同供应商的谈判打下基础。下面，我们对供应市场中的五种力量（见图 2-1）一一分析。

（1）供应商之间的竞争。供应商之间竞争的激烈程度取决于市场中同类供应商的数量、规模和经营政策等因素。为了确定市场中供应商之间竞争的激烈程度，需要明确以下几个问题：1）同类产品是否只有少数几家供应商；2）大部分的市场份额是否被少数几家供应商所占有；3）产品供应的增长速度是否较慢；4）各主要供应商是否已经充分利用了其生产能力；5）在该类产品的供应市场中有多少差异化的产品或服务可供选择。

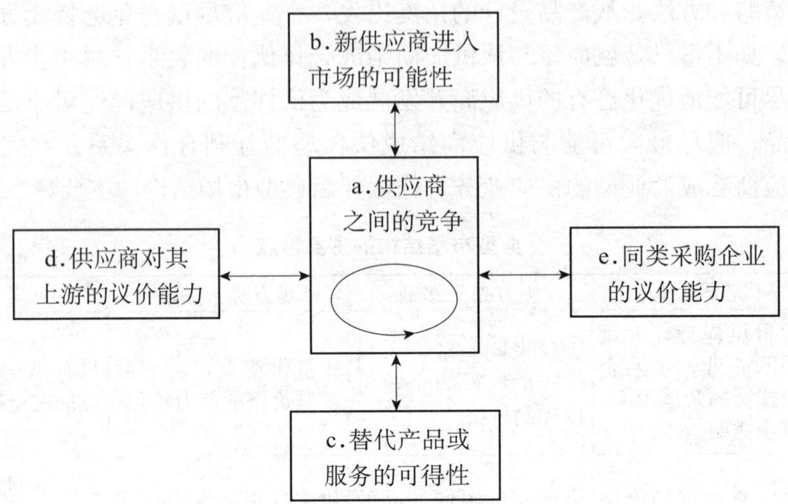

图 2-1　供应市场中的五种力量

如果在某项采购中，企业对上述大部分问题的回答都是“是”，那么该类产品的供应商之间的竞争还不够激烈，甚至可能是卖方寡头垄断市场。在这样的市场中，采购企业的议价能力可能是比较弱的，不大可能从供应商处获得较大的折扣。相反，如果企业对大部分问题的回答都是“否”，那么该类产品的供应商之间存在激烈的竞争，采购企业能够从供应商处获得较多的价格折扣和让利。

(2) 新供应商进入市场的可能性。新供应商进入市场有助于促进供应市场的竞争，并增强采购企业的市场地位。如果采购企业能获得有关新供应商进入供应市场可能性的信息，这将非常有利于采购企业制定采购战略或谈判战略。

一般来说，新供应商进入一个供应市场要具备诸多条件，如初始投资、特定技术、政策支持、转换成本、专业人才、其他特殊条件等。如果已有供应市场的进入门槛非常高，则新供应商进入的可能性就非常小。我国加入 WTO 已经有 20 多年了，按照我国加入 WTO 的承诺，越来越多的市场将向国外企业开放，在这种情况下，新供应商进入某一特定市场的可能性还是非常大的。

(3) 替代产品或服务的可得性。按照价值分析的理论，企业采购的其实是某种功能，而不是物品本身。只要采购的物品能够实现某种功能即可，那些能够实现同样功能的物品就是现有产品的替代品。市场中存在替代产品或服务会对市场竞争产生重大影响。例如：目前的电动车已经在很大程度上挤占了摩托车和自行车的市场，它们同样都是日常生活的代步工具。

(4) 供应商对其上游的议价能力。供应市场中的供应商本身还有其供应商。当前的市场竞争已不单纯是企业和企业之间的竞争，而是供应链与供应链之间的竞争。面对供应链的复杂性，企业还要考查供应商面对其上游的供应商时有多大的议价能力，以便确定供应商的盈利水平、最终产品的价格以及其他条件的影响。如果供应商面对其供应商的议价能力很弱的话，那么整个供应市场的竞争也不会激烈。

(5) 同类采购企业的议价能力。任何一家企业在采购时，还要考虑竞争对手的采购议价能力。这就意味着，采购企业要确认同类产品有哪些采购企业，尤其是向同一家供应商采购的企业。在市场需求大于供给时，价格和提前期会因为购买者的增多而产生变化，这时就必须确认同类采购企业的议价能力。这些竞争企业可能是与采购企业销售同类产品的竞争对手，也可能与采购企业没有任何直接的关系。对于这些购买者，采购企业要大致掌握他们采购产品的数量和频率，以及他们是否可以找到替代产品。

同时，采购企业也要意识到自身存在的优势，还要明确本企业相对于同类采购企业的议价能力，可以考虑：本企业在市场中处在什么样的采购地位，在总采购量中的份额如何，本企业是否对市场中已有的供应商具有特殊的吸引力。

以手机行业里的华为手机为例，上述波特五力模型的相关因素包括：一是供应商之间的竞争，由于手机行业的高科技属性，无论是手机操作系统供应商、元件供应商，还是代工供应商，都具有高度的技术壁垒和规模壁垒，因此，竞争并不激烈；二是新供应商进入市场的可能性，此前，已经有“锤子手机”“华硕手机”“360 手机”的出现，格力也曾将“格力手机”推向市场，新的手机供应商仍有可能出现；三是替代产品或服务的可得性，随着 5G 时代的来临，难保不出现新的供应商，且手机已经从一个高值耐用品变为快速消费品，手机产品存在一定被替代的可能性；四是供应商对其上游的议价能力，由于高通、三星、台积电等几乎已经处于整个手机供应链的顶端，在专业技术方面，处于暂时无法超越的地位，议价能力极强；五是同类采购企业的议价能力，就出货量而言，根据 2018 年的统计，全球智能手机出货量前六名的智能手机依次是：三星、苹果、华为、小米、OPPO、vivo。这意味着华为有一定的议价能力，但采购端的竞争压力不可谓不大。

通过对上述五种力量的分析，采购企业可以在尽可能短的时间里全面了解自身所处供应市场的供给、需求以及竞争状况。

了解了现有以及潜在供应商和同类产品采购企业的数量，采购企业便可以确定市场集中度水平，即市场被少数同类采购企业或供应商主导的程度。对于采购企业来说，最好能够对市场的短期及长期变化趋势作出正确的预测。

（三）供应市场分析的步骤

供应市场分析可能是周期性的，也可能是以某个采购项目为基础来进行的。供应市场分析可以是用于搜集关于特定行业的发展趋势及其发展态势的定性分析，也可以是从综合统计和其他公共资源中获得大量数据的定量分析，大多数的供应市场分析同时包括这两个方面，即定性分析和定量分析相结合。此外，供应市场分析可以是短期分析（如一个月），也可以是长期分析（如一年）。

一般来说，供应市场分析并没有严格的步骤，有限的时间、资金、人力等因素通常会对分析过程产生一定的影响。随着采购项目的不同，分析方法也会有所不同。所以，我们很难提供一种标准的步骤，但以下几个步骤是做任何一个供应市场分析都会用到的。

1. 确定供应环境分析的目标

企业的供应环境涉及面广、因素复杂，所以在进行供应环境分析时首先要明确目标，通常是解决供应管理中发现的新问题，使最终形成的分析报告有针对性。

2. 搜集和分析间接资料

搜集和分析间接资料，可以快速而经济地获取初步的信息和结论，确认是否有必要进行供应环境调查，为下一步的安排奠定良好的基础。间接资料的来源包括：国家有关部门发布的政策方针、发展规划、计划及经济信息，从各种信息中心或互联网上查到的信息，各种刊物刊登的信息资料、广告及供应商提供的资料等。

3. 设计供应环境调研方案

供应环境调研方案设计是为实施供应环境调研所制定的计划或方案，包括确定调查对象、资料搜集方法、时间安排和组织配备等。

4. 实施供应环境调查

企业供应部门可以采取多种形式进行供应环境调查。在调查过程中要紧紧围绕调查的主题，突出重点，需调查的问题要具体、明确。

5. 编写供应环境分析报告

搜集到的资料经过整理、分类汇总，进行分析研究，得出符合客观实际的调查结论，对供应决策提出建议。

同时，企业应认真研究各种原材料的供需现状和发展趋势，特别是分清哪些原材料处于卖方市场，哪些原材料处于买方市场，哪些原材料供需基本平衡，并根据调查结果，分别采用不同的采购策略。

二、采购对象细分

（一）采购对象的基本分类

1. 有形物品和无形物品

根据采购的商品或标的本身的特性，采购对象可分为有形物品和无形物品。

（1）有形物品。有形物品包括原料、辅助材料、半成品、成品、固定设备，以及MRO物品。

1）原料。主要是指直接用于生产的原材料，这是构成产品的主要成分。在产品的制造过程中，即使原材料的形态发生物理或化学变化，它依然存在于产品中。通常原材料是产品制造成本中占比最高的项目，如电视生产中用到的液晶面板、织布用的面纱、生产水泥用的石灰石等。

2）辅助材料。在产品制造过程中，除了原材料之外所耗费的材料均属于辅助材料。有些辅助材料与产品的制造有直接关系，但是产品制成时，辅助材料本身已经消失，如化工产品中的催化剂；有些虽然还附着在产品上，但因其价值不高，仍然把它作为辅助材料，如服装产品上的纽扣或拉链。另外，还有些辅助材料与产品制造并无直接关系，只是消耗性的材料或工具，如锉刀、钢刷等，或是产生能量所耗用的燃料，如汽油、煤炭等。此外，包装材料也属于辅助材料，如纸箱、塑料袋、包装纸、打包袋等。

3）半成品。半成品（中间体、半制品）的提法是保持了生产硬件产品的企业的习惯说法，半成品在各行业有不同名称：机电行业称零部件、电子行业称元器件、轻化工行业称半成品或在制品。

4）成品。产成品，简称成品，亦称制成品，是指企业中已经完成全部生产过程，并经检验符合规定质量标准，可供销售的产品。在工业企业中，产成品包括：已有自备原材料加工完成验收入库的产品；接受外来原材料加工完成验收入库的代制品；为外单位加工修理完成验收入库的代修品。成品是相对于一个企业主要销售产品来定义的。如果是一家冰箱厂，则它的成品就是一台零部件安装齐全，具备消费者所需功能的冰箱产品。如果是这家冰箱厂的零部件供应厂家，如钢板厂，则对于这个配套厂，它的成品就是一张张符合尺寸、颜色要求的冰箱侧板。对于流通企业来说，采购之后用于销售的都是成品。

5）固定设备。具体是指制造产品的主要工具或提供生产环境所不可缺少的设备，前者如生产钢铁制品的炼钢电炉设备及连续铸造机，后者如生产各种疫苗用的无菌室。这类机具设备对产品的产量及品质会产生直接的影响。另外，空调设备、电力设备及储运设备等，提供生产上所必需的温度、动力及仓储运输效能，也都属于固定设备。它们不会被立刻消耗掉，但其采购价值经过一段时间后会贬值，账面价值一般会逐年在资产负债表中报出。

6）MRO物品。MRO（Maintenance，Repair and Operations），即保养、维修与运营，具体是指对工厂及其他企事业单位所使用的设施进行保养、维修和保证其运行所需要的非生产性物料。如办公用品、保洁材料、复印纸、员工安全防护物品、安全锁具、灯具、电线等。

（2）无形物品。无形物品主要包括咨询服务和技术，也包括采购设备时附带的培训服务、保养服务等，它的主要形式有技术、服务、工程发包等。

1）技术。是指取得能够正确操作或使用机器、设备、原料等的专业知识。只有取得技术，才能使机器设备发挥效能，提高产品的产出率或确保优良的品质，降低材料耗损率、减少设备的故障率，这样才能达到减少投入、增加产出的目的。

2）服务。在无形采购中，为了用于服务、维护、保养等目的的采购统称为服务采购，包括清洁服务、安装服务、培训服务、维修服务、升级服务、技术支持服务、后勤服务及律师、会计师、审计师、管理顾问等特殊的专业服务。

3）工程发包。工程发包包括厂房、办公室等建筑物的营造与修缮，以及配管工程、空调或保温工程、动力配线工程及仪表安装工程等。工程发包有时要求承包商连工带料，以争取完工的时效；有时企业自行备料，如此可节省工程发包的成本。规模较大的企业本身兼具机器制造和维修能力，通常会购入材料自行施工，无论在完工品质还是成本及时间上，均有良好的管理和绩效。

2. 直接物料和间接物料

根据国外比较成熟的做法，还可以根据采购对象与企业最终产品的关系，将采购对象分为直接物料和间接物料。

（1）直接物料。直接物料是与最终产品直接相关的物料，这类物品通常大宗采购。由于直接物料采购对于企业而言的可预见性和大宗交易的特点，它在企业整体采购交易次数方面所占的比重通常比较小，一般在20%～40%，但是采购额在企业总采购支出中占比较大，甚至可以达到80%。

（2）间接物料。间接物料是与最终产品不直接相关的商品或服务。间接物料又可以分为ORM（Operations and Resources Management，运营与资源管理）和MRO物品。ORM通常是指企业日常采购的办公用品和服务，通常由企业的行政部门负责，而MRO是指维持企业生产活动持续进行所需要的保养、维护与运营所需要的物料，如备品、备件、零部件等。

一般而言，对于直接物料的采购，企业一旦选择好供应商，相对就比较固定了。采购企业与供应商之间以长期供货合同或一定期间内的稳定价格供货，采购企业会设置专门的采购部门和采购人员负责各类直接物料的采购。而对于间接物料的采购，商品价格通常较低，采购周期不固定，供应商来源广泛，数量众多，采购企业选择的余地比较大，价格随采购批次的变动可能较大。

（二）采购对象的80/20法则

早在19世纪末，帕累托研究英国人的收入分配问题时发现，大部分财富流向小部分人，还发现某一部分人口占总人口的比例，与这一部分人所拥有的财富的份额，具有比较确定的不平衡的数量关系。他进一步研究证实，这种不平衡模式会重复出现，具有可预测性。以80%对应20%的典型不平衡关系的80/20法则，反映的正是帕累托的上述思想。例如：贸易企业20%的产品或客户，带来80%的收益；新华书店20%的图书的销量，占全部图书销量的80%；一个城市里80%的交通事故，归咎于20%的冒失司机；一个国家80%的医疗资源，为20%的人口所占用；女士80%的时间所穿的衣服，不到她全部服装的20%；家里20%的地板有80%的磨损；世界上20%的人口耗费了80%的资源；20%的企业所生产的价值，占一国或全球范围内全部企业生产价值的80%等。

我们将这一法则运用于采购活动。采购对象的80/20法则是指：通常情况下，数量或者种类占到总采购数量或种类的80%的采购对象只占到总采购价值的20%，而数量或者种类只占到总采购数量或种类的20%的采购对象却占到总采购价值的80%。

这一法则为有针对性地制定不同对象的采购策略提供了有益的启示，也就是采购工作的重点应该放在占到总采购价值的80%而数量或种类只占到20%的这部分对象上。但这并不是说完全放弃那些数量或种类占80%而总采购价值只占20%的对象。

总之，这个法则告诉人们一个道理，即在投入与产出、努力与收获、原因和结果之间，普遍存在不平衡关系。少的投入，可以得到多的产出；小的努力，可以获得大的成绩；关键的少数，往往是决定整个组织的效率、产出、盈亏和成败的主要因素。

（三）采购对象细分的四象限法

1983年卡拉杰克提出了采购对象分类模块，为采购工作的开展提供了一套普遍被人接受的方法。这种方法主要基于两类因素：一是采购对象对于企业的重要性，主要是指该采购对象对企业的生产过程、产品质量、物料供应、企业成本等所产生的影响的大小，通常表现为这类对象占采购总价值的高低；二是供应风险与机会，有风险的地方就有机会，同样的，有机会的地方也伴随一定的风险，这里主要是指供应商短期及长期的供应保障能力、供应商的数量、供应市场的竞争激烈程度等。

依据不同采购对象对于企业的重要性及供应的风险和机会，可以将企业的所有采购对象细分为战略采购品（又称关键采购品）、瓶颈采购品、集中采购品（又称杠杆采购品）和正常采购品（又称日常采购品），如图 2-2 所示。

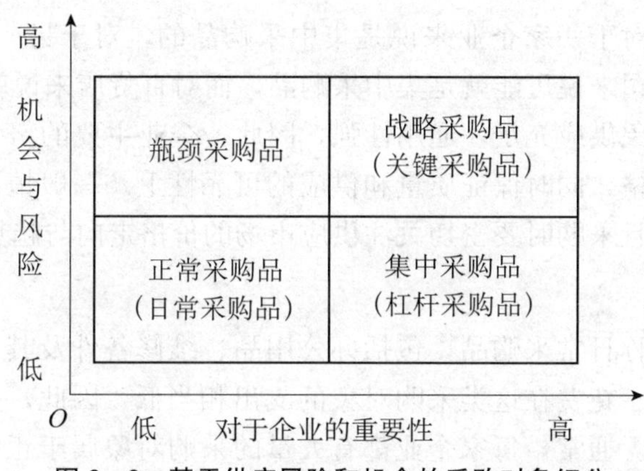

图 2-2　基于供应风险和机会的采购对象细分

1. 战略采购品

战略采购品，又称关键采购品，是指占采购总价值的比重高、对企业发展产生重大影响的，又只能依靠个别供应商或者供应难以确保的采购对象。这些采购对象可能是使企业产品形成特色或者取得成本优势的基础，因而会对企业的盈利能力起到关键性的作用。这类采购对象的例子包括企业最终产品所必需的某些零部件，或者某个项目所需的非常复杂的或必须定制的项目，如汽车制造商所需要采购的发动机和变速器，计算机生产商所需要采购的 CPU 等。在这种情况下，任何采购上的偏差都可能对企业造成严重的影响。

对于这类采购对象，最好的策略就是找到可靠的供应商并发展同他们的伙伴关系，通过双方的共同努力去改进产品质量、提高交货可靠性、降低成本，必要时，还要组织供应商在早期参与企业的产品开发。

2. 瓶颈采购品

瓶颈采购品以较高的采购风险和占企业采购总价值比重较低为特征。较高的采购风险决定了该类对象只能从少数几家供应商处获取。当产品的设计是基于某项新技术，或者产品依赖于某些紧缺的零部件时，就可能出现这种情况。某些产品技术含量不高，但当其供不应求而且它的缺货会对企业造成重大影响时，也可能面临这种情况。

瓶颈采购品的供应将一个重大的风险摆在了企业面前，但由于其占企业采购总价值的比重不高，对供应商来说也没有特别的吸引力，因此，瓶颈采购品是一个必须认真对待的问题。对于这类采购对象，首先，要让供应商确保供应，必要时甚至可以提高采购价格；其次，要通过风险分析制定应急计划；最后，要与相应的供应商改善合作关系。

3. 集中采购品

集中采购品，又称杠杆采购品，这类采购对象以较低的风险和较高的采购价值比重，以及很容易从不同供应商处采购为特征。由于该类采购对象占较高的采购价值比重，使得企业的采购对于供应商来说有较大的吸引力，因此能提高采购企业的讨价还价能力。集中采购品对于任何一家采购企业来说都是很有利的，它可以使采购企业拥有强大的议价能力。

需要说明的是，对于一家企业来说是集中采购品的，对于另一家企业来说未必是，如小型货车对快递公司来说可能就是集中采购品，而对百货店来说就不是了。

由于这类采购对象供应充足，通用性强，因此，企业主要的努力应放在降低采购成本，追求最低采购价格，同时保证质量和供应的可靠性上。一般情况下，这类采购对象不宜签订长期合同，且采购时要密切关注供应市场的价格走向与趋势。

4. 正常采购品

正常采购品，又称日常采购品，包括办公用品、维修备件及其他价值低、有大量供应商的采购对象。由于花费在这类采购对象的支出相当低，因此，企业不必为这些采购对象付出太多的精力。通常，每家企业都有大量的采购对象属于正常采购品，企业可以从众多的供应商中选择最为合适的。

由于这类采购对象涉及种类广泛，而采购支出相对较低，因此要采用程序化、规格化、系统化的工作作业方式，如提高标准化、通用化的程度以减少采购种类、减少供应商的数量，采用计算机系统、程序化作业，以减少开单、发单、跟单等的工作时间，提高采购工作的准确性和效率。

从避免出现供应方面的问题，以及在与供应商谈判时保持优势地位的角度来看，采购企业最希望采购对象是集中采购品。在这种情况下，采购企业拥有相当强的议价能力，而众多的供应商也面临激烈的竞争，此时，采购企业就能够在不冒很大风险的情况下采购到符合要求的产品。这样，对于采购部门或者采购人员来说，最主要的目标就是尽可能地将其他采购对象转化为集中采购品。实现的途径通常有两个：一是降低采购风险，二是增加采购支出。这里的增加采购支出并不是增加企业的总采购支出，而是指增加某类采购对象或者对某一供应商的采购支出，从而增强与供应商的议价能力。

三、采购对象规格

（一）规格的定义

规格是对原材料、产品或服务的技术要求的描述。规格用于定义产品或服务的功能、设计、生产能力、运行可靠性、耐用性、灵活性等要素。对于产品的尺寸、颜色、使用条件、使用安全以及标签等的描述也是产品规格的内容。

例如：某企业因员工工作需要采购一批笔记本电脑，但是，如果只是说要采购笔记本电脑，并不能让采购人员明确到底要采购什么样的笔记本电脑，还必须对准备采购的笔记本电脑的技术参数进行描述和定义，如硬盘容量、内存的大小、主板、CPU、光驱的型号，是否有独立显卡、声卡、网卡等。只有说明了这些与产品质量、性能直接相关的技术参数，企业才能采购到合适的产品。

（二）规格的作用

规格说明是采购企业将自己的需求有效传递给可能的供应商的主要方式。规格可以描述供应商所供应的产品或服务必须满足的性能参数，或者给出产品或服务如何生产或提供的完整的设计方案。

对采购产品或服务定义不当，或者根本不加以定义，将可能导致一系列问题的产生。进一步讲，如果采购企业都不能明确自己需要什么样的产品或服务，又怎能使供应商交付“恰当的”产品或服务呢？所以，采购企业必须明确地定义产品或服务的规格之后，供应商才能有针对性地报价和生产。

规格说明也是采购订单和采购合同的核心内容，规格对于企业获得优秀品质的采购对象起着非常重要的作用，此外，还能协调解决设计部门、制造部门、营销部门和采购部门之间的冲突。

这里，我们还要明确，产品或服务的规格可以根据采购企业的需要而有所变化。粗略的规格仅能描述基本的需要，便于供应商寻找最佳的产品或服务的提供方式，可一旦产品或服务不能满足采购企业的需要，就可能导致采购企业所需要的产品或服务不能如期获得。而过于详细的规格，比如将某一产品具体化到不可能买到的程度，也会阻碍采购业务的开展。

通常情况下，对于有形的产品和无形的服务的规格说明方法、方式是有所不同的，以下我们将分别就产品规格和服务规格加以说明。

（三）产品规格的说明方法

产品规格的描述可以采用多种形式，也可以是几种形式的组合。一个最基本的产品规格是“默认的质量”，比如一把伞能用于遮阳挡雨，一支钢笔能用于书写，一把锤子能钉钉子，这些都是产品的基本功能，是默认的，不需要确认的。然而，更多的时候，只看到这些基本的功能是不充分的，还需要更多的描述方式。

1. 品牌或商标

品牌或商标是产品规格的简单形式。当产品由某供应商申请专利或受到商业机密保护，或者采购企业对某个品牌或商标有偏好时，就需要使用品牌或商标作为规格说明了。工业品采购很注重品牌或商标，一个行业产品的品牌对采购商的影响很大。因为一般工业品的采购数量和金额比较大，使用时间相对较长，采购商是不敢冒太大风险去尝试从来没有听说过的产品的。采用品牌或商标描述方法，意味着采购商非常依赖供应商的诚信、商业信誉和维持经营的实力。当然，这些品牌必须具有完整、确切的品质指标或技术说明。使用品牌或商标将会产生对特定供应商的过度依赖，限制潜在竞争供应商的数目，而且失去寻找更低成本的选择机会和可能由竞争供应商提供的改善优势。

在用品牌或商标描述规格时，还可以加上“或相当品牌”的字样，这将为采购企业扩大选择的范围，同时不会对产品的品质造成很大的影响。但是，对于“相当品牌”这种不是十分清楚的规格，必须确认该品牌或商标的产品能够满足采购企业的需求。

（1）优势。利用品牌或商标做规格说明一般具有如下的优势：1）能较为清晰、明确地说明采购企业的需求；2）容易使用，能保证企业迅速找到供应商，并尽快采购到合适的产品；3）质量可靠。提供品牌化产品的供应商一般会为打造品牌花费大量的资金，他们不会冒险提供低于标准的产品而损害自身的品牌形象。

（2）劣势。利用品牌或商标做规格说明也有它的劣势：1）采购价格较高；2）竞争受到限制，可能只有单一的供应商；3）使用品牌产品可能会造成对品牌的过度依赖，这会减少潜在供应商的数量，也可能使采购企业丧失机会，享受不到竞争带来的价格降低或质量改进的好处。

2. 样品

样品也可以用作规格说明。采用样品作为规格说明，通常适用于其他规格说明方法都不适用的情况，如铸模的或不规则的部件、产品，或不展示实物给供应商就难以具体描述的产品和设计等，在对颜色、印刷与市场等级的要求上使用得比较普遍。对于一些商品，如小麦、玉米、棉花等，最好利用样品建立等级，以描述规格。

一般而言，在难以描述产品时，由采购企业提供样品，可以让供应商了解具体需求，而由供应商提供样品，则可以让采购企业在购买之前就能了解产品的适用性和性能等。但是，用样品作为规格描述也有它的局限性，如很难确定和证明供应商提供的产品与原来的样品有多大偏差，“世界上没有两片相同的树叶”，此时，就需要规定公差的范围。

3. 技术规格

技术规格具有较明确的规定性，因为它可以全面定义采购企业需要什么。技术规格一般包含理化性质（尺寸、强度等）、设计细节、公差范围、所用材料、生产过程和方法、维护要求、操作要求等。

例如：当前流行的曲面显示器的技术规格及不同品牌产品的对比见表2-3。

表2-3　曲面显示器的技术规格及不同品牌产品的对比

技术规格	联想 Y27F	三星 C27JG50QQC	飞利浦 272M7C
类型	LED 显示器，广视角显示器，曲面显示器	LED 显示器，护眼显示器，曲面显示器	广视角显示器，曲面显示器
屏幕尺寸	27 英寸	27 英寸	27 英寸
液晶面板	VA	VA	VA
背光类型	LED 背光	LED 背光	LED 背光
屏幕类型	1 080p（全高清）	2K	
屏幕比例	16：9（宽屏）	16：9（宽屏）	16：9（宽屏）
最佳分辨率	1 920×1 080	2 560×1 440	1 920×1 080

技术规格可以包括文字信息和设计图纸两部分，这样可以更为清楚和严谨地向供应商表达需求，并避免过多的文字描述。

技术规格也有一定的适用场合，采购企业具有专业设计技能而供应商不具备时，或者采购企业希望采用一种内部已经开发出来的特殊的设计并需要与供应商做进一步沟通时，或者采购的物品相当复杂时，技术规格就是很好的一种说明方法。

利用技术规格可以确切地定义采购企业的需求，并能用来核实供应商所供应的产品是否满足所有的要求。但是，制定技术规格可能需要相当大的人力投入，高水平的技术规格可能要求供应商参与设计和定制，这都可能增加企业的采购成本。此外，技术规格还可能限制潜在供应商的数量，使企业无法享受市场竞争的好处。

4. 构成规格

构成规格涉及一个产品的构成，一般是从其化学和物理性质方面进行描述。如产品所用材料的纯度、密度、成分、添加剂等。这类规格常用于原材料以及食品和化学类商品。构成规格也用于安全和环境因素很重要或者这种材料对生产过程至关重要的地方。

明确所要求的产品构成，必须由合格的检验师或检测师来进行，对于构成规格的认证工作通常要由独立的第三方组织来承担。

5. 功能和性能规格

功能和性能通常可以互换使用。我们认为，功能规格用来描述采购产品所要执行或达到的功能，而性能规格用来描述产品的功能被执行的“好”的程度，尤其是达到功能的结果比实现功能的过程更为重要时。例如：功能规格可以要求一辆货车能载重 5 吨重的货物，而性能规格则要考虑该货车载重 5 吨的货物以后，平均的运行成本是多少。

具体说来，功能规格包括产品所能达到的功能，如操作环境、质量水平、安全等级、产品的使用效率、绩效评价的原则等。

功能规格和性能规格较常用于采购高科技产品以及供应商先期参与的情况。采购企业一般并不描述所需的功能和性能是如何实现的，而只对最终结果感兴趣。采购企业只告知产品所需要达到的功能或性能，至于如何去制作方能达到要求的细节部分，则留给供应商来解决。当使用了功能规格时，供应商将最大限度地确定如何满足需求，也将对最终产品的质量承担责任。

使用这种规格时，选择合适的供应商是非常重要的。必须选择有能力且诚实的供应商，因为供应商必须承担设计、制造产品及产品品质的责任。若供应商能力不足，就可能无法提供先进的技术和制造知识，而供应商不够诚实时，产品所用的材料和技术则可能相当低劣。所以，使用这项规格时，必须在众多的供应商中选择最佳者，有潜力的供应商可保证品质及通过竞争提供较合理的价格。（关于供应商的选择，我们将在项目三中详细讲述。）

6. 商业标准

商业标准描述原材料的质量、尺寸、化学成分、制造工法、检验方法等。由于在某些行业或领域，重复使用相同的材料，因此该行业协会或政府为这些材料制定了商业标准。这些商业标准描述了标准化项目的完整说明，它是使用大量生产系统的重要条件，对有效率的采购企业而言相当重要。当依据商业标准制作材料时，就可以省去很多的麻烦。

在商业贸易往来中，许多商品也已经设定了标准规格。在政府直接管理下的质量技术监督局或商品检验局、民间的标准化协会、行业协会等皆致力于制定标准规格及标准检验方法。对于一般标准零件如螺丝、螺帽、电子零组件，使用商业标准可以避免对品质的误解。

7. 市场等级

市场等级是依据过去所建立的标准来判定某项特定的商品。此类规格说明通常限于天然商品，包括木材、农产品及肉和奶制品等。市场等级的主要问题是产品质量在时间方面的变动性和评定者给出的等级的连贯性。

例如：我国农业部门推广的经认证的绿色食品，就分为 A 级和 AA 级两种。其中 A 级绿色食品生产中允许限量使用化学合成物质，AA 级绿色食品则较为严格地要求在生产过程中不使用化学合成的肥料、农药、兽药、饲料添加剂、食品添加剂和其他有害于环境和健康的物质。从本质上讲，绿色食品是从普通食品向有机食品发展的一种过渡性产品。

在企业实践中，多数的产品需要以上产品规格说明方法中的两种或更多种来做说明。而供应商所提供的产品的明细规格信息，以及大量的参考资料可以通过公开出版发行的资料获得，如专业性行业期刊或名录、技术手册、消费者调查报告以及专利公告等。此外，还可以通过交易会、展览会和一些技术研究机构、政府机关和国际组织获得相关的产品规格信息。

8. 设计图和设计规格

一些机械加工品、铸件、锻件、压模部件、电子线路和组件等的采购，其规格形式一般采用工程样图或者工程设计图。这种描述方式成本较高，不仅在于准备蓝图或计算机程序本身的成本，而且在于它用来描述的产品对于供应商来说往往是特别的，而不是标准化的商品，因此需要很大的花费才能生产。不过这种描述方式是所有描述方法中最准确的一种，尤其是用于购买那些生产中需要高度完善度和精密度的产品。

设计规格是采购企业自己建立的需要的规格，它对所需要的产品或服务给出了完整的描述，并且通常定义了通过何种流程可以制造出产品和原材料。设计规格可以使买方最大限度地控制最终结果。由于确保符合企业规格的检验成本相当高，因此，使用这种方法采购原料时需要做好检验工作。

（四）服务规格的说明方法

1. 服务规格说明

企业需要的服务类型很多，如运输、仓储、广告、保险、银行、培训、保洁、设计、管理咨询等。服务规格的说明在很多情况下不同于有形的产品。

明确一项服务的具体要求比明确产品更难，许多有形产品的需求可以被明确描述，但服务是无形的，很难对其好坏、优劣进行定义。例如：清洗一座建筑物时清洗到什么程度才算干净，修理一台计算机花多长时间是合理的。

2. 工作说明书

尽管如此，服务规格仍要尽可能地明确。对于服务的过程和服务结果的检查，可以使用工作说明书（Statement of Work，SOW）。工作说明书为提供服务的供应商清晰地描述了将要完成的包括检查、验收和接收等工作，以及将要取得的成果和其他要求。在服务完成后，采购企业和供应商之间的许多纠纷都来自对服务内容理解的差异。

工作说明书主要使用于采购服务项目类，如中央保全、大楼清扫、废弃物处理、工程发包等。工作说明书详细地说明了将来需要做的工作范围、时间期限、采购企业所期望的最终产品或结果、评估绩效和服务质量的标准，所有的重要方面都要做尽可能详细的说明。随着服务变得越来越复杂，工作说明书也变得越来越复杂。工作说明书的内容必须能保障采购企业能获得满意的服务，也同时要能保留足够的弹性，让供应商来创造附加价值。一份完整的工作说明书除了应该简单明了外，对于所应达到的工作品质也应尽量以量化的方式来规范其绩效的评估。

一般来说，工作说明书包含以下内容：前言、服务范围、方法、假定、服务期限和工作量估计、双方角色和责任、交付资料、完成标准、顾问组人员、收费和付款方式、变更管理等。下面，我们提供一份工作说明书模板（见表2-4）供参考。

表2-4　工作说明书模板

序号	项目	主要内容
1	前言	简单描述项目背景等信息
2	项目工作范围	详细描述项目的服务范围，包括业务领域、流程覆盖、系统范围等
3	项目工作方法	项目拟使用的主要方法
4	假定	项目进行的假定条件，具体内容需双方达成
5	工作期限和工作量估计	项目的时间跨度和服务期限，对于按人天计算费用的项目，需评估服务工作人天，并估算项目预算
6	双方角色和责任	分为供应商的职责和企业的职责，并对关键角色的工作职责进行描述，如项目经理
7	交付件	列出项目的主要交付资料，并对交付件的内容与质量要求进行描述
8	完成以及验收标准	列出项目的完成标准和阶段完成标准，完成标准作为项目验收的依据
9	服务人员	列出供应商的人员名单及顾问资格信息、供应商人员的变更等
10	聘用条款	描述聘用供应商人员的级别要求、经验要求及其他相关条款
11	收费和付款方式	项目的付款方式、费用范围、涉税条款等
12	变更管理	项目变更的管理过程、相关规定与约束条件等
13	承诺	双方承诺均已阅读，理解并同意遵守上述协议书及其条款的约束。而且双方同意，所提到的服务条款及其附件（包括工作说明书和变更授权以及任何为双方协议中独立完整的陈述），取代所有的建议书或其他在此之前的书面或口头协议以及有关的其他交流
14	保密	遵守保密协议（保密条款另行签署）

续前表

<table>
<tr><th>序号</th><th>项目</th><th colspan="2">主要内容</th></tr>
<tr><td>15</td><td>签署接受</td><td>××公司（供应商）
授权签名：________
姓名：________ 日期：________
职位：________
（公章）</td><td>××公司（采购企业）
授权签名：________
姓名：________ 日期：________
职位：________
（公章）</td></tr>
</table>

就产品而言，除非是在材料和工艺上有个别缺陷，同样的产品一般具有相同或相近功能。例如：两台计算机基本以同样的方式做同样的事情。然而服务是由人来完成的，人与人在各方面都有很大的差别，服务的质量基本上取决于提供服务的特定的人。我们之所以制定工作说明书，就是希望通过对服务结果的说明来约束提供服务的人，规范他们的操作。

任务2 采购需求分析

业务背景

所谓采购需求分析，就是分析该买什么、买多少、什么时候买、花多少钱、什么时候得到以及怎样得到的问题。正确的采购需求分析，不仅可以保证及时获得合格的生产物资，而且是控制成本的一项重要工作。究竟该买多少才算合适？什么时候下单最好？要想很好地解决这些问题，采购管理人员就必须认真分析需求的变化规律。对于简单的采购，一般不需要进行复杂的需求分析，但对于较复杂的采购，需要对采购市场进行调查，并在此基础上进行采购预测，最终通过具体的需求分析得到一份确实可靠、科学合理的采购清单。

导入任务

要进行采购，首先要分析、弄清需求者究竟需要什么、需要多少、什么时候需要，从而明确应当采购什么、采购多少、什么时候采购以及怎样采购。本任务主要通过网络工具、分析工具的运用及相关案例等资源的利用，获取采购需求分析、采购市场调查和采购市场预测的相关知识，使学习者认知采购需求分析、采购市场调查的方法，熟悉采购市场预测的方法并能进行采购预测，为进行采购业务做好准备。

知识准备

一、采购市场调查

市场调查是社会调查的一个方面，它是以市场及与市场相联系的一切方面为对象，了解其历史、现状及影响其发展变化诸因素的活动。采购市场调查则是指企业运用科学的方法，有系统、有目的地搜集市场信息，记录、整理、分析市场情况，了解市场的现状及其发展趋势，从而为采购市场预测提供客观的、正确的资料。采购市场调查在企业经营管理中具有十分重要的作用，它是企业进行经营决策的基础，是调整和矫正采购计划执行情况的重要依据，也是改善企业经营管理的重要工具。在市场经济条件下，企业经营的好坏和经济效益的高低是通过市场来检验的。采购市场调查是企业经营管理活动的出发点，也是认识、了解市场的一种有效方法。通过采购市场调查，取得企业经营活动所需的第一手资料，就可以制定正确的采购策略，取得较好的采购效益。

（一）采购市场调查的方法

采购市场调查的方法，是指市场调查人员在实施调查过程中搜集各种信息资料所采用的具体方法。采购市场调查的方法有很多，主要有询问法、观察法、实验法三种。

1. 询问法

询问法是指调查人员用调查对象愿意接受的方式向其提出问题，得到回答，获得所需要的资料。询问法又分为问卷调查法、面谈调查法、电话调查法。

（1）问卷调查法。基本做法是：调查人员根据调查目的，在拟定好调查提纲的基础上，编制简明易填的调查问卷，并将设计好的问卷交给或邮寄给调查对象，请其自行填答后交回或寄回。

（2）面谈调查法。基本做法是：走出去或请进来，由调查人员直接与调查对象见面，当面询问或举行座谈会，互相启发，从而了解历史和现状，搜集信息，取得数据。

（3）电话调查法。基本做法是：调查人员根据抽样规定或样本范围通过电话询问调查对象的意见。

2. 观察法

观察法是指调查人员在现场对调查对象进行直接观察记录，从而取得第一手资料的一种调查方法。这种调查方法的基本做法是：调查人员直接到市场，对调查对象的现实情况进行观察与记录，并辅之以照相、录像、录音等手段，尽量使调查对象感觉不到正在被调查。这种调查方法的主要优点是：调查结果比较真实可靠，用仪器进行观察比较客观。缺点是：只能观察调查对象的表面活动，不能了解其内在的因素，调查结果是否正确受到调查人员的业务技术水平的制约。

3. 实验法

实验法是把调查对象置于一定的条件下，了解其发展趋势的一种调查方法。它用于在给定的实验条件下，在一定范围内观察经济现象中自变量与因变量之间的变动关系，并作出相应的分析判断，为企业进行预测和作出决策提供依据。这种调查方法的优点是：可以有控制地分析市场变量之间是否存在因果关系以及自变量的变动对因变量的影响程度，可获得比较正确的情况和数据，作为预测和决策的可靠基础。缺点是：相同的实验条件不易选择，变动因素不易掌握，实验结果不易比较，实验时间较长，取得资料的速度慢，费用较高。

（二）采购市场调查的内容

采购市场调查的内容涉及采购活动的整个过程，虽然不同企业、不同状态下的采购市场调查目的与主题往往不尽相同，但不外乎是针对企业采购活动的需求确定调查的问题，并据以发现解决问题的途径和方法。通常，企业采购市场调查的内容主要包括以下几项：

1. 采购市场环境调查

采购市场环境主要包括经济环境、政治环境、社会文化环境、科学环境和自然地理环境等。具体的调查内容可以是市场的购买力水平、经济结构、国家有关部门对该项目的强制性规定和要求、科学发展动态、气候等各种影响市场供应的因素。

2. 采购项目供应商之间的关系和市场竞争情况

诸如本地供应商实力、数量、供应能力、市场垄断地位、竞争程度、合作倾向、该项目市场价格走势和定价策略等。

3. 企业潜在市场和潜在供应商开发问题

例如：潜在竞争品牌、数量，潜在竞争品牌基价可比性及不可比性应对策略，这一调查主题就是发现谁是未来的主要买家和卖家，以及它们的市场地位和变化趋势。

（三）采购市场调查的步骤

采购市场调查是进行需求确定和编制采购计划的基础环节，对于制造企业来说，采购市场调查的核心是市场供应状况的调查与分析；而对于零售业特别是连锁经营企业来说，由于采购与销售一体化的运营模式，使这项工作成为事实上的整体市场调查过程。采购部门要时刻掌握市场信息和市场动向，仅凭直觉和经验做出的分析缺乏可靠性，势必会造成采购部门决策的失误，影响采购部门的效益。因此，采购前期的市场调查起着十分重要的作用。

1. 明确市场调查主题

通常，以采购为核心的企业市场调查的主题主要有以下四个方面：

（1）为编制和修订采购计划进行需求确定。旨在进行需求确定的市场调查，是要解决企业“买什么”“买多少”的计划是否妥当、可靠的问题，这往往是同企业总体的市场调查一起进行的。在生产和经营过程中，受市场和供求关系变化的影响，企业生产和销售会出现这样或那样的困难，如销售出现困难，导致产品积压；采购出现困难，导致生产停工待料，从而给采购需求的确定带来变数，因此，企业需要进行市场调查，为编制和修订采购计划提供资料和依据。

（2）供应商之间的关系和市场竞争状况。诸如供应能力、市场垄断地位、竞争程度、合作倾向、价格变化和定价策略等。

（3）企业潜在市场和潜在供应商开发问题。通俗地讲，这一调查主题就是发现谁是未来的主要买家和卖家，以及它们的市场地位和变化趋势。

（4）规划企业采购与供应战略。由于市场环境的变化，企业为了生存与发展就必须在分析环境变化所带来的机会与威胁，以及挖掘自身优势的基础上，制定一套合乎企业未来发展需要的采购与供应规划。

2. 明确市场调查目标

企业采购需求不同，市场调查的目标也有所不同。如果企业在采购之前对所要采购的产品本身不熟悉，那么市场调查的目标应先定位在对市场上产品的认识上，产品的货源情况、售后服务情况、产品的市场周期情况则不是当前的主要目标；相反，如果企业对某产品较熟悉，市场调查目标的重点应放在后者。

3. 确定市场调查项目

调查项目是为了获得统计资料而设立的，它必须依据调查的目标和主题进行设置，这是市场调查策划的基本内容。调查项目必须紧扣调查主题，其具体作业程序是：一是确定为达到调查目的需要搜集哪些材料和基本数据；二是弄清在哪里可以取得数据，以及如何取得数据。

4. 设计市场调查方案

一个完善的市场调查方案一般包括以下内容：

（1）调查目的：要求根据采购市场调查目标，在调查方案中列出本次调查的具体目的。

（2）调查对象：采购市场调查的对象一般为用户、零售商、批发商，企业在进行市场调查之前，应确定到底对什么样的群体进行调查。由于供应商太多，因此企业应对信誉度高、执行合同能力强的供应商进行重点调查。如果调查中缺乏针对性，一则效果不会很明显，二则精力和时间都不允许。

（3）调查内容：调查内容是收集资料的依据，为实现调查目标服务，企业应根据市场调查目的确定具体的调查内容。调查内容的确定要全面、具体，条理清晰、简练，避免面面俱到、过于烦琐，防止把与调查目的无关的内容列入其中。

（4）调查表：调查表是市场调查的基本工具，调查表的设计质量直接影响市场调查的质量。设计调查表时，要注意以下几点：调查表的设计要与调查主题密切相关，重点突出，避免可有可无的问题；调查表中的问题要让调查对象容易接受，避免出现调查对象不愿回答或令调查对象难堪的问题，同时要注意不要泄密；调查表中的问题要条理清楚，顺理成章，符合逻辑顺序，一般可遵循容易的问题放在前、开放式问题在后的原则；调查表的内容要简明，尽量使用简单、直接、无偏见的词汇，保证调查对象能在较短的时间内完成调查表。

（5）调查方式：市场调查的方式有许多，适合某一次调查的方式却可能只有一种。企业应该根据调查目的选择一种最适合的方式，而不是让调查目的去适应调查方式。选择了合适的调查方式往往会达到事半功倍的效果。以IT行业为例，IT行业是技术更新换代最快的行业，新产品层出不穷。因此，要了解市场行情，特别是实时行情。企业虽然不能每时每刻进行实地调查，但可以每天上网查询，以了解市场行情。但要注意的是，通过上网和浏览报刊获得的信息毕竟是二手信息，有些信息准确度不高，甚至是假消息，采购部门应注意区别。此外，当需要作出重大决策而本采购机构的调查力量不够时，还可以委托专业机构从事市场调查。采购人员只要支付适当的费用，就可以获得一份非常详尽、细致的市场调查报告。

5. 组织实地调查

实地调查是一项较为复杂、烦琐的工作。企业要按照事先划定的调查区域确定每个区域调查样本的数量、访问人员的人数、每位访问人员的路线，明确调查人员及访问人员的工作任务和职责，做到任务落实到位，目标、责任明确。调查时，应认真地向供应商询问，对他们提出的有关采购的问题，应该避免透露太多的信息，以使供应商在平等的条件下竞争。在提问时，应做到对采购用品调查的目的有帮助。另外，要严格控制市场调查的实施过程，在市场调查中如果发现调查方案设计有问题，要及时修正，以免得出错误的结论。

6. 整理和分析调查资料

实地调查结束后，即进入调查资料的整理和分析阶段。收集好已填写的调查表后，由调查人员对调查表进行逐份检查，将合格调查表统一编号，以便于调查数据的统计。利用统计结果，就可以按照调查目的的要求，针对调查内容进行全面的分析工作。

7. 撰写市场调查报告

撰写市场调查报告是采购市场调查的最后一项工作内容，市场调查工作的成果将体现在最后的调查报告中。调查报告将提交采购部门的决策者，作为采购部门制定采购策略的重要依据。市场调查报告要按规范的格式撰写，一个完整的市场调查报告由题目、目录、概要、正文、结论和建议、附件等组成。其中，正文是报告的主体，要说明调查的目的、详细的解析方法、调查结果的描述和分析等；附件则包括样本的分配、图表及附录等。

二、采购市场预测

采购市场预测是指企业的决策者在商品或物料采购市场上调查取得资料的基础上，经过分析研究，并运用科学的方法来测算未来一定时期内商品或物料市场的供求及其变化趋势，从而为商品或物料采购决策和制定商品或物料采购计划提供科学的依据，实现销售利润等一系列目标的过程。

预测可以是应用数学方法对历史数据进行的客观分析，也可以是对非正式信息的主观判断，也可以是上述两种方法和技术的结合。不管是应用数学方法对历史数据进行的客观分析还是对非正式信息的主观判断，预测永远会有误差，所以必须包含期望值和预测误差的测量。预测周期越长，预测数据的准确性就会越低；反之，预测周期越短，预测数据的准确性就会越高。一般情况下，企业会采取长、短周期相结合，并且滚动的预测方法来进行需求预测。总之，采购人员一定要扩大视野，具备察言观色的能力，对将来物品供应的趋势能制定相应的对策。

（一）采购市场预测的作用

在企业常规的生产流程中，花费在原材料、配件上的采购时间，用于产品生产制作上的时间，直接影响企业商品的生产周期和资金的回笼速度。由于商品的生产时间是一个相对确定的量，因此，每次采购时间和采购量也就成为决定商品流通、资金回笼速度的关键所在。不合理的采购将导致两种结果：一是使得库存堆积，资金停滞；二是库存不足，影响生产，拖延交货时间。无论哪一种情况都将导致企业的损失。因此，科学合理的采购市场预测具有重要的作用。

1. 准确的预测有助于掌握技术和产品发展的方向和速度

准确的市场预测有助于企业掌握技术和产品发展的方向和速度，发现市场供求变化和发展的规律性，为制定采购计划、决定采购策略、搞活企业经营、提高经济效益提供重要信息。

2. 准确的预测可以提高客户满意度，提升企业竞争力

客户在作出购买决策后，对于交货期的要求也越来越高。他们总会希望立即，至少是在合理时间内收到所购买的产品，享受所需要的服务。如果企业根本没有预测，或是预测不准确，总是不能满足客户对交货期的要求，那么随着市场竞争的激烈，企业为此而丢失的订单就会越来越多。对于贸易企业而言，因为其供应商与消费产品市场的距离较远，所以要想满足客户对交货期的要求，更要有准确的预测，才能在竞争中不被打败。

3. 准确的预测可以减少企业的库存

具体表现在三个方面：

（1）对于任何一个企业而言，其流动资金都是有限的。无论是生产企业安排生产，

还是贸易企业安排采购，都是在一定资金范围内进行的。

（2）如果预测准确，可以降低对安全库存的要求。

（3）可以减少因库存时间过长而导致的产品过时、过期而带来的损失。产品过时，往往会折价处理，而产品过期只能销毁，这样就会给企业造成大量的损失。对于贸易企业而言，因为货物在途的时间长，而根据跨国公司内部结算的规定，货物一旦离开供应商的仓库，就会给采购方开具发票，即算作采购方的库存。这类在途的库存往往会占据贸易企业全部库存金额的1/3或者更多。因此，贸易企业更要提高预测的准确性，以有效地提高库存周转率。

4. 准确的预测可以有效地安排生产

对于任何生产企业而言，其生产能力也是有限的。对于贸易企业而言，如果可以提供给供应商准确的预测，不仅可以提高其采购订单的满足率，而且有利于与供应商的长期合作。对于跨国公司而言，这一点更为重要，这是因为跨国公司的生产厂家往往会同时满足全球许多国家企业的需求，而这些生产厂家会根据各个国家提供的需求预测来计划生产。因此，如果预测不准确，对该类公司的订单而言，根本不可能按时完成。

5. 准确的预测可以改善运输管理

根据预测进行运输安排，对于距离较近的经销商或客户，可以采用集中运输的方式，既可以节约运输成本，又可以缩短运输时间，降低破损率。

6. 准确的预测有助于制定信息含量更高的定价及促销决策

通常，企业促销或者价格调整都是为了增加销售量，准确的预测可以使这些决策更有针对性，提高决策的效率。同时，准确的预测有助于企业掌握产品处于生命周期的哪一个阶段，以决定采购策略，防止采购技术落后的产品；也有利于掌握生产厂家的生产潜力，在采购时做到心中有数；更有助于把握市场采购机会，避开或减少采购风险。

（二）采购市场预测的方法

采购市场预测的方法有很多，按客观因素分为定性分析预测法和定量分析预测法。

1. 定性分析预测法

定性分析预测法，又称主观预测法，它主要运用有关专家和个人的经验或主观判断来进行预测，是从市场现象的实质特点出发进行分析和判断，然后做出预测的方法。定性分析预测法依靠预测者的知识、经验和综合判断能力，根据历史资料和现实资料，对市场现象性质的变化进行推断。定性分析预测法比较简单、省时间、省费用，对现象反映的方向把握较准确，它还可用于难以量化的现象预测。但容易受到预测者的主观影响，必要时可与定量分析预测法相结合使用。定性分析预测法需要通过调查、座谈和协商会议来开展，具体方法包括：专家预测法、联想预测法、征兆预测法、部门主管讨论法、市场人员意见汇集法等。

2. 定量分析预测法

定量分析预测法，又称统计预测法，其主要特点是利用统计资料和数学模型来进行预测。定量分析预测法是指预测者对市场现象的性质、特点、关系进行分析后，建立数学模型，进行现象数量变化预测。定量分析预测法又分为时间序列预测法和因果关系预测法。

（1）时间序列预测法。该法不需考虑现象之间的各种关系，假定现象变化是过去和现在的延续，于是依据现象的时间序列的发展特点，建立动态的数学模型，描述现象变化规律，预测未来水平和变化趋势。该法包括平均数法、移动平均预测法、指数平滑预测（流动曲线模型）法、季节变动预测法、趋势预测法等。其中移动平均预测法是根据一定时期内的统计平均值得到相应的趋势，结合适当的补偿对后续的采购量进行预测。

（2）因果关系预测法。该法先分析影响市场变动的原因及影响因素，影响方向、程度与形式，以及原因与结果的联系结构，然后建立适合的数学模型，以原因的变动来测算变化趋势和结果的可能水平。

（三）采购市场预测的内容

采购市场预测的内容十分广泛、丰富，从宏观到微观，二者相互联系、相互补充。在动态经济环境下，物品的采购价格与供应数量往往需要经常调整变动，为此，要求采购人员依据各种产销资料，判断货源是否充裕；在与供应商的接触过程中从其“惜售”的态度，揣摩出物品可能供应紧张；从物品原料价格的涨跌，推断采购成本将受影响的幅度有多大。具体来讲，主要包括以下几方面的内容：

1. 预测市场容量及变化

市场容量是指有一定货币支付能力的需求总量。市场容量及其变化预测可分为生产资料市场容量预测和消费资料市场容量预测。生产资料市场容量预测是通过对国民经济发展方向、发展重点的研究，综合分析预测期内行业生产技术、产品结构的调整，预测工业品的需求结构、数量及其变化趋势。消费资料市场容量预测重点包括消费者购买力预测、购买力投向预测及商品需求变化及其发展趋势预测。

2. 预测市场价格的变化

企业生产中投入品的价格和产品的销售价格直接关系到企业盈利水平。在商品价格的预测中，要充分研究劳动生产率、生产成本、利润的变化，市场供求关系的发展趋势，货币价值和货币流通量变化以及国家经济政策对商品价格的影响。

3. 预测生产发展及其变化趋势

对生产发展及其变化趋势的预测，即对市场中商品供给量及其变化趋势的预测。

（四）采购市场预测的步骤

1. 确定市场预测目标

确定市场预测目标就是明确市场预测目的。预测目的有一般目的和具体目的之分。一般目的往往比较笼统、抽象，如反映市场变化趋势、市场行情变动、供求变化等；具体目的是进一步明确这次为什么要预测，预测什么具体问题，要达到什么效果。

抽象的预测目标往往出现抽象的命题，如未来企业经营状况、供应商的变化、未来企业采购绩效等。这就需要把命题转化为可操作的具体问题。如经营状况可分解为销售量、销售率、利润额、供给量、采购量、价格与成本变动程度等，否则将无法选择重点、舍弃相类似项目。选择重点的方法有很多，可以以商品为重点，选择销售量较大、供不应求、价值较高或者利润较大的商品；可以偏重竞争问题，也可以偏重商品质量问题、企业形象问题、产品更新问题。

2. 搜集并分析资料

（1）搜集资料。搜集资料的过程就是调查的过程。按照预测目标，预测者应主要搜集以下两类资料：1）现象自身的发展过程资料。现象发展具有连贯性的特点。现象未来变动趋势和结果，必定受该现象现实情况、历史情况的影响。因此，要搜集预测对象的历史资料和现实资料。2）影响现象发展的各因素资料。现象发展具有关联性的特点。一种现象的变动往往受许多因素或现象变动的共同影响，因此，要搜集与预测对象相联系的、影响较大的各因素资料，同样包括现实资料和历史资料。例如：预测汽车价格变化，则要搜集主要石油生产国的产量变化、主要石油消耗国的制造业（如汽车业）产量变化、石油消耗量变化、石油输出国组织的政策变化以及有关国家的能源政策等资料。搜集的预测资料可以是各种文献记录的第二手资料，也可以直接组织调查，获取第一手资料，搜集的资料必须符合预测目标要求，要真实、全面、系统，不可残缺不全，也不宜过多，搜集的资料要进行有用性的各项审查，然后分类整理，使之系统化。

（2）分析资料。预测一般是根据现象发展的规律来测定未来趋势。只有综合分析、判断、归纳、推理搜集的资料，才能正确了解现象之间是否存在联系，如何联系；才能发现现象演变的规律性表现，需要依据预测者的知识、经验进行分析和判断。预测者在分析资料之后，判断具体市场现象的运行特点和规律，判断市场环境和企业条件变化与影响程度，然后直接估计未来，或确定现象演变模型，据此开展预测，预测离不开分析。分析工作的主要内容有以下三点：1）分析观察期内影响市场诸因素同采购需求的依存关系。2）分析预测期的产供销关系，产供销是一个有机的整体，相互依存。采购预测的关键是要分析生产与市场需求的矛盾和流通渠道的变化。生产环节主要分析生产与市场需求的矛盾和供需结构适应程度，以及生产能力的变化，供应主要分析原材料、设备的产量以及消耗使用量的变化。3）分析消费心理、消费倾向的变化趋势。居民收入水平和工资的变化、文化环境的变动、营销广告和促销努力程度，以及消费观念的转变等，都可能导致采购需求和需求结构的变化。

3. 选择市场预测方法

采购市场预测方法有很多，按客观因素分为定性分析预测法和定量分析预测法。其中常用的几种方法包括：时间序列预测法中的加权移动平均法、指数平滑法和因果关系预测法中的线性回归分析法；流动曲线模型与平均值法不同的地方在于更加关注总量和统计单点对总体的影响，更适合于受季节或其他外部条件影响较大的情况。

4. 修正市场预测结果

按照预测方案和选定的预测方法，对资料进行分析判断和计算预测值，即可形成初步预测结果。预测结果要达到100%准确，完全符合未来实际是不可能的，一般能达到90%左右的准确程度，就相当成功了。预测结果与实际的差别为预测误差。超过10%的预测误差，主要受以下因素的影响：一是预测所用资料不完全或不真实；二是预测者素质偏低、能力不足；三是受预测模型的影响，选定的预测模型或新建立的预测模型本身有误，或与现象实际运动特点出入过大；四是预测现象所处外部环境条件或内部因素发生显著变化。

预测结果出现较小误差是允许的，也是必然的，预测者可以根据预测现象和影响因素出现的先兆，估计预测结果的变化程度；也可以采用多种方法预测，然后比较各方法预测的可信度；还可以对定量预测结果，运用相关检验、假设检验、差值检验（或方差检验）等方法分析预测误差，分析误差大小最常用的方法是利用已定的预测方法或模型，对现期或近期的现象进行预测，然后将预测结果与观察的实际结果进行比较，误差过大的应予放弃或修正。

5. 做出最终预测

依据原选定的资料和方法，预测结果如果误差稍大于允许值，可通过分析原因后进行调整；如果误差大幅度超过允许值，并且不存在资料记录、计算笔误，则原预测结果应推倒重来。重新预测之前要对原预测方案的可靠性进行分析，对预测所用资料进行审核。方法正确，资料不全、不实的重选资料按原方法进行预测。方法不符合市场现象运行特点的，要按既定预测目标重新选定，然后重新搜集所需资料，按新方法进行预测，直至预测结果接近实际值为止，以此作为预测最终结果。

6. 提出预测报告并进行追踪检验

采购市场预测报告就是依据已掌握的有关采购市场的信息和资料，通过科学的方法分析研究，从而预测未来发展趋势的一种预见性报告。采购市场预测报告实际上是调查报告的一种特殊形式。可分为两种：一是定量预测报告。定量预测报告包括数字预测法预测报告和经济计量法预测报告。数字预测法预测报告是对某一产品（商品）已有的大量数据进行分析研究，用统计数字表示，从中找出产品（商品）的发展趋势而写成的报告。经济计量法预测报告是根据各种因素的制约关系用数学方法加以预测而写成的报告。二是定性预测报告。定性预测报告是对影响需求量的各种因素，如质量、价格、消费者、销售点等进行调查、分析研究，在此基础上预测市场的需求量而写成的报告，主要包括标题、前言、正文、附件及署名等。在企业采购计划实施过程中，还需实施全过程的监督，确认其程序、方法的有效性以及预测结果的可信性，并对该结果确认。

三、采购需求分析的方法

针对该买什么、买多少、什么时候买、花多少钱等问题，采购管理人员必须认真分析需求变化规律，根据需求变化规律，无须用户（这里的用户是指使用所采购物资或服务的部门或个人）自己申报，采购管理部门就能知道用户什么时候需要什么品种、需要多少，进而可以主动地制定采购计划，主动地满足用户需要。

（一）采购需求表

采购人员进行采购前，首先要解决采购什么、采购多少、什么时候采购的问题。而要解决这些问题，就要解决采购人员所代理的全体需求者究竟需要什么、需要多少、什么时候需要的问题。

企业解决这些问题的传统做法是让企业各个单位层层上报采购需求计划表。有的企业是定期上报，这个星期报下个星期的计划、这个月报下个月的计划、今年报明年的计划。有的企业是不定期上报，部门员工什么时候想起来需要买什么东西，就填一张请购单，将其交到采购部。采购部收齐了这些采购需求计划表、请购单以后，将所有需要采购的物资分类整理统计出来。这样就弄清了用户需要什么、需要多少、什么时候需要的问题。这样的操作过程虽然可以达到解决问题的目的，但存在以下几个弊端：一是这种做法兴师动众，往往要麻烦很多人，造成人力资源的浪费；二是只要有一个部门的采购需求计划表未上交，采购部就不能进行需求的整理统计，就不能得出统一的需求计划，往往贻误最佳采购时机；三是交上来的表往往不准确、不可靠，给采购效果带来许多不稳定因素。

（二）统计分析

在采购需求分析中用得最多、最普遍的就是统计分析。统计分析的任务就是根据一些原始材料来分析客户的需求规律。在实践中，统计分析通常有以下两种方法：

1. 汇总统计采购申请单

一般企业采购都是如下模式：首先要求各个单位每月提交一份采购申请表，提出下个月的采购品种及数量。然后采购部汇总这些表，编制下个月总的采购任务表，再根据此表制定下个月的采购计划。

2. 统计各个单位销售日报表

对于流通企业来说，每天的销售就是用户对企业物资的需求，需求速率的大小反映了企业物资的消耗速度。因此，由每天的销售日报表就可以统计得出企业物资的消耗规律。消耗的物资需要补充，也就需要采购。因此，物资消耗规律也就是物资采购需求的规律。

（三）ABC分析法

一个企业除了采购生产所需要的原材料外，还涉及办公用品、生活用品等的采购。因此，需要采购的物资品种是很多的，但是这些物资的重要程度是不一样的。有的特别重要，一点都不能缺货，一旦缺货将造成不可估量的损失。有些物资则相对不那么重要，就算缺货，也不会造成多大的损失。

面对这样的情况，企业在进行采购管理时该怎么处理呢？这时候最有效的方法，就是采用ABC分析法，将企业所面对的成千上万的物资品种进行ABC分类，并且按类别实行重点管理，用有限的人力、物力、财力为企业创造最大的效益。

企业在实际运用ABC分析法的过程中，通常可以参照以下步骤进行：

（1）为确定ABC分类，首先进行统计分析，选定一个合适的统计期。在选定统计期时，应遵循几个基本原则：比较靠近计划期，运行比较正常，通常情况下取过去一个月或几个月的数值。

（2）分别统计出所有各种物资在该统计期的销售量（或者采购量）、单价和销售额，并对各种物资制作一张ABC分析卡，填上品名、销售量、销售额。

（3）将ABC分析卡按销售额由大到小的顺序排列，并按此顺序号将各种物资编号。

（4）把所有ABC分析卡依次填写到ABC分析表中，并进行累计统计。

（四）物资消耗定额管理

物资消耗定额管理也是一种需求分析的好方法。通过物资消耗定额，企业就可以根据产品的结构零部件清单或工作量得出所需要的原材料的品种和数量。所谓物资消耗定额，是在一定的生产技术组织的条件下，生产单位产品或完成单位工作量所必须消耗的物资的标准量，通常用绝对数表示。例如：制造一台机床或一个零件消耗多少钢材、生铁，有的也可用相对数表示，如在冶金、化工等企业中用配料比、成品率、生产率等表示。

在实际操作中，物资消耗定额管理通常有以下三种方法：

1. 技术分析法

技术分析法具有科学、精确等特点，但在操作过程中，通常需要经过精确计算，工作量比较大。在应用中，通常可参照以下步骤：

（1）根据产品装配图分析产品的所有零部件。

（2）根据每个零部件的加工工艺流程得出每个零部件的每个加工工艺。

（3）对于每个零件，考虑从下料切削开始一直到后面所有各道加工的切削完成形成零件净尺寸C为止的所有切削的尺寸留量C_i。

（4）每个零件的净尺寸C加上所有各道切削尺寸留量C_i之和，就是这个零件的物料消耗定额T，计算公式如下：

$$T = C + \sum C_i (i = 1,2,3,4,\cdots)$$

2. 统计分析法

统计分析法是根据以往生产中物资消耗的统计资料，经过分析研究并考虑到计划期内生产技术组织条件的变化等因素而制定定额的方法。采用统计分析法，企业应以大量详细可靠的统计资料为基础。例如：某企业要制定某种产品的物料消耗定额，可以根据过去一段时间仓库的领料记录和同期间内产品的产出记录进行统计分析，就可以得出每个产品的材料平均消耗量。这个平均消耗量就可以看成是该产品的物料消耗定额。

3. 经验估计法

经验估计法是根据技术人员、工人的实际生产经验，参考有关的技术文件和考虑到企业在计划期内生产条件的变化等因素制定定额的方法。这种方法简单易行，但不够科学，因而通常精确度不高。

（五）推导分析

推导分析就是根据企业主生产计划来进行需求分析，得出各种原材料、零部件的需求计划的过程。推导分析不能够凭空想象，也不能靠估计，一定要进行严格的推算。推算所依据的主要资料和步骤如下：

1. 制定主产品生产计划

主产品是指企业提供给社会的主要产成品。这个计划主要是根据社会对主产品的订货计划以及社会维修机构所提出的零部件的订货计划生成。

2. 制定产品的结构文件

这一步骤是要推导分析装配主产品需要哪些零件、部件、原材料，哪些要自制，哪些要外购，自制件在制造过程中又要采购什么零件、部件、原材料等。通过这样的逐层分析得出主产品的结构层次。每一个层次的每一个零部件都要标出需要数量、是自制还是外购以及生产提前期或采购提前期。所有自制件都要分解到最后的原材料层次，这些原材料层一般是最底层，一般都是需要对外采购的。

由这个主产品结构文件可以统计得出完整的资料，即为了在某个时间生产出一个主产品需要分别提前多长时间采购部件、零件和原材料，需要采购多少。企业应把这些资料汇总成一个表，即主产品零部件生产采购一览表。

3. 制定库存文件

采购人员应到仓库保管员处调查了解主产品零部件生产采购一览表中所有部件、零件、原材料的现有库存量以及消耗速率，从而得到主产品零部件库存一览表。

四、采购需求的确定

企业对物料的需求可以分为独立需求和相关需求。

（一）独立需求物料的采购需求确定

独立需求是指某种物料的需求量是由外部市场决定的，与其他物料不存在直接的对应关系，表现出对这种库存需求的独立性。对于独立需求物料定购批量和定购点的确定，采用的是定量订货模型和定期订货模型。

（二）相关需求物料的采购需求确定

相关需求是指某种物料的需求量与其他物料有直接的匹配关系，当其他某种物料的需求量确定以后，就可以通过这种相关关系把该种物料的需求量推算出来。相关需求分为水平相关和垂直相关。具体方法有：

1. 订货点法

主要包括定量订货法、定期订货法，相关内容在仓储等相关课程的库存管理中已经有所提及，此处不再详述。

2. 物料需求计划

物料需求计划（Material Requirement Planning，MRP）是一种管理理念、生产方式，也是一种方法技术、一个信息系统，既是一种库存控制方法，也是一种时间进度安排方法。其核心思想是：围绕物料转化组织相应的资源，实现在正确的时间、正确的地点得到正确的物料，实现按需准时生产，提高客户服务水平，同时使库存成本最低、生产运作效率最高。MRP是一种以客户为中心的新的生产方式，它与传统的生产方式不同。MRP采购管理的特点是：（1）MRP按产品结构将所有物料的需求联系起来考虑；（2）MRP将企业中的需求分为独立需求和相关需求；（3）MRP对物料的库存状态数据引入了时间分段的概念；（4）MRP环境下的采购管理，必须改变传统的采购观念，树立新的采购观念，具体包括：1）采购作业从为补充库存而采购转变成为订单采购；2）从单纯地保证生产需要转变为参与生产和保证生产；3）采购作业更加强调制度化和程序化；4）采购计划的编制采用滚动计划；5）同供应商的关系，从单纯的买卖关系转变为长期合作关系；6）从供需双方各自管理转变为供需双方共同管理。

3. 分销需求计划

分销需求计划（Distribution Requirement Planing，DRP）是广泛运用于产品销售流通系统潜在的功能强大的技术，该技术主要解决分销物资的供应计划和调度问题，基本目标是合理进行分销物资和资源配置，达到既保证有效地满足市场需要，又能节省配置费用的目的。DRP的优点是：（1）流通企业能够改进客户服务；（2）降低产品的总体库存水平；（3）减少运输成本；（4）改善物流中心的运作状况。

操 作 指 导

任务1　采购环境分析

（一）任务分析

采购环境与采购决策密切相关，通过对企业面临的市场环境和竞争形势等的分析，可对企业采购决策产生重要影响。通过本任务的实施，可以帮助采购人员认真研究并把握企业所处的市场环境的性质和特点，以便作出正确决策。

（二）实施条件

校内图书馆、计算机房或多媒体教室，校内后勤服务公司或校外生产、经营企业的采购管理部门。

（三）实施步骤

1. 准备工作：对学生分组，每组4人左右，每组推选一位小组长。指导教师提供并推荐一些采购环境分析的资料，各小组查阅采购环境分析的相关资料，做好知识准备。

2. 指导教师讲解安全注意事项、调研（参观）要求和报告撰写要求。

3. 通过上网查阅有关资料、实地调研、走访及案例分析，使每位同学都能参与其中，经过讨论，得出结论。

（四）具体内容

1. 供应市场分析（任选一道题目，应用两种方法之一）。

（1）你是规模中等的某电动车公司的采购经理，当前需要采购50 000条电动车轮胎，试分析电动车轮胎供应市场的竞争情况，并说明该电动车公司在这次采购业务中所处的竞争地位。

（2）某公司需要1 000个标准塑料托盘，试分析塑料托盘供应市场的竞争情况，并说明该公司在这次采购业务中所处的竞争地位。

1）应用供应市场结构分析法，并将相关内容填入表2-5。

表2-5　供应市场分析

供方状况	数量：一个□　少量□　很多□
	理由：
买方状况	数量：一个□　少量□　很多□
	理由：
供应市场结构类型	类型：
	理由：
公司应采取的对策	

2）应用市场中的五种竞争力分析法，并将相关内容填入表 2-6。

表 2-6　　供应市场分析

供应商之间的竞争	结论：
	理由：
新供应商进入市场的可能性	结论：
	理由：
替代产品或服务的可得性	结论：
	理由：
供应商对其上游的议价能力	结论：
	理由：
同类采购企业的议价能力	结论：
	理由：
企业所处竞争地位	结论：
	理由：
企业应采取的对策	结论：
	理由：

2. 采购对象分类。

宁波某西装生产企业年产西装 20 万套，采购部门需采购的物料包括面料、里料、衬料、纽扣、拉链、内包装袋、手提袋、标牌、标签、衣架、垫肩、缝纫机、润滑油、剪刀等。试依据以上物料对于该企业的重要性及物料供应的风险和机会对其进行细分，并分别制定采购策略；也可以先行了解自行车、汽车、电脑等所需的各种零部件、包装物、标识物等，进行细分之后，分别制定采购策略，并将相关内容填入表 2-7。

表2-7　　采购对象分类表

日常采购品	包括：
	理由：
	采购策略：
杠杆采购品	包括：
	理由：
	采购策略：
瓶颈采购品	包括：
	理由：
	采购策略：
关键采购品	包括：
	理由：
	采购策略：

3. 规格说明（以下任选一项，至少从6个方面作规格说明和比较，并将结果填入表2-8）。

（1）试对某三款笔记本电脑做规格比较；

（2）试对某三款手机做规格比较；

（3）试对某三款数码相机做规格比较；

（4）试对某产品（如冰箱、空调等）的三种售后服务做规格比较；

（5）试对某三家宾馆的标准间状况做规格比较；

（6）也可以是你所感兴趣的任何其他三种产品或服务，产品或服务之间要具有可比性。

表 2-8　　产品规格的说明和比较表

序号	规格类型	规格名称	产品 1：________	产品 2：________	产品 3：________
1					
2					
3					
4					
5					
6					
7					
8					

（五）结果评价

对学生任务实施过程及所填表格、调研报告质量进行评价，评价可分为个人评价和小组评价两个层面，以激励学生积极认真地实施项目及发挥团队作用。同时，在下一个任务实施前，选取典型报告或优秀案例进行展示点评，对表现突出的学生和完成任务的亮点给予表彰和推广，对于存在的共性问题提醒学生及时改进。

任务2 采购需求分析

（一）任务分析

采购需求分析是采购部门进行采购的第一步，如何有效解决采购数量和质量是企业运营的主要环节，本任务将引领你掌握采购需求的分析方法，采购申请流程的相关知识与技能。

（二）实施条件

校内图书馆、计算机房或多媒体教室，校内后勤服务公司或校外生产、经营企业的采购管理部门。

（三）实施步骤

1. 准备工作：对学生分组，每组4人左右，每组推选一位小组长。指导教师提供并推荐一些采购环境分析的资料，各小组查阅采购环境分析的相关资料，做好知识准备。

2. 指导教师讲解安全注意事项、调研（参观）要求和报告撰写要求。

3. 通过上网查阅有关资料、实地调研、走访及案例分析，使每位同学都能参与其中，经过讨论，得出结论。

（四）具体内容

1. 某大型汽车企业为了优化成本，决定面向全球采购大部分乘用车的主要备件。浙美公司作为该大型汽车企业的代理商，受委托负责采购轮胎及轮辋组合件、前后灯光组合件及车内阅读灯、内饰织物、刹车系统组合件等产品。现需解决如下一些问题：

（1）针对准备采购的轮胎及轮辋，确定市场调查方案，并为市场调查团队确定工作职责与工作任务。

（2）针对浙美公司准备采购的轮胎及轮辋，为其设计一份采购市场调查问卷。

（3）针对需要采购的这四种部件，为浙美公司提交一份最终的市场调查报告。

2. 政府采购需求分析。

天津市市容和园林管理委员会（以下简称市容委）以建设独具特色的国际性、现代化宜居城市为目标，坚持高起点规划、高水平建设、高效能管理，连续四年开展“巩固发展奋战900天市容环境综合整治”工作。在街景立面整治工作中，为保证工作高质量按期完工，防止违法设置户外广告设施现象的回潮，对于违章现象能够发现一处治理一处，故委托天津国际招标有限公司（以下简称招标代理）开展违法户外广告设施拆除设备采购项目。

招标代理接到该项目后，首先通过网上申报政府采购计划，经天津市政府采购办公室同意签署项目委托协议，开展项目的政府采购招标工作。

一个好的政府采购项目，要在政府采购的预算内，买到性价比最优的产品。要达到性价比最优，确定采购需求是重中之重。在这一环节中，招标代理和采购方进行了反复的磋商和确定。采购方要明确自己的需求，包括什么部门使用，在什么场合使用，使用的对象，使用中会有什么特点。招标方则要对采购方提出的需求，进行专业的分类和梳理，引导采购方发现自己的核心需求，同时对采购设备做到有基本的了解，对设备采购中可能遇到的问题做出预判和预处理，并对采购方可能遇到的风险做出提示。

经过调查和统计，市容委在天津市 16 个区（县）中确定了违章广告设施集中出现的 9 个区（县），从而确定了设备采购数量。通过对 9 个区（县）容委及下属相关部门的调查，确定采购吊车作为主要拆除设施。通过市容委内部各部门的沟通，了解到除了违章广告拆除，还有一些街容景观、户外设施比如室外空调罩等的安装、保养和拆除都需要使用吊车，每年租用吊车的费用也水涨船高。主管本次采购的采购方领导发现，如果采购的吊车能够满足街容整治工作的需要，同时也满足市容委其他处室和下级单位各种工作对吊车的需求，就可以每年节省大量的租用吊车费用。最终确定采购 25 吨吊车 9 台。

为了确保这样的采购需求不会超过采购预算，招标代理和采购方都在密切地关注 25 吨吊车的价格市场。调查发现，国内 25 吨吊车市场占有率较高的几家单位的市场报价都有超出采购预算的风险。经过与采购方的多次讨论，招标代理摸出了吊车使用的规律：一般市容工程在春、夏、秋三季较多，冬季极少。这样就可以把吊车驾驶室的冷暖空调改为单冷空调，这样单台吊车可以节省的费用在 1 万元左右。同时，在满足使用需求的基础上，设置尽可能宽松的技术参数和可以接受的商务条款，使本次采购尽可能多地存在竞争性，从而以更优惠的价格得到更好的产品，使采购尽可能不超过预算，甚至争取可能存在的节资率，以节省来之不易的财政预算。

本着这样的采购原则，招标代理在政府采购网上发布了招标公告。截至招标文件规定的投标截止时间，国内最知名的几家吊车企业都参加了本项目的投标。由于项目前期对项目需求拿捏得十分准确，公开招标的竞争氛围十分激烈。最终，由国内吊车市场占有率第一的徐州重型机械有限公司一举中标。同时，由于竞争充分，供应商为获得更好的业绩和更大的市场占有率，对本次采购方进行了一定程度的让利，使报价不仅降低到了采购预算之内，而且产生了 2%的项目节资率。

在项目结束后，招标代理对项目做了相关的总结：本项目正是由于前期准备工作充分，对项目采购需求进行了深入分析，从而有效利用资金。不仅实现了原有的采购目的，有效防止违章广告牌回潮的现象，而且实现了潜在的采购收益，减少了每年租用吊车的费用，节省了市容委相关处室和下属单位的开支。同时在确定采购数量上，各区（县）都买一台明显会超出预算，最终抓住重点为 9 个区（县）各采购一台，其他区（县）调配使用，这样大大节省了采购资金。最后，采购方和招标代理群策群力，通过增加竞争氛围，减少低利用率的配置，合理设置技术需求和商务条件，最终在采购限额内，买到了性价比最优的产品。现解决以下问题：

（1）采购需求分析的主要工作内容是什么？

（2）采购需求分析能够给企业带来哪些方面的好处？

（五）结果评价

对学生任务实施过程及所填表格、调研报告质量进行评价，评价可分为个人评价和小组评价两个层面，以激励学生积极认真地实施项目及发挥团队作用。同时，在下一个任务实施前，选取典型报告或优秀案例进行展示点评，对表现突出的学生和完成任务的亮点给予表彰和推广，对于存在的共性问题提醒学生及时改进。

案例学习

案例一：某股份有限公司原料采购市场分析

外购物资是构成某股份有限公司总成本的重要因素，因此，创造采购优势对于实现成本领先、增强竞争能力具有举足轻重的意义。在该公司所需采购的物资中，石灰石是最主要的，也占了绝大部分的采购成本。

石灰石是一种再普通不过的基础无机化学品，但其应用却涉及塑料、橡胶、电缆、造纸、涂料、胶黏剂、饲料、医药、日用化工等领域，应用广泛、成本低廉。从国内市场讲，西部大开发以及新农村建设的政策，对建材行业的发展起了直接的推动作用，必将促进建材业的发展，同时一大批国家重点项目都将陆续开工建设，与此同时，石灰石的需求高涨；从省内市场讲，城市群的规划建设已拉开序幕，新农村建设已经起步，铁路、高速公路、核电、热电、钢厂等一大批重点项目正在规划实施，也必将给建材业带来广泛的发展空间；从国际市场讲，西方大部分国家已限制水泥生产，对中国水泥的依赖性逐步加大，出口市场持续看好；从资源状况讲，目前全国比较集中的较大型石灰石矿山，已基本上被大的水泥企业所垄断，新资源越来越少。综上所述，从当前国内外石灰石的需求情况来看，全世界每年需求量为12亿吨左右，但80%为普通用途。优质石灰石因资源少，产量低，市场缺口较大。近几年，亚太地区很多国家因国内石灰石资源不足，每年要从中国进口石灰石110万吨左右。据专家预测，对优质石灰石的需求量，国内将以每年25万吨、亚太地区将以每年30万吨的速度增长。

因此，该公司在采购石灰石时，分析了当地石灰石供应市场中存在的五种竞争力，以便找出自身的优势。图2-3是该股份有限公司在采购石灰石时所做的市场分析。

通过这种分析，该公司发现了自己在石灰石采购中的优势，主要表现在：

（1）该公司是当地最大的购买商，购买量占到当地市场份额的60%以上；

（2）良好的付款信誉；

（3）几乎没有或仅有很低的供应商转换成本；

（4）拥有自己的矿山，并且正在积极寻找其他的矿山资源；

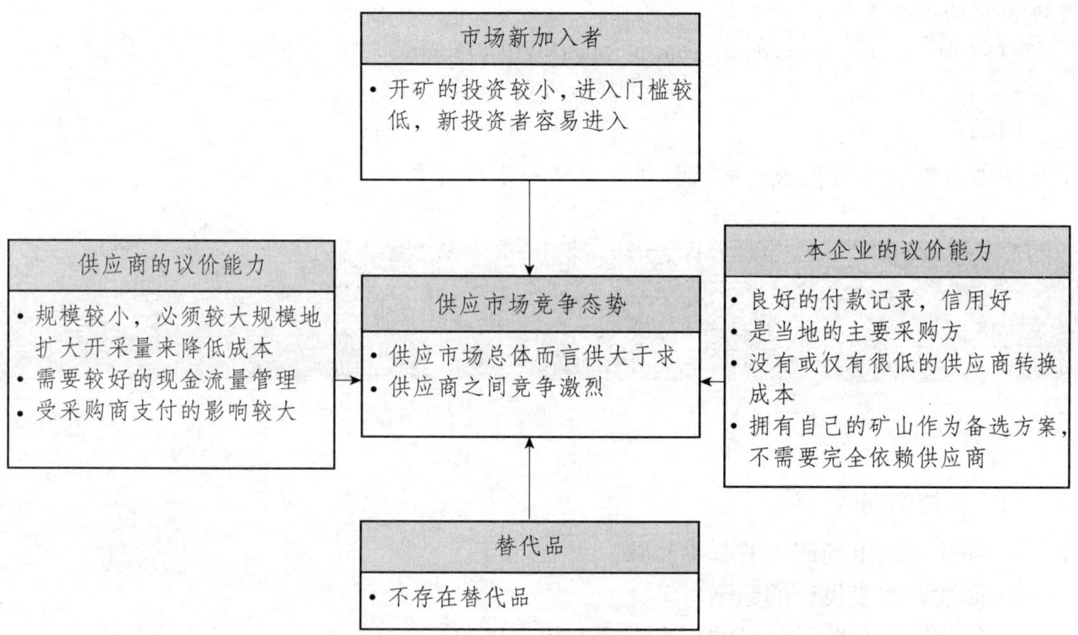

图 2-3　某股份有限公司在采购石灰石时所分析的五种力量

(5) 供应市场供大于求；

(6) 供应商分散，开采规模小；

(7) 新供应商的进入门槛较低。

通过以上因素的分析，该公司意识到自己在当地采购石灰石时拥有很大的发言权，能够在与供应商的谈判中居于主动地位，从而能降低石灰石采购的成本。

资料来源：http：//www.95bh.com/dt/22.html.

问题：

1. 你认为石灰石供应市场结构属于哪种类型？
2. 本案例中的股份有限公司运用了什么方法来分析石灰石市场？

案例二：某公司采购市场调查

某公司正在进行一个新的项目，公司采购部负责采购项目中所需要的设备和物资，为此专门设立了一个采购小组。此外，该采购小组还负责采购公司日常运营所需的物资。

新项目是一条生产线，主机已经确定下来，但由于生产线供应商配套的辅机报价过高，公司决定自行配套辅机，其中最重要的辅机是屏蔽网的编织机。按照项目进度要求，马上就要开始采购。同时还要采购项目中使用的一批电缆。

除了保证项目顺利进行外，采购部还有两个亟待解决的问题：一是要采购一批电脑，公司去年实施了 ERP 项目，原来电脑的性能达不到 ERP 软件运行的要求，需要一批较高性能的商业电脑，该项采购已进入今年的预算，资金已经到位。二是要采购总经理办公室的部分桌椅。

资料来源：http://www.doc88.com/p-9099331706871.html.

问题：

请你为该公司所要采购的四种商品拟定一个市场调查方案。

思考练习

（一）简答题

1. 简述采购市场调查的基本步骤。
2. 简述调查表设计的原则。
3. 简述通过采购需要量的确定应达到什么目的。

（二）单选题

1. 数量仅20%的（　　）占据了采购价值的80%。
   A. 战略采购品和集中采购品　　B. 集中采购品和正常采购品
   C. 集中采购品和瓶颈采购品　　D. 战略采购品和瓶颈采购品
2. 以下属于间接物料的是（　　）。
   A. BOM　　B. ORM　　C. CRM　　D. MRO
3. 下列不属于访问调查法的是（　　）。
   A. 面谈调查　　B. 邮寄调查　　C. 电话调查　　D. 实验调查
4. 市场调查过程中最重要的第一步工作是（　　）。
   A. 明确目的　　B. 调查搜集资料
   C. 分析、判断各种关系　　D. 作出预测
5. 采购申请单一式多联，其中由申请采购部门留存的称（　　）。
   A. 采购通知单　　B. 验收单
   C. 准购单　　D. 采购申请单
6. 下列不属于采购市场调查的方法有（　　）。
   A. 观察法　　B. 询问法
   C. 面谈法　　D. 实验法
7. 在设计调查表时，防止使用引导性语句的目的是（　　）。
   A. 使调查对象同意调查人员的观点
   B. 在调查人员和调查对象之间建立起相互信任的关系
   C. 使所得的结论具有客观性

D. 使所得的结论具有主观性

8. MRP 的输入文件不包括（　　）。

A. 主生产计划　　B. 物料清单　　C. 库存状态文件　　D. MRP 源代码

9. 企业通过市场调查，预测用户需求趋势，并据此决定开发和销售的产品是(　　)。

A. 用户订货开发的新产品　　B. 企业自主开发的新产品

C. 地区新产品　　D. 仿制新产品

（三）多选题

1. 间接物料可分为（　　）。

A. JIT　　B. ORM　　C. CRM　　D. MRO

2. 采购需求描述包括（　　）。

A. 售后服务　　B. 运输方式

C. 检验方式　　D. 材料供应状况

3. 供应风险分析包括（　　）。

A. 准备阶段　　B. 分析评价阶段

C. 行动改进阶段　　D. 总结提高阶段

4. 采购订单内容侧重于（　　）。

A. 运输方式　　B. 需求方式　　C. 交易条件　　D. 定期供应

5. 商品采购价格可以是（　　）。

A. 毛价　　B. 期票价　　C. 优惠价　　D. 实价

6. 在进行采购调查中，对资料的分析整理主要包括（　　）。

A. 检查、核实与核对　　B. 编写调查报告

C. 统计、计算　　D. 分析、得出结论

E. 分类编号

7. 连续性采购物品的需求通常的表现形式为（　　）。

A. 趋势性　　B. 周期性波动　　C. 指数性变化　　D. 随机性变化

8. MRP 的输入文件包括（　　）。

A. 采购计划　　B. 主生产计划　　C. 物料清单　　D. 库存文件

9. 生产计划的主要指标有（　　）。

A. 产量指标　　B. 销售额指标　　C. 产值指标　　D. 品种指标

项目三
采购前的准备工作

【学习目标】

知识目标	技能目标
1. 了解采购计划的内容；	1. 能编制采购计划；
2. 了解采购计划编制的流程；	2. 能编制采购预算；
3. 了解采购预算编制的流程；	3. 能对供应商进行细分和评估；
4. 了解供应商细分的方法及评估的内容。	4. 能选择供应商。

【重点难点】

本项目的重点是采购计划编制和采购预算编制，难点是供应商的评估与选择。

任务1
采购计划编制

业务背景

采购计划是整个采购运作的第一步，是企业管理人员在了解市场供求情况、认识企业生产经营活动过程和掌握物料消耗规律的基础上对计划期内的物料采购管理活动所做的预见性的安排和部署。采购计划是根据生产部门或其他使用部门的计划制定的包括采购物料、采购数量、需求日期等内容的计划表格。作为一名采购人员，要能够根据具体的采购任务编制相应的计划，为采购活动的具体实施做好准备。应该说，采购计划是采购前主要的准备工作，也是采购预算编制的依据。

导入任务

每年年末是采购人员根据企业制定的生产经营计划，向各部门收集并汇总采购需求和请购单的时间，采购人员将根据企业库存情况和企业生产能力、市场销售环境等进行综合分析，解决下一年度采购什么、采购多少、向谁采购等问题。本任务主要通过对采购计划编制的认知和分析，使学习者了解采购计划在采购工作中的先导作用，帮助学习者熟悉采购计划的内容，并能根据采购计划制定流程编制具体的采购计划。

知识准备

采购计划是指企业管理人员在了解市场供求情况、认识企业生产经营活动过程和掌握物料消耗规律的基础上对计划期内的物料采购管理活动所做的预见性的安排和部署。采购计划有广义和狭义之分：广义的采购计划是指为了保证供应各项生产经营活动的物料需求量而编制的各种采购计划的总称；狭义的采购计划是指每个年度的采购计划，即对企业计划年度内生产经营活动所需采购的物料数量和采购时间等所做的安排和部署。

按计划期的长短划分，采购计划分为年度物料采购计划、季度物料采购计划、月度物料采购计划；按物料使用方向划分，采购计划分为生产用物料采购计划、维修用物料采购计划、基本建设用物料采购计划、技术改造用物料采购计划等；按物料自然属性划分，采购计划分为金属物料采购计划、机电产品物料采购计划、非金属物料采购计划等。

一、采购计划编制认知

企业经营始于购入物料，经加工制成产品或经组合装配成为产品，再通过销售获取利润。其中，如何获取足够数量的物料是采购计划的重点所在。因此，采购计划是指为维持正常的产销活动，在某一特定的期间内，应在何时购入何种物料以及订购的数量是多少的估计作业。

（一）采购计划编制的目的

（1）预估物料需用的数量与时间，防止供应中断，影响产销活动。

（2）避免物料储存过多，积压资金，堆积占用空间。

（3）配合企业生产计划与资金运用、周转。

（4）使采购部门事先准备，选择有利时机购入物料。

（5）确立物料耗用标准，以便控制物料成本。

（二）采购计划的内容

采购计划包括两方面的内容：一是采购认证计划，二是采购订单计划。

1. 采购认证计划

采购认证计划主要包括准备认证计划、评估认证需求、计算认证容量和制定认证计划。

（1）准备认证计划。1）接受开发批量需求：一是现有的采购环境中可以选择的物品供应；二是现有采购环境无法提供的新产品，需要寻找新的供应商，或者需要与供应商共同开发的新产品。2）接受余量需求：一是由于需求的快速增长，采购环境的供应量不能支持物品采购的需求；二是该种物品的采购需求持续下降，采购处于萎缩状态，导致供应不适应需求。3）准备认证环境资料：采购环境包括认证环境和订单环境。4）制定计划说明书：包括物品项目明细、需求数量、认证周期，还应附开发批量需求计划、余量需求计划、认证环境等资料。

（2）评估认证需求。1）分析开发批量需求。开发批量需求的形式包括：按需求环境分，有研发物品开发认证需求和生产批量物品认证需求；按采购环境分，有环境内物品需求和环境外物品需求；按供应商状况分，有直接供应物品需求和需要定制物品需求等。2）分析余量需求：对于因市场需求下降造成的余量需求可以通过市场及生产需求计划得到各种物品的需求和需求时间；对于因供应商减少造成的余量需求，可以通过分析现有采购环境的总体订单容量与原订单容量的差别确定。两种余量相加形成总的需求余量。3）确认认证需求：根据开发批量需求及余量需求的分析结果确认认证需求。

（3）计算认证容量。1）分析项目认证资料：要求技术人员具备财务、市场、技术等综合分析能力。2）计算总体认证容量：供应商认证容量与订单容量是不同的，因此计算采购环境的总体认证容量是把采购环境中所有供应商的认证容量加总，并对某些供应商的认证容量给予适当的折扣。3）计算承接认证容量：供应商接受认证容量等于当前供应商正在履行的认证合同量，由于周期不同，一般是计算某一段时间的承接认证容量。4）确定剩余容量：某一物品的所有供应商的剩余容量的总和，即物品剩余认证容量是物品供应总体容量与承接认证容量的差额。

（4）制定认证计划。1）对比认证需求量与认证容量：如果认证需求量小于认证容量，可直接按认证需求制定认证计划；如果供应商容量远不能满足认证需求量，对于剩余的认证需求要制定采购环境之外的认证计划。2）综合平衡：综合考虑市场、生产、认证容量、物品生产周期等要素，判断认证需求的可行性，通过调整认证计划尽可能地满足认证需求。3）确认余量认证计划：对于采购环境不能满足的剩余认证需求，应与采购环境外的供应商制定认证计划，确保余量认证计划的执行。4）制定认证计划：需确定认证物品的数量（认证商品数量＝开发样品需求数量＋检验测试要求数量＋样品数量＋机动数量）和开始认证的时间（开始认证时间－要求认证结束的时间－认证周期－缓冲时间）。

2. 采购订单计划

采购订单计划内容包括准备订单计划、评估订单需求、计算订单容量和制定订单计划。

（1）准备订单计划。1）接受市场需求：市场需求决定企业的销售计划，进而确定生产需求计划。2）接受生产需求：编制物品需求计划的主要步骤是确定毛需求量、确定净需求量、计划订单下达日期及订单数量等。3）准备订单环境资料：供应商信息、每个供应商分摊的订单比例信息、从下单到交货的订单周期。4）制定订单说明书：主要内容包括商品名称、需求数量、到货日期、市场需求计划、生产需求计划、订单环境资料等。

（2）评估订单需求。1）分析市场需求：除考虑生产需求外，还要兼顾企业市场战略及潜在的需求。2）分析生产需求：对生产产品的品种、数量、规格、时间、消耗定额、库存数量进行核算。3）确定订单需求：通过订单操作程序，在未来特定的时间内，将指定数量的合格物品采购入库。

（3）计算订单容量。1）分析物品供应资料：对采购环境中的供应商及所能供应物品资料进行分析。2）计算总体订单容量：总体订单容量包括可供应的物品数量和可供应物品的交货时间，将不同的供应商在同一交货时间的供应量加总形成总体的订单容量。3）计算承接订单容量：是指某供应商在指定时间内已经签下的订单量。4）确定剩余订单容量：是指某物品所有供应商群体的剩余订单容量的总和，它是物品供应商群体订单总量减去已承接订单容量的差额。

（4）制定订单计划（见表3-1）。1）对比需求量与容量：在需求量小于容量的情况下，依据物品的需求制定订单计划；在供应商容量小于物品需求量的情况下，要求平衡环节对剩余物品的需求制定认证计划。2）综合平衡：综合考虑市场、生产、订单容量等要素，分析物品订单需求的可行性和必要性，调整订单计划，计算容量不能满足的剩余订单需求。3）确认余量认证计划：对于剩余需求，要确认能否按物品需求规定的时间和数量交货。4）制定订单计划：确定下单数量（下单数量＝生产需求量＋计划入库量＋现有库存＋安全库存）和下单时间（下单时间＝要求交货时间－认证周期－订单周期－缓冲时间）。

表3-1　某企业材料采购计划表

<table>
<tr><th rowspan="3">材料名称</th><th rowspan="3">规格</th><th rowspan="3">单位</th><th rowspan="3">全年采购量</th><th rowspan="3">单价</th><th rowspan="3">金额</th><th colspan="12">每月采购计划</th></tr>
<tr><th colspan="2">1月</th><th colspan="2">2月</th><th colspan="2">3月</th><th colspan="2">4月</th><th colspan="2">5月</th><th colspan="2">6月</th></tr>
<tr><th>数量</th><th>金额</th><th>数量</th><th>金额</th><th>数量</th><th>金额</th><th>数量</th><th>金额</th><th>数量</th><th>金额</th><th>数量</th><th>金额</th></tr>
<tr><td></td><td></td><td></td><td></td><td></td><td></td><td></td><td></td><td></td><td></td><td></td><td></td><td></td><td></td><td></td><td></td><td></td><td></td></tr>
<tr><td></td><td></td><td></td><td></td><td></td><td></td><td></td><td></td><td></td><td></td><td></td><td></td><td></td><td></td><td></td><td></td><td></td><td></td></tr>
<tr><td></td><td></td><td></td><td></td><td></td><td></td><td></td><td></td><td></td><td></td><td></td><td></td><td></td><td></td><td></td><td></td><td></td><td></td></tr>
</table>

批准日期：　　　　　　　　　　　　审核日期：

（三）采购计划编制时需考虑的因素

1. 采购环境

采购活动发生在一个具有许多变化因素的环境中，这些因素既包括外界的不可控因素，如国内外经济发展状况、人口增长、政治体制、文化及社会环境、法律法规、技术发展和竞争状况等；也包括内部的不可控因素，如财务状况、技术水准、厂房设备、原料零件供应情况、人力资源及企业声誉等。这些因素的变化都会对企业的采购计划产生一定的影响。

2. 年度销售计划

销售计划是各项计划的基础。年度销售计划是指在参考过去年度企业本身及竞争对手的销售实绩，列出的销售量及平均单价的计划，即表明产品在不同时间的预期销售量及单价。企业要想制定准确的采购计划，必须依赖于对销售因素的准确预测和销售计划的准确制定。

3. 年度生产计划

年度生产计划是指依据年度销售数量加上预期的期末存货减去期初存货而制定的计划。有了年度生产计划，就可以在正常的提前期内进行采购并获得有利的最终价格。要想制定准确的采购计划，必须有一份准确的生产计划。

4. 物料清单

物料清单是由研究开发部门或产品设计部门所拟订的，内容包括各种产品由哪些材料所制造或组合而成。根据物料清单可以精确计算制造某一种产品的用料需求数量。要想制定准确的采购计划，必须依赖于最新、最准确的物料清单。

5. 库存记录卡

库存记录卡可以用来表明某一物料目前的库存状况，包括账目和物料数量是否一致，物料存量是否全部是符合要求的高品质产品。再依据用料需求数量，考虑购料的作业时间和安全存量水平，算出正确的采购数量后，再开具请购单，实施采购活动。所以，一张记载正确的库存记录卡是采购活动准确性的重要保证。

6. 物料标准成本的设定

在编制采购预算时，由于企业不容易预测将来拟采购物料的价格，因此多以标准成本替代。标准成本与实际购入价格的差额，是采购预算正确性的评估指标。

7. 生产效率

生产效率的高低将使预计的物料需求量与实际的耗用量产生误差。

8. 预期价格

在编制采购计划时，经常需要对商品价格上涨幅度、市场景气与否、汇率变动等加以预测，因此，个人主观判断与事实的变化常有差距，就可能会造成采购计划的偏差。此外，季节性的供应变化状况、最低订购量等因素将使采购数量超过正常的需求数量，而且企业财务状况的好坏也将影响采购数量的多少及采购计划的准确性。

（四）采购计划编制的注意事项

采购计划要避免过于乐观或过于保守，应注意的事项有：

（1）企业年度目标达成的可能性；

（2）销售计划、生产计划的可行性和预见问题；

（3）物料需求资讯与 BOM（材料清单）、库存状况的确定性；

（4）物料标准成本的影响；

（5）保障生产与降低库存的平衡；

（6）物料采购价格和市场供需的可能变化。

二、采购计划的编制流程

采购计划的编制流程见图 3-1。

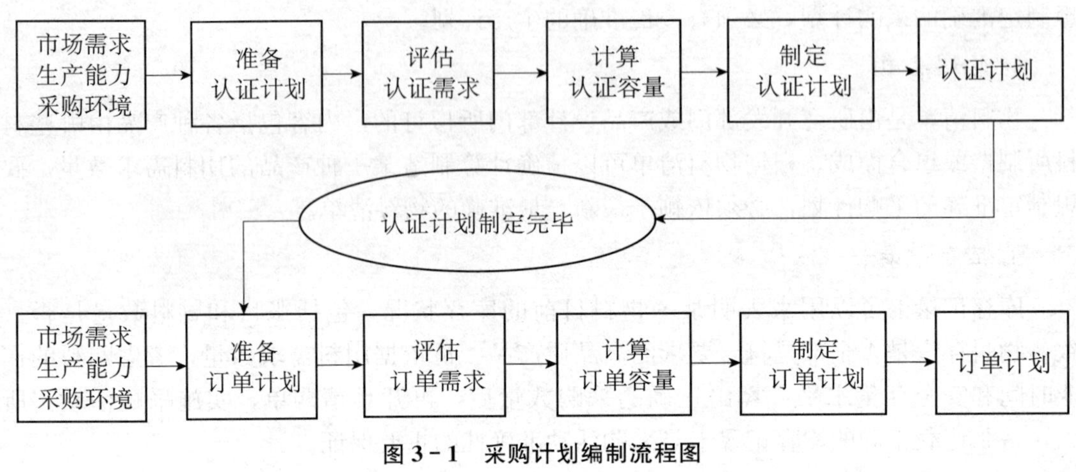

图3-1 采购计划编制流程图

三、采购计划的审批与执行

（一）采购计划的审批

采购计划编制完后，采购人员需要按程序将计划送交部门经理审核并经分管领导审批后，方可按采购归口管理要求采购物资。某企业的固定资产采购计划的审批流程如下：

（1）由固定资产使用部门提出采购申请，报安全生产管理部；

（2）对于重要设备，安全生产管理部组织相关部门专业人员就设备规格、性能要求、使用条件等进行论证，对于特殊设备，请示主管领导，组织专业人员进行考察；

（3）市场部对所申请设备进行数量及初选厂家的审核，审核后报企业主管领导审批；

（4）批准后的采购计划交市场部组织采购；

（5）市场部与供货商进行谈判，达成初步协议，填写合同评审表；

（6）相关部门对合同进行评审，评审结束后，由市场部根据合同评审的结果，与供货商进行详细谈判，签订正式合同，并根据合同条款要求，支付预付款。

（二）采购计划的执行

通常生产或经营活动所需物料或商品的采购计划的实施工作主要包括下面几项内容：开展询价的工作，获得报价的工作，供应商评审、还盘并讨价还价的工作，谈判签约等。某制造企业采购价格的审批及采购计划的执行流程如下：

1. 采购物资的报价与审核

（1）资材部将所有报价单位的相关报价资料明细及相关图纸资料提供给经营部，并在“各单位送审报价资料夹”中填入相应内容。

（2）报价单交经营部后，由经营部部长统筹分工给相关核价人员，对报价资料明细进行审核和批复。

（3）企业审核采购价格时，可采取以下方法：1）以数据库记载和近期实际进货价格作为参考依据；2）在网上查询确定近期价格；3）通过了解市场行情，判断报价的真实性；4）对于批量性常用物资，可要求供应商提供产品报价的依据，然后由核价人员对构成物品的各种要素（包括料、工、费、税等）进行分析、计算，确定该物资的采购价格。通过以上四方面的信息对比，分析核实其批准价格，并将资料返回采购部门实施采购。

（4）对于一些委托外部加工和外购零部件产品的采购价格和销售价格由经营部审核后方可执行采购与销售结算。

2. 物资调价

（1）如因市场动态中不可控制的因素对货物原单价造成较大影响时，供应商需提供与所调价物资相关的市场价格信息资料，经供求双方协商后，确定调价方案。资材部需将该物资的调价明细及调价信息资料提供给经营部，由经营部核算人员对货物的调价进行分析、审核和批复。

（2）已批复的采购价格，若在执行过程中发现同种产品、同种规格（因报价名称不同）有重复的价格，资材部需及时向经营部提供相关信息，然后由经营部提出调价，资材部与供应商协商解决。

3. 采购价格确认

所有的采购报价单、调价单，需由经营部加盖执行章后方可实施采购，执行的单价原件留存资材部，经营部备存一份。

4. 价格的执行与监督

（1）采购价格批准后，由资材部业务人员按不高于批准价执行采购。

（2）经营部批核报价单时，同时在报价单上填写物资编号，客户送货单和发票需填写相应物资编号，以便于仓库收货时按编号核对。

（3）核价前期工作，需各部门、车间配合。其流程如下：月物资计划申购→物料管理部→资材部→物资报价→经营部核批→供应商盖章确认→回传经营部盖章→资材部→执行采购。经营部批核单价后，核价员需及时在 ERP 中录入批准价，便于仓库收货时核对采购价格及发票。实际采购价格低于批准价时，按入仓程序输相关报检和入仓手续；实际采购价格高于批准价时，仓管员收到系统提示后，将其反馈至经营部核查。

（4）采购发票在结算前需由财务部审核，发票审批流程依次为：仓库→资材部→财务部。

（5）为使信息资源得到充分利用，企业应建立部门之间的信息沟通制度，保证购销比价管理有效实施。

（6）企业采购计划的下达、价格的审核及采购设备的验收应做到环环相扣、互相监督，使整个采购的过程依靠于完善、严谨的程序。这样不仅降低了物资采购成本，增强了企业在市场上的竞争力，而且强化了企业的各项基础管理工作，促进了各职能部门更加合理分工，相互制约，协调运行。

任务2 采购预算编制

业务背景

采购预算是指采购部门在一定计划期间（年度、季度或月度）编制的材料采购的用款计划。在政府采购中，采购预算是指政府部门批复的、采购部门编制的采购项目的用款计划，当出现投标人的报价均超过采购预算时，该次采购将作废标处理。作为一名采购人员，要能够根据具体的采购计划编制相应的采购预算，并作为实施采购活动的依据。

应该说，通过采购可保障企业战略计划和作业计划的执行，确保企业组织目标一致。同时协调企业各部门之间的合作经营，并在企业各部门之间合理安排有限的资源，保证资源分配的效率，也能对企业物流成本进行控制、监督。

导入任务

本任务主要通过相关采购预算案例的展示和分析，使学习者了解采购预算在采购工作中的重要作用，帮助学习者学会采购预算编制的方法，熟悉采购预算的主要内容并完成预算表格的编制，并能根据采购预算控制采购成本等。

知识准备

一、采购预算的作用和类型

（一）采购预算的作用

采购预算的作用主要有：保障企业战略计划和作业计划的执行，确保企业组织目标一致；协调各部门之间的关系；在企业各部门之间合理安排有限的资源；对企业物流成本进行控制、监督等。为此，编制采购预算时需遵循实事求是、积极稳妥、留有余地、比值比价等原则。

（二）采购预算的类型

就制造企业而言，采购计划与预算属于生产计划中的一部分，也是企业年度计划与目标的一部分。通常，业务部门的行销计划，即销售收入预算是年度营业计划的起点，随后企业才制定生产计划。生产计划又包括采购预算，即直接原料成本、直接人工预算及制造费用预算。由此可见，采购预算是采购部门为配合年度的销售预测或生产数量，对所需求的原料、物料、零件等的数量及成本做的翔实计划，换句话说，采购计划与预算是整个企业预算的核心。需要强调的是，编制采购预算时，必须依据企业预算制度，并遵循一定的流程与步骤。采购中主要有四个领域受预算控制：原料预算、MRO 供应预算、资产预算及采购运作预算。

1. 原料预算

原料预算的主要目的是确定用于生产既定数量的成品或者提供既定水平服务的原材料的数量和成本。原料预算的时间通常是 1 年或更短。预算的金额是基于生产或销售的预期水平及来年原材料的估计价格来确定的，这就意味着实际有可能偏离预算，使得在很多企业中详细的年度原料预算不是很切合实际。因此，很多企业采用灵活的预算来调整实际的生产和实际的价格。准备充分的原料预算会产生如下作用：一是使得采购部门能够设立采购计划以确保生产部门需要原料时能够及时得到；二是用以确定随时备用的原材料和成品部件的最大价值和最小价值；三是建立财务部门以确定与评估采购支出需求的基础。

尽管原料预算通常基于估计的价格和计划的时间进度，但原料预算仍可以做到：一是为供应商提供产量计划信息和消耗速度计划信息；二是为生产和材料补充的速度制定恰当的计划；三是削减运输成本；四是帮助企业实现提前购买。另外，原料预算还可以提前通知供应商一个估计的需求数量和进度，从而改进采购谈判。

2. MRO 供应预算

MRO 是指维护、修理和运作。MRO 供应包含在运作过程中，但其并没有成为生产运作中的一部分。MRO 项目主要有办公用品、润滑油、机器修理和安保等。MRO 项目的数目可能很大，对每一项都编制预算并不可行。MRO 预算通常由以往的数据来确定，然后根据库存和一般价格水平中的预期变化进行调整。

3. 资产预算

固定资产的采购通常是支出较大的部分。成功的采购活动和谈判能为企业节省很多费用。通过研究可能的来源及与关键供应商建立密切的关系，可以建立既能对需求作出积极响应，又能刚好满足所需花费的预算。固定资产采购的评估不仅要依据初始成本，而且要依据包括维护、能源消耗及备用部件成本等的生命周期总成本。由于这些支出的长期性质，通常用净现值计算法进行预算。

4. 采购运作预算

采购运作预算的内容包括采购职能业务中发生的所有花费。通常，这项预算根据预期的业务和行政的工作量来编制，这些花费包括工资、空间成本、供热费、水电费、电话费、邮政费、办公设施、办公用品、技术花费、差旅与娱乐花费、教育花费及商业出版物的费用等。采购运作预算应该反映企业的目标和目的。例如：如果企业的目的是减少间接费用，那么业务预算中的间接费用预算就应该反映这一点。

二、采购预算编制的步骤及注意事项

（一）采购预算编制的步骤

采购预算编制主要包括以下步骤：

1. 审查企业以及部门的战略目标

采购部门作为企业的一个部门，在编制预算时要从企业总的战略目标出发，审查本部门和企业的目标，确保两者之间的相互协调。

2. 制定明确的工作计划

采购主管必须了解本部门的业务活动，明确其特性和范围，制定详细的工作计划表，从而确定该部门实施这些活动所带来的产出。

3. 确定所需的资源

有了详细的工作计划表，采购主管要对业务支出作出切合实际的估计，确定为实现目标所需要的人力、物力和财力资源。

4. 确定较准确的预算数据

确定准确的预算数据是企业采购预算编制的难点之一。

5. 汇总编制总预算

相关人员对各部门预算草案进行审核、归纳、调整并汇总编制总预算。

6. 提交预算

由于预算总是或多或少地与实际有所差异，因此必须根据实际情况选定一个偏差范围，偏差范围的确定可以根据行业平均水平，也可以根据企业的经验数据。某企业的采购预算见表3-2。

表3-2　　某企业采购预算表

序号	物料类别	1月			2月			3月			4月			5月			6月		
		新购	预付	到期	新购	预付	到期	新购	预付	到期	新购	预付	到期	新购	预付	到期	新购	预付	到期

续前表

序号	物料类别	1月			2月			3月			4月			5月			6月		
		新购	预付	到期	新购	预付	到期	新购	预付	到期	新购	预付	到期	新购	预付	到期	新购	预付	到期

（二）采购预算编制的注意事项

编制采购预算的目的是提高企业经济效益，要达到此目的，采购预算必须体现科学性、严肃性、可行性，克服随意性。因此，采购部门在编制采购预算时，应注意以下几点：

1. 事先做好市场调研工作

采购部门在编制预算之前，要进行市场调研，广泛搜集预测信息和基础资料数据，如市场需求量、售价、材料价格等，并对这些信息资料进行必要的加工、整理，然后用于编制采购预算。同时，要注意强调预算的广泛参与性，尽可能让有关员工参与到预算的编制中来，这样既可以提高员工的积极性，也可以促进信息在更大的范围内交流，增加预算的科学性和可操作性。

2. 加强采购部门与生产经营部门和其他接口部门的沟通

为了可以编制出与企业目标相一致的可实现的采购预算，采购部门在编制预算时，应采用适合的预算方法，以便使预算的结果更接近实际。为此，企业管理者应当与采购部门主管就目标积极开展沟通，调查要求和期望，考虑假设条件和参数的变动，确立恰当的假定，以使预算指标建立在合理的假定因素的基础上，便于预算编制工作的开展。

3. 适当改变绩效评估方式

为了鼓励采购部门提出更具挑战性的预算报告，企业有必要改善采购部门的绩效评估方式。采购预算是在战略目标框架之内提出的，在从设置目标到提交预算这一连续的动态过程中，不仅要仔细审查影响实现的内部不可控因素，而且要详细研究外部不可控因素，并进一步识别影响预算实现的关键因素。人力资源部门在进行业绩评估时，必须有所考虑，并向管理者提出建议，企业的高层管理者必须解决部门主管对绩效评估的后顾之忧，使他们的预算编制更趋于合理。

4. 选择适当的预算形式，注重现金流

企业内部各部门所采用的预算形式应把重点放在现金流上，而不是收入或利润上，当然最佳的预算形式最终还是取决于组织的具体目标。

（1）用料预算。1）物控人员负责次年度生产用料的各月预算明细的编列；2）用料单位负责低值易耗品、间接物料和资本支出预算明细的编列；3）同类物料不必要细分而应以总用量编制预算；4）物料的损耗率应计入用料预算，但应以年度损耗率目标制定，一般可略高于标准损耗率而低于上年度平均损耗率，低于或等于年度损耗率目标；5）财务部负责汇总工作。

（2）购料预算。1）采购部负责次年度各购料预算明细的编列；2）购料预算应考虑采购前置期、付款方式、库存状况；3）购料预算应以付款月份作为编列依据；4）购料预算应考虑安全库存与最大库存，符合年度库存周转率的目标；5）购料预算应考虑分批采购、一次采购的优劣和市场单价趋势。

5. 建立趋势模型

预算是对未来开支的计划，所有代表期望行为的数字都是估算值，采购预算提供的是代表采购支出情况的数字预报。为了确保这些数字的最大价值，应当建立一个趋势模型。模型应以现有的数据资料为基础，具有时间敏感性，能够反映材料需求及市场行情的变化。

6. 采用滚动预算方法

企业经营是一个连续不断的过程。为了能够使预算与实际过程更紧密地结合在一起，预算应尽可能采用滚动的方法，在制定当期预算时，应根据实际情况同时对下期的业务进行预算，保证企业活动在预算上的连续性。预算活动的滚动性，要求采购部门的管理人员投入大量精力。工作过程可以采取分两步走的方式：第一步是整体思考，要求管理者从总体战略出发，勾画出预算的框架，制定必要的行动方案，如果预算结果出现偏差要及时修改；第二步进入细化阶段，采购部门管理者制定最终预算的细节。

7. 避免一成不变

采购预算与采购计划不一样，不能一成不变。在预算执行过程中，要对预算进行定期检查。如果企业面临的采购环境或企业自身已经发生重大变化，就应当及时修改或调整，以达到预期的目标。可见，缺乏企业战略指导做预算，无视市场环境约束做预算，基于过去而凭空地做预算，都将使采购预算的效果大打折扣。

三、采购预算编制的流程

采购预算是采购计划以金额来表达的形式，它的编制必须以整个企业的预算制度为基础，并且遵循一定的流程（见图3-2）。

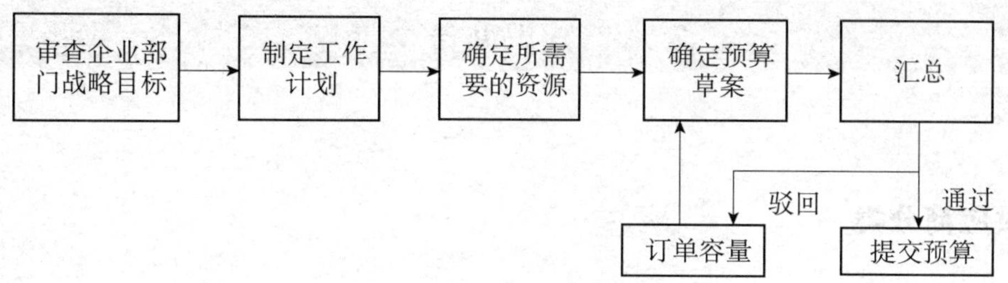

图 3-2　采购预算编制流程图

任务 3
供应商评估与选择

业务背景

供应商评估与选择是战略采购最重要的环节。在供应链管理时代，企业要想赢得持续竞争优势，就必须将供应商管理提高到战略高度。我国的制造企业应以企业的战略目标为导向，以与供应商建立合作伙伴关系为着眼点，建立供应商评估与选择体系，并对供应商关系进行维系与管理。面对经济全球化、用户需求个性化、竞争日益激烈的世界经济新环境，如何根据供应链管理的相关理论与方法，评估和选择具有战略性合作关系的供应商，以提升自身的核心竞争力，赢得市场优势，一直是企业关注的重要问题。

导入任务

对工商企业而言，与供应商之间建立相应的合作关系直接影响企业整体经济效益的改变，因此，对供应商进行评价、选择和持续测评，从中选择合适的供应商就显得十分重要。本任务主要通过案例分析、视频展示等方式，使学习者了解供应商评估与选择的相关理论和方法、供应商评估与选择的指标体系，学会应用相应的指标体系具体地实施供应商的评估与选择，从而完成供应商选择工作。

知识准备

一、供应商分类

（一）根据80/20法则分类

根据80/20法则，重点采购品是指占采购总金额的80％，同时占总采购品类数量的20％的那些采购对象；一般采购品是指占采购总金额的20％，同时占总采购品类数量的80％的那些采购对象。相应的，可以按照这一标准划分重点供应商和一般供应商，即供应价值占企业总采购价值的80％、数量占20％的供应商为重点供应商，而供应价值占企业总采购价值的20％、数量占80％的供应商为一般供应商。对采购品类众多的企业来说，这种区分更是必不可少的，而且是至关重要的。因为企业不可能对所有品类的供应商做周密、细致的调查，而必须在有限的成本内对相对重点的供应商进行考察。另外，采购部门的人员、时间、精力等也是有限的，这也决定了企业必须有所侧重地分配资源。

对于重点供应商，企业应投入80％的时间和精力进行管理与改进，通常需要企业高层参与，甚至需要细分各供应商的级别，因为这些供应商提供的物品多是企业的战略物品或需集中采购的物品。而对于一般供应商，企业只需要投入20％的时间和精力，建立“防止暗箱操作”“近亲回避”等制度，并按标准的采购程序实施采购，因为这些供应商所提供的物品对企业的成本、质量和生产进度等的影响较小。

当然，这种区分只是粗浅的，不是非常精确的，而且区分的结果只能在一定时期内有效，企业要根据竞争环境的变化，适时地作出调整。

（二）根据重要性矩阵分类

根据采购业务对于采购企业和供应商的重要性，可以将供应商分为四种类型，即商业型供应商、重点商业型供应商、优先型供应商、伙伴型供应商。这种方法可以由图3-3所示的矩阵图来表示。

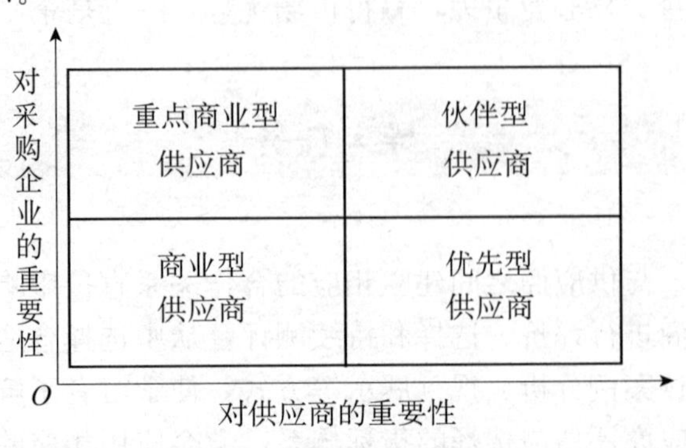

图3-3 重要性矩阵

重要性矩阵由两个因素决定，纵轴代表业务对采购企业的重要性，即内部重要性；横轴代表业务对供应商的重要性，即外部重要性。

1. 四类供应商的特点

（1）商业型供应商的特点。商业型供应商所提供的产品一般价值较低，市场价格较透明，很容易买到。由于企业的采购量不大，采购策略应放在尽量降低采购这类产品的行政开支，因此企业可以考虑使用单一供应商的方法。

（2）重点商业型供应商的特点。重点商业型供应商所提供的产品与上述产品都具有相似的外部市场特性，但采购量要大很多。一方面，由于采购量较大，企业可以充分利用量大的优势，向少数供应商获得较好的价格；另一方面，由于数量庞大，集中在一家供应商会带来较大风险，因此，2～3家供应商比较合适。

（3）优先型供应商的特点。对于优先型供应商所提供的产品，采购企业对这些产品的主动性很低，但又必须从难对付的供应商那里购买。因此，单一供应商可能是不得已的选择。

（4）伙伴型供应商的特点。对于伙伴型供应商，采购企业要特别重视。供应商所提供的这些产品可能具有专利、产权，包含高尖端技术，或对创造和保持企业的竞争优势十分关键。这时，采购企业不仅要采用单一供应商策略，而且必须与供应商建立伙伴关系或战略联盟。

需要指出的是，重要性矩阵是动态的。由于用途、技术和市场的变化，产品所属的区域有时是随时间而改变的，这时，上述所讲的与供应商的关系就得重新考虑。

2. 供应商关系的特点与管理策略

供应商关系管理最终必须程序化、规范化，要将供应商分析、供应商选择、目标与计划的制定、供应商改进项目的实施与监测、供应商关系的评估等以及有关人员在供应商关系管理中的职责等用程序性文件的方式固定下来，作为供应商管理的一部分。供应商关系的特点与管理策略见表3-3。

表3-3　　供应商关系的特点与管理策略

供应商类型	商业型供应商	优先型供应商	伙伴型供应商	
			供应伙伴	战略伙伴
关系特征	运作联系	运作联系	战术考虑	战略考虑
质量	按采购企业要求并由采购企业选择	采购企业要求； 采购企业与供应商共同控制质量	供应商保证； 采购企业审核	供应商保证； 供应商早期介入产品设计及产品质量标准制定
时间跨度	1年以下	1年左右	1～3年	1～5年
供应	订单订货	年度协议＋订单订货	采购企业定期向供应商提供物料需求计划	电子数据交换系统； 系统对接
合同	按订单变化	年度协议	年度协议； 质量协议	设计合同； 质量协议
成本/价格	市场价格	价格＋折扣	价格＋降价目标	公开价格与成本结构； 不断降低成本

二、供应商感知模型

与供应商的合作深度取决于采购企业所采购的产品对于双方的重要性，换句话说，与供应商的合作深度取决于采购企业和供应商两个方面。我们用供应商感知模型来描述在什么样的情况下可以加深与供应商的合作深度。供应商感知模型能够帮助采购企业了解供应商怎样看待企业的业务，并以此来考察供应商会以多大的积极性与采购企业进行业务合作。

供应商感知模型见图3-4。

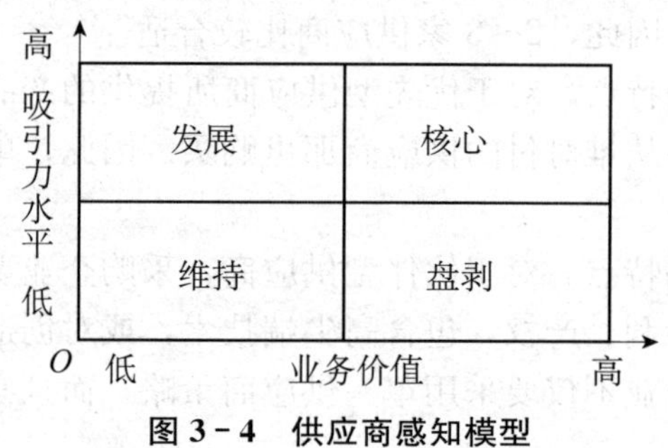

图3-4　供应商感知模型

（一）不同象限的划分标准

1. 采购企业的业务在供应商心目中的价值

这一价值由企业的采购额在供应商的总销售额中所占的比重反映出来。这一比重越大，供应商的积极性可能就会越高，采购企业更容易加深与此类供应商的合作。例如：采购企业在某供应商处的采购支出为每年20万元，而该供应商的年营业额为50万元，则采购企业所占份额为40%，这一比重是较高的。不同行业、不同企业的这一评判的比重不同。

2. 采购企业的业务对供应商的吸引力

这表明了影响供应商积极性因素的总体效果，如采购企业的付款记录，与采购企业进行业务往来的便利性，采购企业与供应商之间是否存在文化上的亲和力、建立私人关系的可能性以及信任程度，采购企业的业务发展潜力以及这种业务合作可能对供应商的声誉产生的影响等。

（二）不同象限的含义

我们将通过对不同象限含义的说明来进一步解释供应商感知模型。

1. “维持”象限

如果采购企业的采购金额较低，也没有其他吸引供应商的优势，那么供应商就可能把该企业的业务视为维持型业务。供应商可能把该企业业务的优先级别排在最后，采购企业应避免与持有此类态度的供应商进行业务往来，最多也就是进行现货采购。

2.“盘剥”象限

采购企业的采购项目对供应商可能比较重要，但是由于其他原因，这一业务还不能形成对供应商的强大吸引力。供应商对采购企业的业务配合仅维持最低的水平，供应商也不愿再加强双方的合作，甚至有可能提高价格，以便从该业务中获得更多的好处。位于此象限的供应商也不能成为采购企业的长期合作伙伴。

3.“发展”象限

虽然采购企业的业务量不大，但是供应商认为此类业务对它的吸引力很大，此时，吸引供应商的是企业未来的发展潜力，供应商为了实现销售额随着时间逐渐增长的目标，它会投入时间和精力与企业发展长期的合作关系。采购企业也可以考虑与位于此象限的供应商建立合作关系。

4.“核心”象限

如果一个供应商位于此象限，那么该供应商很可能把采购企业的业务作为其核心业务来对待，这可能因为采购企业目前的业务量以及长期的发展潜力都很大。一方面，位于这个象限的供应商会投入大量精力，以保持与企业的业务合作，因此，采购企业可以将位于此象限的供应商作为长期合作的伙伴。另一方面，如果供应商非常依赖于采购企业的业务，那么采购企业就能够处于强势的支配地位，并从中获益。

由此可见，企业并不是与所有的供应商都加深合作，只有那些有意愿与采购企业共同发展的供应商才值得采购企业采取措施加深与它们的合作。

三、供应商的调查、评估与审核

（一）供应商的调查

1. 供应商信息的来源

一般而言，企业可以从国内外采购指南、国内外产品发布会、国内外新闻传播媒体（报纸、广播电台、电视）、国内外产品展销会、国内外企业工会（会员名录、产业公报等）、国内外企业协会及厂商团体、国内外各种厂商联谊会或同业工会、国内外政府相关统计调查报告或刊物（如产业或相关研究报告）等方面获得供应商的信息。

2. 供应商调查问卷

企业在编制供应商调查问卷时，要明确自身的需求，即需要了解供应商的哪些信息，应在调查问卷中以问题的方式呈现出来。此外，还需要注意以下几个方面的内容：

（1）按照采购企业本身的需要设计内容及格式；

（2）问卷内容应具体易懂；

（3）考虑供应商填写的方便性及容易度，如多一些选择题等；

（4）考虑企业对此资料容易整理、分析与运用；

（5）易于将填写的资料予以系统化，便于利用计算机操作及管理。

（二）供应商的评估

一般来说，对供应商的评估要从技术水平、产品质量、供应能力、价格、地理位置、可靠性（信誉）、售后服务、提前期、交货准确率、快速响应能力等方面来综合考察。但在实际操作中，不论是经销商还是生产厂商，许多企业对供应商的选择、评估以及采购量的分配，还是由总经理或采购部经理等少数人来决定的。其结果并不能准确地体现供应商在各个方面的表现，同时带有个人主观色彩的评估，也使得供应商之间并不真正具有可比性。

为改变这种状况，企业应采用较为系统的供应商评估方法。例如：某企业是一个有6年历史的生产制造型企业，除了采购部以外，还有储运部、质量部、生产部（工程部）、财务部和销售部等多个业务部门。通过不断的自我完善，该企业意识到以往的由采购部经理进行供应商评估的机制，已经不再适应企业的发展需要，并很难公平对待供应商。同时，这也可能带来暗箱操作等腐败现象。在工作中，企业逐渐注意到材料价格已不再是决定供应商或评估供应商的唯一因素。许多的其他非价格因素，如售后服务、质量、技术支持等，最终会影响企业的成本和效率。因此，该企业的管理层决定由多个部门的代表共同组成一个小组，来进行供应商的评估。采购部的评估代表比较关心价格、交货数量的稳定性、按时交货等项目；质量部则注重送货规格的准确性、质量的稳定、包装和外观、供应商的质检报告和文件的准确、书面投诉等情况；生产部（工程部）则关注质量、技术支持、按时交货等项目；而财务部则非常关心单证的准确性。在评估小组的几个代表分别列出了各自关心的项目后，又经过多次的讨论，评估小组统一了思想，并将所需评估的项目根据其权重进行排列，接下来，小组成员们要做的是为各个评估项目制定评估标准并进行具体的评估。

不同类型的企业对新供应商的评估有不同的内容，一般而言，供应商评估包括以下内容：

1. 供应商的管理能力

对于采购企业来说，评估供应商的管理能力是很重要的，因为管理决定了其经营活动并影响供应商的未来竞争力。具体的指标包括：

（1）经营管理层是否实行长期规划；

（2）管理层能否保证全面质量管理以及持续完善；

（3）管理人员的变动率是否过高；

（4）管理层是否具有职业经验；

（5）有多少采购专业人士被授予采购经理职位；

（6）企业未来的前景如何；

（7）管理人员与员工关系如何；

（8）管理人员是否为员工提供培训和发展机会；

（9）管理人员是否了解战略资源的重要性。

2. 员工素质

对供应商的评估过程需要有非管理层员工的参与，高素质的、稳重的和有上进心的员工可以为企业创造巨大的效益，特别是在劳动力短缺时期。具体的指标包括：

（1）员工团队精神与跨部门合作状况；

（2）员工支持、保证及持续完善质量的程度；

（3）员工的全面技术和能力与教育培训；

（4）员工知识结构与学历结构状况；

（5）员工弹性；

（6）员工道德与企业文化；

（7）员工的人事变动率；

（8）员工为提高供应商的业绩作出贡献的机会和意愿。

3. 成本结构

评估供应商的成本结构需要彻底了解供应商的全部成本，包括直接人工成本、间接人工成本、物料成本、制造或工艺运营成本以及总的制造费用。了解供应商的成本结构，可以帮助采购企业确定供应商生产项目的效率。

在评估过程的初始阶段，面临的主要问题是如何才能搜集到成本方面的信息。例如：供应商可能没有详细地了解它的成本；许多供应商没有成熟的成本核算体系，不能有效地分摊制造费用于产品或工艺中；有些供应商的成本资料属于高度机密，供应商害怕成本信息的泄露会破坏它的价格策略等。由于供应商的这些忧虑，采购企业在供应商评估的初始阶段只能对供应商的成本结构进行大致估计，形成相对的定价模型。只要双方能了解成本因素，那么以成本为基础的定价方法就能够为双方带来相互的利益，但这种做法的前提是双方要有很高的信任度。

4. 财务能力和稳定性

对潜在供应商财务状况的评估一般发生在评估过程的最初阶段。许多采购企业认为，财务评估是供应商详细评估之前的必经过程或基本条件。采购企业可以通过利用资金比率来分析供应商的财务状况。如果供应商是一个有公开影响的企业，它的相关财务文件很容易获得。

5. 工艺和技术开发能力

供应商评估团队通常包括来自工程和技术领域的成员，以便对供应商的工艺和技术开发能力作出评价。工艺流程由用来生产产品或交付服务的技术、设计、方法和设备组成。供应商对生产工艺的选择有助于定义它所要求的技术、人力资源技能和资本设备要求。

对供应商工艺和技术开发能力的评估也应该关注未来的工艺与技术能力，这需要评估供应商的资金设备规划和战略。另外，企业应该对供应商用以研究和发展的资源进行评价，这个信息表明供应商对未来工艺和技术发展的重视程度。

企业也要对供应商的设计能力进行估计。一个减少开发新产品所需时间的方法就是利用能够完成产品设计活动的合格供应商。

6. 产能

产能直接影响供应商的供货周期以及供货的稳定性、及时性。评估供应商产能的重点包括生产设施与设备配备、能源与动力保障、人力资源配备、生产现场布局合理性和生产方式灵活性等。

7. 生产计划和控制体系

生产计划包括发布计划和控制供应商生产过程的体系内容，主要包括：供应商利用的物料需求计划体系能否确保所需零部件的可能性；供应商追踪物料和生产周期时间，是否将之与绩效目标或标准进行比较；供应商的生产计划体系能否支持采购企业的即时需求；供应商的生产计划和控制体系需要多长的前置时间；供应商即时交付绩效的历史如何。企业评价生产计划和控制体系是为了确定对供应商已经完成其计划和生产的控制程度。评价原则的基准点是供应商是否拥有一流的物料需求计划体系。

8. 信息化管理水平

信息化管理是现代企业的重要标志。供应商信息化程度高，可以高效、准确地开展各项生产经营活动，对客户需求能够做到快速反应。因此，信息化管理水平是选择供应商的重要条件之一。供应商拥有完善的信息管理系统，有利于实现买卖双方的交流与共享。这里需要借助的信息技术包括：EDI（电子数据交换）、条形码、ERP（企业资源计划系统）、RFID（射频识别）等。供应商只有拥有这些技术，才能够保证与采购企业信息同步、共享，企业采购才更有效率。

9. 环境保护能力

从 20 世纪 90 年代开始，人们逐渐开始关注工业对环境的影响，政府对污染企业采取的措施越来越严厉。一些最常见的环境绩效标准包括：

（1）环境记录的公开；

（2）危害废弃物处理；

（3）有毒废弃物污染处理；

（4）ISO14000 认证；

（5）回收物流计划；

（6）环保产品包装；

（7）破坏臭氧层的物质处理；

（8）危害气体排放处理。

10. 地理位置与运输距离

供应商的地理位置决定了供应商的资源可得性、获得资源的成本，从而决定了供应商的生产成本。采购企业应考虑供应商的生产经营成本和降低成本的潜力。运输距离决定了供应商的供货周期和运输成本，对采购企业的采购成本和持有库存量有相当大的影响。运输距离越短，供应商的送货时间越短，意味着企业紧急缺货时，可以快速送到。

11. 合作潜力

评估供应商，发展与供应商长期的合作伙伴关系，已经成为企业供应链管理的重要环节。因此，评估供应商是否具有长期的潜在合作关系就成为必需的评选标准之一。其具体指标如下：

（1）供应商是否对发展长期合作关系表达出意愿；

（2）供应商是否愿意保证一些资源将不用于其他客户；

（3）供应商是否愿意参加产品设计；

（4）如果出现问题，供应商是否愿意洽商解决；

（5）供应商是否有兴趣共同解决问题；

（6）买卖双方是否自由、公开地交换信息；

（7）供应商在多大程度上愿意共享未来规划；

（8）双方的合作水平如何；

（9）供应商对采购企业的产业和业务的了解程度；

（10）采购企业与供应商是否共享成本资料。

在实际工作中，企业应结合自身的目标和情况制定考核的因素和权重，以及评估的标准。

（三）供应商的审核

供应商审核的目的是依据选择标准和已有的供应商调查的结果确认并筛选出符合需要的供应商，并优化企业供应商结构。

1. 供应商审核的层次

供应商审核的层次主要包括以下几个方面：

（1）产品层次的审核。企业需要再次确认供应商所提供的产品的质量，可通过样件试制或样品认可检验来确定。

（2）生产工艺过程层次的审核。企业需要了解供应商的工艺过程，并确认供应商的工艺水平，以确保供货质量的可靠性。

（3）企业层次的审核。企业不仅要考察供应商的质量体系，而且要审核供应商的经营管理水平、财务与成本控制、信息系统及设计开发能力等。

2. 供应商的现场评审

企业如果想要得到供应商第一手的现场资料，需要亲至供应商的生产地进行现场评审。不同企业现场评审的项目可能不同，可参考表 3-4 来确定供应商的现场评审内容。

表 3-4　　　　供应商现场评审表

编号：　　　　　　　　　　　　　　　　　　　　评审日期：

供应商基本情况							
名　称				计划承接何种产品			
地　址							
联系人		职　务		所涉及的加工工艺过程			
电　话		传　真					
主要生产设备	1						
	2						
主要检测工具							

	评　审　内　容	优 5	良 4	中 3	差 1	劣 0	得分
综合项目	质量政策是否明确？目标是否量化？						
	特殊岗位操作人员是否得到适当培训？						
	工作场地是否清洁、整齐摆放？						
检验与试验	进料检验是否有检验规范、检验记录？						
	过程检验是否有检验规范、检验记录？						
	最终检验是否有检验规范、检验记录？						
	是否有标识来标明检验与试验状态？						
	不合格品是否有处理程序并按程序处理？						
	质量出现异常时是否有信息反馈？是否有纠正措施？						
	计量器具是否有检定管理制度？使用状况是否良好？						
过程控制	是否对承制的产品具备足够的工序能力？						
	是否制定制造流程图和作业指导书？						
	产品是否有适当的标识？						
	机械设备是否定期保养、润滑、清洁？						
	工装、工具是否适当保存？现场使用状态是否完好？						
	搬运工具是否能避免产品损坏？						
出货安排	仓库是否整洁、标识清楚、账物相符？						
	产品出货前是否进行出货检验，并按客户要求标识？						
	生产计划是否依交付期排定，以确保按期交货？						
	有无适当的紧急订单的处理方式与能力？						
现场评分达到 70 分以上为合格		得分合计					
评审结论	评审合格 □　　评审不合格 □						
	改善后再评审 □　　保留资料暂不列入名单 □						
	采购部：　　技术中心：　　质量部：						

四、供应商的选择

企业主要根据以下标准选择供应商：

（一）供应商产品的竞争优势

1. 产品质量

产品质量是指供应商的产品满足采购企业生产的程度，是评价供应商的一个非常重要的指标。在此基础上，我们要考虑以下几个标准：

（1）质量体系。此指标主要从整体上评价企业质量体系的合理性和有效性，只有一套完整的质量体系才能保证产品质量稳定、合格率高。

（2）产品合格率。即一定时期内合格产品数量占总采购量的百分比。产品合格率也可进行横向比较，即对同行业内的同类产品进行比较。

（3）返修退货比率。返修退货比率可采用一段时间内累计返修退货数量占产品总销售量的比例表示。同产品合格率一样，我们也可对返修退货比率进行横向比较，比较对象既可以是行业平均值，也可以是绩效更好的企业。

2. 成本

这里所说的成本是指企业为获得单位产品所支付的费用的总和，不单指采购产品的价格，它等于产品的采购价格加上为处理该产品支付的各种变动费用。因此，考察一家供应商提供的产品是否具有竞争优势，关键是要看整体成本，而不是纯粹的价格。虽然说成本已不再是选择供应商的首要因素，但仍是一个重要因素。

3. 交货情况

交货情况是指供应商及时满足企业订单的能力，可通过准时交货率、订货满足率、订货提前期等描述。

（1）准时交货率。准时交货率主要是从时间角度来评价供应商的交货能力，可以用一段时期内准时交货次数除以总交货次数来计算某一时段内该供应商的准时交货率。准时交货率越高，企业需要保留的安全库存就越低。

（2）订货满足率。订货满足率是从数量的角度来评价供应商的交货能力，即一定时期内实际送达的订货数量占总订货数量的百分比。所谓满足订货，是指实际送货恰好等于订货数量的订货。

（3）订货提前期。订货提前期越短，企业对顾客需求的响应能力越强，需要持有的存货也越少，以该提前期为评价基准，测评小于该提前期的送货次数占总送货次数的百分比。

4. 生产能力

为了满足企业的正常生产，供应商必须具备相当的生产规模和发展潜力，这就要求供应商的制造设备能在数量上达到一定的规模。在这里用日平均产量来表示。另外，不能仅仅从总量上衡量，劳动生产率指标更能体现供应商的生产效率。

5. 市场影响度

市场影响度是指供应商提供的产品在市场上的销售情况，它反映了供应商的发展潜力。这里我们用市场占有率和销售增长率来衡量，企业总是希望找到市场占有率高、发展潜力大的供应商作为其合作伙伴。

（1）市场占有率。即一定时期内某供应商提供的某产品的销售额占行业内同类产品销售总额的百分比。

（2）销售增长率。即某一段时期相对于上一期销售额的增长情况。该指标与市场占有率一起，反映了该产品的生命周期和进一步盈利的能力。

6. 柔性评价

柔性反映了供应商对变化的响应能力，包括产量柔性、交货柔性和组合柔性。

（1）产量柔性。产量柔性反映了企业在盈利的情况下变动其产出水平满足顾客需求变化的能力，用顾客需求投入—产出范围的概率来表示。

（2）交货柔性。交货柔性反映了供应商在计划变动的情况下改变交货期的能力。

（3）组合柔性。组合柔性体现了企业变动其生产的产品种类的能力，可用在给定时期内企业能够生产的产品种类数来表示。

7. 研发能力

供应商的新产品引入、开发能力是供应链创新的原动力，在研发方面的投入体现了企业长远技术发展的潜力。这里，我们主要通过科研费用率、新产品开发成功率、新产品销售比率来衡量。

（1）科研费用率。企业在科研资金方面的投入是体现其研发能力的首要指标，通常可以采用一定时期内科研资金占销售收入的百分比来表示。

（2）新产品开发成功率。即一定时期内供应商成功开发的新产品数占开发总数的百分比，该指标反映了供应商新产品开发的效率。

（3）新产品销售比率。企业对研发的投入虽然是一项长期投资，但它同样满足投入—产出准则。因此，同样可以采用费用效益分析的方法来讨论研发的效率。新产品销售比率是一定时期内新产品的销售收入占总销售收入的百分比。

8. 信息技术的应用

信息技术的应用是衡量供应商技术竞争能力的一个标准。这里我们主要考察技术开发软件的实施、信息管理系统的应用及计算机技术的掌握能力。

（1）技术开发软件的实施。该指标主要用来反映供应商的技术部门采用现代技术进行研发的能力。

（2）信息管理系统的应用。现代企业都会采用先进的管理信息系统，如ERP、MRPⅡ（制造资源计划）等，体现了企业实行供应链管理、增强供应链竞争实力的能力。

（3）计算机技术的掌握能力。这个指标既可以评价信息技术，也可以评价员工素质。

（二）供应商内部的竞争优势

企业的内部资源主要包括人、财、物三个方面，这三个方面从根本上决定了供应商的竞争力。

1. 财务状况

评价财务状况的指标很多，我们主要考虑供应商是否有足够的流动资金用于采购原材料。从长期来看，还要评价它的盈利能力和偿债能力。这里我们用流动比率、总资产报酬率和资产负债率来衡量。

（1）流动比率。流动比率是企业一定时期内流动资产与流动负债的比率，它反映了供应商短期债务偿还能力。

（2）总资产报酬率。总资产报酬率是企业一定时期内获得的报酬总额与平均资产总额的比率，它表示供应商包括净资产和负债在内的全部资产的总体获利能力。

（3）资产负债率。该指标用于衡量供应商的长期偿债能力，反映了企业是否具有可持续发展的能力。这对于企业与供应商的长期合作显然是一个非常重要的评价指标。

2. 人力资源

人力资源开发已成为企业进一步发展的新的源泉和动力，主要形式有吸收新人员以及培训。这里我们主要用职称构成、学历构成、人均培训费用、人均培训时间来衡量，其中职称构成和学历构成综合体现了企业在多变的市场中吸收新知识、新思想的素质；人均培训费用和人均培训时间体现了企业对于培养学习型组织的意识，具有战略意义，是企业在未来增加竞争优势的一个重要方面。

3. 生产设备

这里主要考察供应商为提高生产能力或者开发、生产新产品而进行的生产设备投资，这部分投资对企业的长期绩效和长期盈利能力有着至关重要的影响。生产设备的投资也是固定资产的投资，分别选取固定资产投资增长率和固定资产投资收益率来评价企业固定资产投资的状况和投资效果。

（1）固定资产投资增长率。即本期用于固定资产的投资额占期初固定资产原值的比重，它综合反映了企业固定资产规模的扩张程度。

（2）固定资产投资收益率。即一定时期内新增固定资产带来的销售收入与新增固定资产原值的比例关系。由于这里的固定资产主要用于提高生产能力，因此，可以采用新增销售收入来表示。

4. 管理水平

管理水平是影响企业业绩的重要因素之一，但它也是最难评价的指标之一，这主要是由它的难以测量性、难以量化性、难以比较性决定的。但是管理水平主要表现在成本控制、质量控制、库存控制和服务水平上，这给我们提供了一个思路，因此，可以从这四个方面来评价供应商的管理水平。

（1）成本控制水平。为了取得价格竞争优势，企业必须采取各种手段来控制成本，如购买设备、培训有关人员等。按照投入—产出原理，如果投入成本小于节约成本，则认为该企业的成本控制行为是有效的；反之，则认为是无效的。

（2）质量控制水平。同成本控制一样，质量控制也同样存在投入—产出关系，只有当两者保持着合理的比例关系，才能认为控制是有效的。因此，我们可以采用由质量控制带来的新增效益与投入成本的倍数来反映企业的质量控制水平。

（3）库存控制水平。库存控制一直是令企业头疼的问题，我们要用辩证的方法来对待：一方面，要求企业不断改善经营管理水平，实现零库存；另一方面，要求企业面对现实情况，维持特定的存货水平，保证企业的正常运营。因此，我们可用库存周转率来评价企业的库存控制，周转速度越快表示在等额资金下的收益率也就越高。

（4）服务水平。作为后勤保障中心，售后服务水平是供应商评价不可或缺的一个重要指标。通常，可以选择顾客抱怨解决时间来描述供应商的售后服务水平。顾客对不合格的产品、不满意的服务会发出抱怨，并希望供应商能在尽可能短的时间内解决问题。顾客抱怨解决时间就是衡量供应商此类服务水平的指标。实际评价中，企业可以事先与供应商协定一个稳定的时段作为衡量基准，然后用实际解决时间小于协议时段的抱怨次数占总抱怨次数的百分比来表示该指标。

（三）供应商的信誉

诚信是企业的经营之本，得到众多企业的关注。供应商的信誉可以通过还贷信誉、履行合约信誉及在行业中的地位等来体现。

1. 还贷信誉

还贷信誉主要是指企业到期偿还贷款的能力，该指标不仅反映了企业的信用状况，而且从侧面反映了其财务状况。

2. 履行合约信誉

履行合约信誉主要是指评价供应商对以前合约的执行和完成情况。

3. 企业在行业中的地位

企业在行业中的地位主要是指企业的影响度。企业实力决定了企业地位，这主要包括企业规模、企业技术、经济力量，表现形式有价格决定优势、技术领先优势以及领导的个人形象等。

（四）供应商的外部竞争力

全球经济一体化使得企业选择供应商时不再局限于本地区甚至本国，当选择范围扩大时，企业就必须考察供应商的外部环境，主要从政治法律、经济技术、自然地理和社会文化四种环境来评价。这几项指标在跨国采购时显得尤为重要，所以在确定指标权重时要注意区别对待。当然，如果仅在某一区域范围内选择，则只要考虑地理位置就行。

1. 政治法律环境

政治与法律方面的因素是外部环境中非常重要的一个方面，直接关系到交易本身的安全性。我们可以从政治体制、政治稳定性、政府对外资的态度以及法律体制来考察。

2. 经济技术环境

一个国家的经济技术发展水平制约供应商本身的发展空间，其中市场开放及其完善程度、科技发展水平、社会基础设施以及经济发展前景都能反映经济技术环境。

3. 自然地理环境

自然地理环境主要考察供应商所在的地理位置、气候、自然资源以及交通运输等情况。

4. 社会文化环境

社会文化在无形中制约人们的行为和思维，进而影响企业行为和决策。这里，我们从宗教制度、人口素质和社会心理来评价。

（五）与供应商长期合作的可兼容性

与供应商长期合作的可兼容性是指采购企业与供应商之间的合作能力，主要表现在发展战略、企业文化和信息平台的兼容性上。

1. 发展战略兼容

企业战略是企业对未来发展的一种整体谋划，决定着企业的发展方向，包括企业与环境的关系、企业使命的确定、企业目标的建立、基本发展方针和竞争战略的制定等。供应商发展战略与企业同步，有利于合作关系的长远发展，与供应商的发展、规划不同步的企业最终会被淘汰出局。

2. 企业文化兼容

企业文化是组织内部的一种共享价值观体系，它包含的价值观念和行为准则在很大程度上决定了成员的行为，决定了企业的凝聚力。企业文化是一种无形的约束，只有文化体系相近的企业才能有良好的沟通合作。如果文化差异大，冲突会不断出现，合作关系会不断恶化。

3. 信息平台兼容

信息平台兼容是指信息内容、载体形式、处理方式、存储媒介、传递渠道及利用方式等的兼容，这些方面的多样性造成了企业间的信息不共享。基于互联网的集成化供应链必须使链上的所有企业的信息能快速传递、实现共享。

操 作 指 导

任务 1　采购计划编制

（一）任务分析

采购计划是采购作业操作的首要环节，也是极其关键的环节。本任务可以小组的形式，通过查阅资料、讨论、调研的形式，让学习者搜集信息，完成任务，为他们进入工作岗位打下良好的实践操作基础。

（二）实施条件

校内图书馆、计算机机房或多媒体教室，校内后勤服务公司或校外生产、经营企业的采购管理部门。

（三）实施步骤

1. 准备工作：对学生进行分组，每组4人左右，每组选一位小组长。指导教师提供并推荐一些采购计划编制的资料，各小组查阅采购计划的相关资料，做好知识准备。

2. 指导教师讲解采购计划编制要点等。

3. 通过上网查阅有关资料、实地调研、走访及案例分析，使每位同学都能参与其中，经过讨论，得出结论。

（四）具体内容

1. “手机心情”淘宝店的iPhone 4S采购计划。

乔布斯病逝前夕，新任苹果公司CEO库克第一次主持苹果新产品的发布会，推出了iPhone 4的升级版——iPhone 4S。iPhone 4S一经推出，便在全世界掀起购买狂潮，追逐时尚是全世界人们特别是年轻人的共同爱好。2012年1月13日，iPhone 4S在中国上市，作为经济高速发展和人口最多的国家，中国市场非常巨大，iPhone 4S因此卖到脱销。

现在一家名叫“手机心情”的淘宝店也准备在iPhone 4S上捞一桶金。在销售前，该店拟制定一个iPhone 4S的采购计划。

“手机心情”淘宝店通过一些途径，获得了淘宝上某四皇冠卖家（以下简称皇冠店）销售iPhone 4S的情况。该皇冠店销售的iPhone 4S为黑、白两种颜色，手机内存分别为64G、32G、16G三种。表3-5是2012年3月该皇冠店的详细销售情况：

表3-5　2012年3月某皇冠店iPhone 4S销售情况表

颜色	内存	单价（元）	销售量（部）	销售额（元）
黑色	64G	6 899	120	827 880
黑色	32G	5 899	220	1 297 780
黑色	16G	4 999	550	2 749 450
白色	64G	6 099	140	853 860
白色	32G	5 599	200	1 119 800
白色	16G	4 999	370	1 849 630
总计			1 600	8 698 400

要进行采购，“手机心情”淘宝店的管理人员首先要知道顾客的核心需求，如需要什么、需要多少、对售后服务有什么要求等。只有这样，管理人员才会对采购量才有一个大致了解，从而得到一个科学和明确的采购清单。

了解顾客的需求就相当于了解采购的各种情况。在现代市场经济中，谁掌握了顾客的需求，谁就掌握了市场走向和信息，这对提升企业的竞争力有巨大的推动作用。

“手机心情”淘宝店管理人员了解到顾客购买手机时通常会注意 iPhone 4S 的种类、颜色、版本、内存、卖家发货速度及物流速度、卖家的信誉和服务态度等方面；而顾客对价格期望、购买欲望、对产品的作用和性能的要求也会影响购买决定。

“手机心情”淘宝店分析上面表格中的数据后得出顾客对 iPhone 4S 的购买需求。该皇冠店 3 月一共销售 1 600 部 iPhone 4S，销售总额为 8 698 400 元。

其中，黑色版一共销售了 890 部，超过了一半，因此采购时要多采购黑色的 iPhone 4S。其中内存 16G、32G、64G 的分别销售了 550 部、220 部、120 部，可以得出内存 16G 的更受顾客欢迎。由于价格相对便宜，采购量也大。

白色版一共销售了 710 部，不足一半，尽管白色的价格更低，但顾客更青睐黑色。其中内存 16G、32G、64G 销售量分别为 370 部、200 部、140 部，跟黑色款式一样 4 999元的 16G 内存的销售量是最多的，采购量也水涨船高。

根据需求数据分析、安全库存的需要和采购价格，“手机心情”淘宝店预测 iPhone 4S 的采购情况见表 3-6：

表 3-6　“手机心情”淘宝店 iPhone 4S 采购情况表

颜色	内存	单价（元）	数量（部）	采购额（元）	采购期限
黑色	64G	6 700	150	1 005 000	一月一次
黑色	32G	5 700	250	1 425 000	一月一次
黑色	16G	4 830	600	2 898 000	一月一次
白色	64G	5 950	170	1 011 500	一月一次
白色	32G	5 420	230	1 246 600	一月一次
白色	16G	4 830	400	1 932 000	一月一次

根据销售数据和预测数据，得出以下采购信息：

黑色 iPhone 4S 每月一次采购大约 1 000 部，内存为 64G、32G、16G 的大约分别采购 150 部、250 部、600 部。

白色 iPhone 4S 每月一次采购大约 800 部，内存为 64G、32G、16G 的大约分别采购 170 部、230 部、400 部。

要求：(1) 试分析“手机心情”淘宝店的采购需求制定过程。

(2) 你认为“手机心情”淘宝店的采购计划是否合理？原因是什么？

2. 娘舅饺子馆采购问题。

娘舅饺子馆在某地小有名气，每天客人络绎不绝、生意红火，很让同行们羡慕，可谁知张经理却高兴不起来。原来尽管生意不错，但由于原料采购不准确，每天都有大量的剩余，造成极大的浪费，利润并不像生意那么“红火”。

三年前，张经理开了第一家饺子馆，靠地道的手艺、过硬的质量和童叟无欺的信誉，生意一天比一天好，到现在已经在当地成功开设了 20 家直营连锁饺子馆。饺子馆的成本主要来自原料、人工、房租和水电费等，其他费用都好控制和计算，只有原料采购成本不好预计，而且饺子皮隔天无法使用。张经理算起了明细账：如果每份饺子 10 个，卖 5 元，直接成本为饺子馅、饺子皮、作料和燃料，每个饺子成本大约 2 毛。虽然存在价差空间，可是由于每天有大量的剩余原料，这些采购原料又不能隔天使用，算上人工、水电等经营成本，饺子的成本就接近 4 毛了。如果每个店一天卖出 100 个饺子，同时多余 500 个饺子原料，相当于亏损了 100 元，每个饺子的物流成本最高时有 1 毛，加上每年的粮食涨价，因此利润越来越少。

张经理遇到的问题是一个典型的采购需求预测问题，不少企业特别是餐馆都在寻找快捷路径，以便合理控制进货数量，准确预测市场，有效降低采购成本，提高物流效率，这已经成为企业经营的关键问题。

要求：(1) 请为张经理编制一份市场消费需求预测表。

(2) 根据市场需求预测结果，帮助张经理制定一周的采购计划。

（五）结果评价

对学生任务实施过程及所编制表格和采购计划进行评价，评价可分为个人评价和小组评价两个层面，以激励学生积极认真地实施项目及发挥团队作用。同时，在下一个任务实施前，对表现突出的学生和完成任务的亮点给予表彰和推广，对于存在的共性问题提醒学生及时改进。

任务 2　采购预算编制

（一）任务分析

采购预算是业务预算的一种，采购预算的编制将直接影响企业的直接材料预算、制造费用预算等。本任务可以小组的形式，通过查阅资料、讨论、调研的形式，来搜集原料、维护、修理和运作供应等信息，并配合企业年度销售预测，对企业需求的原料、物料、零部件等的数量及成本做翔实的估计，从而为财务部门资金筹集和管理决策提供支持。

（二）实施条件

校内图书馆、计算机房或多媒体教室，校内后勤服务公司或校外生产、经营企业的采购管理部门。

（三）实施步骤

1. 准备工作：对学生进行分组，每组 4 人左右，每组选一位小组长。指导教师提供并推荐一些采购预算编制的资料，各小组查阅采购预算的相关资料，做好知识准备。

2. 指导教师讲解采购预算编制的注意事项和编制流程。

3. 通过上网查阅有关资料、实地调研、走访及案例分析，使每位同学都能参与其中，经过讨论，得出结论。

（四）具体内容

1. “手机心情”淘宝店 iPhone 4S 采购预算编制。

试根据上述“手机心情”淘宝店 iPhone 4S 采购计划中提供的背景材料，为“手机心情”淘宝店编制一份采购预算。

2. 某企业采购预算编制办法分析（有删减）。

第一条　材料的预算编制

除遵照本企业预算制度之外，均依照本办法的规定办理。

第二条　材料的预算类别

材料预算分为用料预算和购料预算。用料预算再按用途，分为营业支出用料预算和资本支出用料预算。

第三条　材料预算时间类别

按编制的期间，分为年度预算和分期预算。

第四条　年度用料预算的编制程序

第一，由用料部门依据营业预算及生产计划编制年度用料预算表（特殊用料应预估材料价格），经主管科长核定后送企划科，相关人员汇编成年度用料总预算表转工厂会计部。

第二，凡属于委托保全科修缮的工作，一概由保全科按用料部门计划代为编列预算，并通知用料部门。

第三，材料预算经最后审定后，由总务科运输组严格执行。

第四，用料部门用料超出核定预算时，由企划科通知总务科运输组。

第五，用料总预算超出 10%时，由企划科通知运输组说明超出原因呈请核实，并办理追加手续。

第五条　购料预算的编制程序

第一，年度购料预算由企划科汇编并送呈审核。

第二，分期购料预算由运输组根据库存量、已购未到数量及财务状况，编制购料预算表，由企划科送呈审核并转企业财务会议审议。

要求：

（1）请根据上述材料指出该企业采购预算编制办法的优缺点。

（2）运用所学知识补充、完善该企业采购预算编制办法。

（五）结果评价

对学生任务实施过程进行评价，评价可分为个人评价和小组评价两个层面，以激励学生积极认真地实施项目及发挥团队作用。同时，在下一个任务实施前，选取优秀方案进行展示点评，对表现突出的学生和完成任务的亮点给予表彰和推广，对于存在的共性问题提醒学生及时改进。

任务 3　供应商评估与选择

（一）任务分析

供应商的评估与调查是采购管理中的重要工作，也是目前国内企业管理的薄弱环节。本任务通过设计供应商调查表、实地走访供应商或查阅资料等形式，获取供应商的相关信息并对供应商进行评估，从而了解供应商的实力和生产、运营环境，为企业选择合乎要求的供应商打下良好的基础。

（二）实施条件

校内计算机房或多媒体教室、生产或经营企业的采购管理部门。

（三）实施步骤

1. 准备工作：对学生进行分组，每组4人左右，指导教师讲解安全注意事项，调研（参观）要求和报告撰写要求。

2. 指导教师可推荐部分合作企业或校内学生食堂（后勤服务公司），也可由学生自行确定企业。

3. 通过上网查阅有关资料、实地调研、走访及案例分析，使每位同学都能参与其中，经过讨论，得出结论。

（四）具体内容

1. 供应商调查（任选一道）。

Ⅰ. 家电企业物流服务供应商调查

广东某公司是一家全球化家电专业生产、销售企业，是中国家电业最优秀的企业集团之一。为降低物流成本，提高物流质量，公司决定于近期对2016年度公路干线运输、零担运输、配送等进行公开、全面的招标。

招标项目内容：(1) 从顺德及中山发往全国各地的公路干线运输；(2) 从宁波发往全国各地的公路干线运输。

主要承运产品：微波炉、空调、洗衣机、电饭煲、电磁炉、电水壶、电烤箱等小家电产品及相关赠品、宣传物料、售后配件等。

投标资格要求：(1) 物流项目的投标人注册资本不得少于人民币50万元；(2) 本次招标不接受两家及以上供应商联合投标；(3) 运输供应商必须是专业的物流企业，具有两年以上物流营运经验，并具有铁路或公路运输经营的相关资质证明；(4) 自有车辆不低于10辆（需提供车辆行驶证复印件）；(5) 提供装卸服务；(6) 提供7天×24小时的服务，具有流畅的信息沟通渠道；(7) 具备抗运输风险能力和运输质量保障能力，有能力承担在运输中造成的损失。

要求：

(1) 请为该公司设计一份物流供应商调查表，要求明确物流企业的名称、地址、注册资本、开展物流业务的时间、曾经服务过的主要客户、自有车辆数量、信息化水平、装卸能力、物流质量保障能力等。

(2) 需至少调查三家符合要求的物流企业。

(3) 需在实训报告中写明物流企业的名称、地址、注册资本、开展物流业务的时间、曾经服务过的主要客户、自有车辆数量、信息化水平、装卸能力、物流质量保障能力等。

（4）最后从中选择一家你认为最适合该公司的物流企业，并说明理由。

Ⅱ. 服装供应商调查

A 校拟对 2019 级新生军训服装立项采购，根据《中华人民共和国招标投标法》以及采购招投标管理的相关规定，将实行公开招标采购，为此在网上发布招标书，具体内容如下：

招标内容及数量：学生军训服装 3 500 套（最终数量以实际发放数为准）。

对投标企业的要求：（1）加工制作的军训服装包括长袖上装、长裤下装、短袖汗衫及帽子；（2）制作军训服装应使用含棉量 50%的 21 支 108×58 或全棉 21 支 108×58 的迷彩面料；（3）能随时满足 A 校因服装尺码不符或数量不足需临时增加 200～300 套军训服装的机动数量；（4）时间上：能够准时供货；（5）投标人需有独立的法人资格、良好的经商信誉和提供优质服务的能力；（6）有专业的生产设备和固定的技术人员、生产人员、售后服务人员；（7）具有良好的经营业绩，有承接高校学生军训服装生产、经营的经验，对军训服装的生产不转包。

要求：

（1）请为 A 校设计一份服装供应商调查表，要求明确服装企业的名称、地址、注册资本、开展服装业务的时间、生产能力、对需求的应变能力、准时供货能力等。

（2）需至少调查三家符合要求的服装企业（可假定 A 校的具体位置，并就近寻找供应商做调查，如假定 A 校在宁波，就可在宁波选择供应商）。

（3）需在实训报告中写明服装企业的名称、地址、注册资本、开展服装业务的时间、生产能力、对需求的应变能力、准时供货能力等。

（4）最后从中选择一家你认为最合适 A 校的服装企业，并说明理由。

2. 设计供应商调查表（见表 3－7），可通过将虚线修改为实线来设计表格。

表 3－7　　供应商调查表

供应商名称							
	法人代表			电话、传真		税号	
	地址			质量联系人		账号	
供应商概况	企业性质			成立年份		手机	
	开户银行			注册资本		邮箱	
	业务联系人			邮编		网址	

3. 供应商信息收集、整理并将相关内容填入表 3－8。

表3-8　　　　供应商信息汇总表

序号	比较项目	供应商信息		
		供应商1	供应商2	供应商3
1	名称			
2	地址			

4. 得出结论（见表3-9）。

表3-9　　　　某供应商的选择理由

选择供应商：
选择理由：

（五）结果评价

对学生任务实施过程及所填表格、调研报告质量进行评价，评价可分为个人评价和小组评价两个层面，以激励学生积极认真地实施项目及发挥团队作用。同时，在下一个任务实施前，选取典型报告或优秀案例进行展示点评，对表现突出的学生和完成任务的亮点给予表彰和推广，对于存在的共性问题提醒学生及时改进。

案例学习

案例一：联想集团基于供应链的采购预测

（一）案例背景

IT 行业预测有以下几个特点：首先，价格波动非常大，影响因素也非常复杂，较难准确地预测，所以当市场发生变化时，就需要快速调整，这样才能够满足客户的需要，避免库存带来的风险。其次，部件更新换代非常快且频繁。按照联想集团的统计，基本上每两天就会有一个机型发生大的或者小的改动，产品的降价速度非常快，那么就必须准确地预测市场的需求，才能既满足客户的订单，又不会有很多的库存。最后，既要保证标准化，又要很好地满足客户差异化的需求。

IT 行业采购供应链的特点是：很多物料的价格来自上一个供应商，上一个供应商的利益驱动情况是非常明显的，并且很多供应商是寡头垄断，所以供应商对整个行业的影响实际上是非常大的。

（二）联想集团的供应链模式

首先，在供应链和采购方面，联想集团采取一体化的运作体系，把采购、生产、分销以及物流整合成一个统一的系统。在整个联想集团，从战略层到执行层都有统一的策略和协调。

其次，从联想集团的供应链来看，它有 300 多家供应商、5 000 多家客户渠道。在联想集团内部，有北京、上海和惠州三个生产厂。目前，生产的主要产品除了台式电脑、笔记本、服务器之外，还有其他数码产品，是一个非常复杂的供应链体系。

再次，联想集团的物料分为国际性采购物料和国内采购物料。国际性采购物料基本上是通过中国香港，然后分别转到惠州、上海和北京；在国内的物料则直接发到各个工厂，然后由各个工厂制作成成品，最后发到代理商和最终的用户。这是联想集团的双链供应链模型，通过接收链和交互链之间的良好协同，使之更好地适应供应需求的变化，以满足客户的要求。

最后，在运作模式上，联想集团目前还不是一个完全按订单生产的企业，这与其面对的客户群有关。联想的客户有 60%～70%是个人和中小型企业。所以，联想集团采取安全库存结合按订单生产的运作模式，有 1～2 天成品的安全库存，更多的是根据用户的订单来快速生产，以满足客户和市场的需求。

（三）联想集团的采购预测

在这样的供应链管理模式下，联想集团主要需解决以下几个问题：

(1) 怎么保证准确地预测；

(2) 怎么保证在预测出现偏差的时候能够快速调整；

(3) 怎么满足客户的差异化需求和定制需求。

联想集团如何去解决这些问题呢?

(1) 基于历史数据作出准确预测。联想集团在市场和代理商中积累了大量的历史数据，通过对销售的历史数据分析发现产品的销量与很多因素相关，如市场自然的增长、季节因素、优惠活动、新产品的推出等。每一个因素都会涉及数字算法、数学模式，通过准线分析和线性回归对这些因素进行线性评估，从而确定运算模型。通过这种预测模式，加上代理商和区域市场对客户的预测，综合得出联想集团在短期和长期以及产品的整个市场多维度的预测结果。多维度包括产品在不同区域、不同时期、不同渠道等很多因素。

(2) 预测出现偏差时快速调整。预测偏差的调整涉及两个方面：一是采购计划怎样快速调整，二是生产计划怎样快速调整。

首先，采购计划除了需要根据预测调整之外，还要根据采购的提前量、安全库存的策略、采购批量，以及联想在国内多个工厂、多个库存地的实时计划，确定采购计划如何调整和改变。目前，当销售发生调整或者供应商的状况发生变化时，联想集团可以做到在几个小时之内，把几十种产品、几千种物料、面对几百家供应商的计划调整完毕，这样就加快了对市场变化的反应和应对能力。

其次，生产计划的调整。目前联想集团通过电子商务和主要的代理伙伴、代理商和分销商进行合作，基本上每年会有2 000多份订单，联想集团通过这种生产计划系统来快速制定生产计划，并且可以很快地根据这种生产计划提供给供应商比较准确的送料计划，以达到和供应商的协同。

最后，通过销售的预测以及采购计划和销售计划的调整，联想集团一方面可以实现内部快速地对市场供应的变化调整，另一方面通过需求协同，使客户更快地了解整个分销渠道的库存和协调的状况。通过供应商系统可以更好地与供应商实现交货计划、采购订单和预调等方面信息的协同，从而保证从客户端一直到联想集团内部的系统与供应商端实现整体的信息同步。在客户定制方面，客户可以根据自己的选择，自动进行配置，系统可以自动报价，这样客户就可以在网上选择产品，并且可以得到实时的价格以及供货的时间。

资料来源：https://www.asklib.com/view/a911dfb811ee.html.

问题：

1. 联想集团是如何开展采购预测的?
2. 联想集团通过哪些做法确保采购预测的准确性?

案例二：宝钢的供应商管理

在对供应商的管理方面，宝钢采取的是“让市场，不让价格”的供应策略。也就是说，对于重要的关键供应商，可以让渡较大的市场份额，而在价格上谈判的余地不大，从而保证原材料的稳定供应，并和供应商结成一种协作的战略伙伴关系。这种战略伙伴关系的建立有利于宝钢和供应商在技术和资金上有更多的交流和往来，彼此之间的合作性更强。在降低采购成本方面，宝钢主要通过网站使得信息得以充分的披露，使得管理成本大幅度降低。

供应商管理应主要考虑如何与供应链的上游企业实现业务往来间的紧密联系和协同运作，如何既经济又准确地获得最好的战略资源，如何与其结成长期、稳固的战略伙伴，使供应商及其资源能够更有效地参与到产品设计和生产制造甚至是投放市场的过程中，降低成本，减少库存，缩短产品开发、生产和投放市场的周期。宝钢在供应商管理方面，其做法首先是对供应商进行分类。

宝钢根据材料的特性和重要性，把供应商分成四类：战略供应商、一般供应商、简单供应商、一次性采购供应商。其中，战略供应商是宝钢最重要的供应商，从采购量上来看，占整个采购量的60%～70%。这种明确的分类有利于在“让市场，不让价格”的整体策略下对不同的供应商采取不同的策略，从而提高了管理效率，降低了采购成本，保证了供应的及时性和稳定性。

对供应商进行评价，也是宝钢供应商管理中一个重要的环节。建立一套合理、科学的评价体系，对供应商进行定期的评价，并及时地将评价的结果反馈给供应商并采取相应的措施，有助于对供应商的激励，使得最优秀的供应商保留在供应链体系中，保证整个供应链体系的健康运作。宝钢的行业特点使得它在评价供应商时以交货迅速、质量优秀为标准，目前这种标准和要求尚未完全披露。这种评价每年进行一次，并根据评价的结果对供应商的类型重新界定，并且这种评价结果在供应商之间也是透明的。对于战略供应商的选择也是动态的，不同供应商都有机会成为宝钢的战略供应商，也可能被降级，这在供应商之间无疑形成了一种激励和竞争机制，促使供应商努力缩短交货周期，提高产品质量。

为了保证供应的稳定性，降低采购的成本，保证原材料的质量，宝钢对供应商的控制采取了一些积极有效的措施。例如：对于燃料的供应商，采取了股权控制的形式，对于一些重要的矿产进行直接投资，将其直接纳入自己的资源体系中。管理输出和技术参与等方式也是宝钢对重要的供应商实施控制的方法。这些方法的有效运用，使得关键性的供应商始终能够保留在宝钢的供应链中，与宝钢形成一种长期稳定的战略伙伴关系。

资料来源：http：//wenku. baidu. com/link.

问题：

1. 供应商管理对企业有哪些方面的重要作用？
2. 宝钢是如何管理四种不同类型的供应商的？
3. 宝钢的供应商管理措施有哪些可供借鉴的地方？

思考练习

（一）简答题

1. 采购计划编制的步骤有哪些？
2. 采购预算编制的步骤有哪些？
3. 编制采购预算的注意事项有哪些？
4. 编制采购计划的基础资料有哪些？
5. 编制采购预算的原则是什么？

（二）单选题

1. 认证计划的余量需求导致（　　）。

A. 原有采购环境容量缩小　B. 采购容量暂时没有对应供应
C. 采购环境容量小于供给总量　D. 扩大采购环境容量

2. 认证容量需要（　　）。

A. 采购方的确认需求　B. 市场供应与需求的均衡
C. 供应商的市场份额　D. 供应商技术力量支持

3. 以下各项中，不是选择、评价供应商的短期标准的是（　　）。

A. 商品质量合适　B. 价格水平低
C. 供应商内部组织和管理良好　D. 交付及时

4. 供应商审核的最高层次是（　　）。

A. 产品层次　B. 工艺过程层次
C. 质量保证层次　D. 公司层次

5. 在不同类型的供应商关系中，属于最高层次的供需关系的是（　　）。

A. 共度风险的供应商　B. 运作相互联系的供应商
C. 自我发展的伙伴供应商　D. 需持续接触的供应商

6. 采购计划受销售计划和生产计划的影响，这句话（　　）。

A. 正确　B. 不正确　C. 无法确定　D. 以上都对

7. 采购计划编制主要包括两部分内容：采购认证计划的制定和（　　）。

A. 采购物料计划　B. 采购订单计划的制定
C. 采购需求计划　D. 采购工作计划

8. 采购计划包含的内容有（　　）。

A. 计划概要　B. 计划目的　C. 采购人员的安排
D. 采购战略　E. 行动方案

（三）多选题

1. 一个好的供应商应具备（　　）。

A. 正确的经营理念

B. 良好的企业组织结构

C. 完善的质量管理制度和质量管理人员

D. 符合生产要求的机器设备

2. 在供应商认证之前，供应商至少要满足以下条件（　　）。

A. 价格及其他商务条款符合要求

B. 供应商必须与企业有长期合作愿望

C. 必须已有一定时期的合作关系

D. 供应商提交的文件已经通过认证

3. 防止供应商控制的方法包括（　　）。

A. 寻找多家供应商　　B. 更多地掌握信息

C. 全球采购　　D. 进行一次性采购

4. 采购认证计划的程序为（　　）。

A. 准备认证计划　　B. 评估认证需求

C. 计算认证容量　　D. 制定认证计划

5. 处于采购认证中心地位的评估认证需求的内容包括（　　）。

A. 评估市场总需求　　B. 分析开发批量需求

C. 分析余量需求　　D. 确定认证需求

6. 根据内容的不同，总预算可以分为（　　）三类。

A. 财务预算　　B. 决策预算　　C. 采购预算　　D. 业务预算

项目四
采购实施

【学习目标】

知识目标

1. 了解采购方式的种类和适用范围；
2. 了解各种采购方式的采购程序和方法；
3. 了解采购成本的构成及影响因素；
4. 了解采购洽商的内容、流程、技巧及注意事项。

技能目标

1. 能根据采购需求选择不同的采购方式；
2. 能根据不同的采购方式实施采购；
3. 能根据企业采购的实际状况控制采购成本；
4. 能根据洽商目标，制定相应的洽商策略并具体组织简单的采购洽商活动。

【重点难点】

本项目的重点是各种采购方式的程序和方法，难点是采购成本的控制。

任务1
采购方式选择

业务背景

在企业明确了采购需求，确定了采购战略和采购计划后，就可以开展具体的采购工作了。企业的采购部门正是通过这一阶段的努力实现其价值的。无论什么企业，在实施采购时，选择合适的采购方式进行采购显得格外重要。它决定着企业能否有效地组织、控制物品资源，以保证其正常生产和经营并获取较大利润。采购的方式很多，从中选取最方便、最有利的方式是企业实施采购的关键。

导入任务

采购的方式很多，本任务主要通过网络工具的运用及相关案例、视频等资源的利用，使学习者了解各种采购方式及适用的范围，各种采购方式的采购程序和方法，从而帮助学习者根据企业的实际需要选择合适的采购方式，特别是通常采用的招投标方法，从而使企业有可能以更低的价格采购到所需的物资和服务，更充分地获得市场利益。

知识准备

一、采购方式的概念、种类与选择影响因素

（一）采购方式的概念

采购方式是指采购主体获取资源（物品）、工程、服务的途径、形式和方法的总称。

（二）采购方式的种类

采购方式的种类很多，下面仅介绍常用的几种划分标准。

1. 按照货物需求期限划分

（1）现货采购。现货采购是商品交换中即期实现的将货币转化为商品的购买行为。该方式适用于：1）企业生产和经营临时需要的物资；2）企业新产品开发或研制需要的物资；3）设备维护、保养、修理或更新改造所需要的物资；4）企业生产需要的通用件、标准件、易损件，普通原材料及辅料、工具、夹具和低值易耗品等。

（2）远期合同采购。远期合同采购是供需双方为稳定供需关系、实现商品购销而签订远期合同的采购方式。通过合同约定，实现商品的供应和资金的结算，并通过法律和供需双方信誉与能力来保证预定交割的实现。该方式适用于：1）企业生产和经营长期需要的物资，以主料和关键件为主；2）科技开发与产品开发进入稳定成长期后需要的物资；3）国家战略收购、大宗农副产品收购、国防需要的物资等。

（3）期货采购。期货采购是采购企业在交易所买入标准化的、受法律约束的期货合约，在未来的某个时间点、某地点按规定购入货物的采购方式。该方式适用于能进行期货交易的物品。

2. 按照采购权限划分

（1）集中采购。企业在核心管理层建立专门的采购部门，统一组织实施企业所需物品的采购业务。该方式适用于：1）大宗或批量物品、价值高或总价高的物品；2）关键零部件、原材料或其他战略资源，保密程度高、产权约束多的物品；3）易出问题或已出问题的物品；4）最好是定期采购的物品，以免影响决策者的正常工作。

（2）分散采购。分散采购是将企业或企业集团的采购权限分散到下属各个需求单位，需求单位根据自身生产经营需要自行组织实施的采购方式。该方式适用于：1）小批量、单件、价值低，总支出在产品经营费用中所占比重小的物品；2）分散采购优于集中采购的物品；3）市场资源有保证、易于送达、支付较少物流费用的物品；4）分散后各需求单位有采购与检测能力的物品。

3. 按照采购主体完成采购任务的途径划分

（1）直接采购。直接采购是采购主体直接向物品供应单位实施采购的方式。一般指企业从物品源头实施采购，以满足生产经营的需要。该方式适用于：1）企业的采购量比较大，供应商能够接受的物品；2）在没有制度限制及各种特权影响的情况下实施采购的物品；3）采购企业自身有相应的采购和储运渠道、机构与设施等的物品。

（2）间接采购。间接采购，又称委托采购或中介采购，是通过中间商实施采购行为的方式。该方式适用于：1）当地或较近的区域有能够承担采购任务的流通企业或中介组织的物品；2）直接采购的费用和时间大于间接采购的费用和时间的物品。

（3）招投标采购。招投标采购是通过招标的方式邀请全部或一定范围的供应商参加投标，采购实体通过某种事先确定并公布的标准从所有投标者中评选出中标者并与之签订合同的一种采购方式。该方式适用于大多数物品。

（4）电子商务采购。电子商务采购是以计算机技术、网络技术为基础，以电子商务软件为依据，以互联网为纽带，以EDI电子商务支付工具及电子商务安全系统为保障的即时信息交换与在线交易的采购方式。该方式适用于大多数物品。

（三）影响采购方式选择的因素

1. 国家的法律、法规

依法采购是企业选择采购方式最为重要的依据。如《中华人民共和国政府采购法》《军队物资应急采购管理规定》等的颁布，为企业正确选择采购方式提供了重要依据。

2. 企业的采购政策

企业的采购政策会对采购操作提出决策原则和操作框架。例如：物料采购是用集中还是分散机制处理，公开招标、比价、议价的决定原则，国外采购或国内采购的决定原则及办理方式等。

3. 市场供求状况

各种物品在不同时期、不同地域呈现出不同的供求状况，针对不同的供求状况，企业应该选择不同的采购方式。

4. 供求地域分布

通常物品呈现同域供求分布、异域供求分布、近距离供求分布、远距离供求分布四种状态，针对不同的供求地域分布，企业可采取不同的采购方式。

5. 物品需要的特点

企业对于物品的需要主要有三种情况：一是季节性集中需要，宜采用集中采购与远期合同采购的方式；二是均衡需要，宜采用定期采购、定量采购和协作采购的方式；三是零星需要，宜采用分散和随时采购的方式。

采购方式的选择还取决于企业的规模和条件、专业水平、资金情况和储运水平等。

二、招投标采购

（一）招投标采购的概念

招投标采购是一种有组织的购买商品、服务或工程的交易方式。它通过在一定范围内公开购买信息，说明拟采购的货物或项目的交易条件，邀请供应商或承包商在指定的期限内提出报价，再经过比较分析确定最优惠条件的投标人，并与其签订合同。

从采购交易过程来看，它必然包括招标和投标两个最基本的环节。前者是招标方以一定的方式邀请不特定或一定数量的自然人、法人或其他组织投标；后者是投标方响应招标方的要求参加投标竞争。

（二）招投标采购的主要形式

1. 竞争性招标采购

竞争性招标采购，又称公开招标采购，是国际竞争招标采购、国内竞争招标采购的总称，招标人（政府采购中心或其委托的中介机构）在媒体上公开刊登通告，吸引所有有兴趣的供应商参加投标，并按一定的程序选定中标人的一种采购方式。它是政府最常用的采购方式之一，也是企业经常用到的招投标形式。竞争性招标采购有一套完整的、统一的程序，这套程序不会因国家、地区和组织的不同而存在太大的差别。

（1）竞争性招标采购的优点。主要包括：1）有效地实现物有所值的目标。通过广泛的竞争，使采购实体能够得到价廉物美的商品、工程和服务。2）促进公平竞争。特别是国际和国内竞争性招标采购，能使所有符合资格的潜在供应商都有机会参加竞争。3）确保交易公正，维护供应商和采购实体双方的利益。利用竞争性招标采购方式时，采购实体对其采购要求、评标标准和方法等，都要事先通告，在具体操作时都是公开进行的，非常透明。4）减少腐败现象的发生。竞争性招标采购程序规范、操作透明、监督健全，使腐败分子无机可乘。

（2）竞争性招标采购的不足。这种采购方式的不足之处突出表现在以下几个方面：1）竞争性招标采购周期太长，费时太多。从准备招标文件到合同签订，需要很长的时间。因为周期太长，会延误最佳采购时机，有些采购等到合同签订时，原拟购产品早已升级换代，价格或汇率出现了变化等。2）竞争性招标采购需要的文件非常烦琐，而且很难考虑周全。一旦采购实体或供应商有考虑不周全之处，均会处于非常被动的境地，有时采购实体不得不在已耗时做了大量工作后宣布废标。3）竞争性招标采购有可能造成设备规格多样化，影响标准化的实现，并给维修和使用标准备件造成障碍。4）竞争性招标采购缺乏弹性，有时签订的合同并不一定是采购实体的最佳选择。竞争性招标采购的最大特点是其具有不可更改的性质，一旦有了最低评标价的投标，采购实体必须选择它，并不得向中标供应商提出招标文件中已做明确规定以外的任何要求。采购实体在有些时候发现某些供应商的投标设备的确非常好，也愿意购买，但由于该供应商的报价虽没有突破预算但却不是最低评标价，采购实体就不能选择该投标供应商。这种情况的出现对采购实体和供应商都是一种损失。

由此可以看出，尽管竞争性招标采购在公开、公正、公平和竞争性方面有其优势，但由于其自身的缺陷，使得竞争性招标采购虽然是一种较理想的方式，也被世界各国大力推崇，但在实际工作中，真正使用竞争性招标采购方式的却不多。

2. 选择性招标采购

选择性招标采购，又称邀请招标采购，即只有收到了采购实体投标邀请的供应商、承包商或服务提供者才可以参加投标。如《国际复兴开发银行贷款和国际开发协会信贷采购指南》第3.2款规定："有限国际招标实质上是一种不公开刊登广告，而直接邀请投标人投标的国际竞争性招标。"因此，此种采购方法的独特之处在于它允许采购实体不通过广告而直接向有限数目的供应商或承包商发出投标邀请。签约机构经过审查并排除那些不符合技术规格要求以及不符合资格标准的申请人后，向其余申请人（此时称为"候选人"）发出书面投标邀请和合同文本。接到投标邀请的候选人必须在规定的第二个截止日期前呈递其标书（此时，"候选人"成为真正的"投标人"）。选择性招标采购也有其适用条件：

（1）技术复杂或专门性的货物、工程或服务，只能从有限范围的供应商处取得；

（2）采购价值低，研究和评审大量投标书所需时间和费用与拟采购货物、工程或服务的价值不成比例，采购实体只能通过限制投标人数来达到经济和效益的目的。

3. 询价招标采购

询价是指采购规格、标准统一、现货货源充足且价格变化幅度小的货物或服务时所采用的方式。这是为采购合同价值较低的标准化货物或服务所提供的一种简便而快速的方式。经过询价以后，采购人员可以从发回报价的供应商中，首先选取信用可靠、条件优惠者，再对性能、质量、交货等方面做综合比较，然后通过比价以及与供应商的议价，最终确定采购价格。这一过程其实包含询价、比价、议价、定价。企业在采购日常采购品或者对企业不是最为关键的零部件时，一般都可以采用这种方法。

4. 洽商（谈判）采购

洽商（谈判）是确定价格最常用的方式，可以说其他各种采购方式都或多或少地要用到洽商，关于洽商的具体内容，我们会在以后的项目中作详细介绍。

（三）招投标采购的一般程序

这里我们以竞争性招标采购为例来说明招投标采购的一般程序。一个完整的竞争性招标采购由招标、投标、开标、评标、授标与合同签订几个阶段组成。国际限制性招标采购和国内限制性招标采购除了在招标阶段与竞争性招标采购有所不同外，其他步骤及要求和方法基本上与竞争性招标采购相同。

1. 招标

招标程序包括资格预审、准备招标文件、发布招标通告、发售招标文件。招标是竞争性招标采购的第一阶段，它是竞争性招标采购工作的准备阶段，在这一阶段，需要做大量的基础性工作，其具体工作可由采购实体自行办理；如果采购实体因人力或技术原因无法自行办理，可以委托给社会中介机构。

（1）资格预审。对于大型或复杂的成套设备或土建工程，在正式组织招标以前，需要对供应商的资格和能力进行预先审查，即资格预审。通过资格预审，可以缩小供应商的范围，避免不合格的供应商做无效劳动，减少不必要的支出，也减轻了采购实体的工作量，节省了时间，提高了办事效率。

1）资格预审的内容。资格预审包括两大部分，即基本资格预审和专业资格预审。基本资格是指供应商的合法地位和信誉，包括是否注册、是否破产、是否存在违法违纪行为等。专业资格是指已具备基本资格的供应商履行拟定采购项目的能力，具体包括：一是经验和以往承担类似合同的业绩和信誉；二是履行合同所配备的人员情况；三是为履行合同任务而配备的机械、设备以及施工方案等情况；四是财务情况；五是售后维修服务的网点分布、人员结构等。

2）资格预审的程序。一是编制资格预审文件。一个国家或组织通常会对资格预审文件的格式和内容进行统一规定，制定标准的资格预审文件范本。资格预审文件的内容一般包括：采购实体名称、采购项目名称，采购（工程）规模、主要工程量、计划采购开始（开工）、交货（完工）日期、发售资格预审文件的时间/地点和售价，以及提交资格预审文件的最迟日期。资格预审文件可以由采购实体编写，也可以由采购实体委托的研究、设计或咨询机构协助编写。二是邀请潜在的供应商参加资格预审。采购实体一般通过在官方媒体上发布资格预审通告来邀请潜在的供应商参加资格预审。实行政府采购制度的国家、地区或国际组织，都有专门发布采购信息的媒体，如官方刊物或电子信息网络等。三是发售资格预审文件和提交资格预审申请。资格预审通告发布后，采购实体应立即开始发售资格预审文件，资格预审申请的提交必须按资格预审通告中规定的时间，截止期后提交的申请书一律拒收。四是资格评定，确定参加投标的供应商名单。采购实体在规定的时间内，按照资格预审文件中规定的标准和方法，对提交资格预审申请书的供应商的资格进行审查，只有经审查合格的供应商才有权继续参加投标。

（2）准备招标文件。招标文件是供应商准备投标文件和参加投标的依据，也是评标的重要依据，因为评标是按照招标文件规定的评标标准和方法进行的。此外，招标文件是签订合同所遵循的依据，招标文件的大部分内容都要列入合同之中。因此，准备招标文件是非常关键的环节，它直接影响采购的质量和进度。关于招标文件的制作方法，我们将在后文作详细讲解。

（3）发布招标通告。采购实体在正式招标以前，应在官方指定的媒体上刊登招标通告。如果是国际性招标采购，还应在国际性刊物上刊登招标通告，或将招标通告送给有可能参加投标的国家在当地的大使馆或代表处。

从刊登通告到参加投标要留有充足的时间，让投标人有足够的时间准备投标文件。如世界银行规定，国际性招标通告从刊登广告到投标截止之间的时间不得少于45天。工程项目一般为60～90天，大型工程或复杂设备为90天，特殊情况可延长至180天。当然，投标准备期可根据具体的采购内容及时间要求区别合理对待，既不能过短，又不能太长。

（4）发售招标文件。如果经过资格预审程序，招标文件可以直接发售给通过资格预审的供应商。如果没有资格预审程序，招标文件可发售给任何对招标通告作出反应的供应商。招标文件的发售，可以采取邮寄的方式，也可以让供应商或其代理前来购买。如果采取邮寄方式，要求供应商在收到招标文件后告知招标机构。

2. 投标

招标阶段的工作完成以后，采购进入投标阶段。

（1）投标准备。标书发售后至投标前，采购实体要根据实际情况合理确定投标准备时间。投标准备时间确定得是否合理，会直接影响招标的结果。尤其是土建工程投标涉及的问题很多，投标商要准备工程概算、编制施工计划、考察项目现场、寻找合作伙伴和分包单位。如果投标准备时间太短，投标商就无法完成或不能很好地完成各项准备工作，投标文件的质量就不会十分理想，直接影响后面的评标工作。

在正式投标前，采购实体还需要做一些必要的服务工作。一是对大型工程或复杂设备组织召开标前会和现场考察；二是按投标商的要求澄清招标文件，澄清答复文件要发给所有购买招标文件的供应商。

（2）投标文件的提交。采购实体或招标实体只接受在规定的投标截止日期前由供应商提交的投标文件，截止期后送到的投标文件拒收，并取消供应商的资格。在收到投标文件后，要及时通知供应商投标文件已经收到。在开标以前，所有的投标文件都必须密封，妥善保管。

如果采用两阶段招标方法，在投标时，投标商先投技术标书，且在技术标书中不得提及价格因素；再投修改后的技术标书和商务标书。投标文件的内容应与招标文件的要求一致，并对招标文件中的要求作出响应。

3. 开标

投标结束之后就是开标阶段。采购实体应按招标通告中规定的时间、地点公开开标，并邀请投标商或其委派的代表参加。开标前，应以公开的方式检查投标文件的密封情况，当众宣读供应商名称、有无撤标情况、提交投标保证金的方式是否符合要求、投标项目的主要内容、投标价格以及其他有价值的内容。开标时，对于投标文件中含义不明确的地方，允许投标商做简要解释，但所做的解释不能超过投标文件记载的范围，或实质性地改变投标文件的内容。

开标要做开标记录，其内容包括：项目名称、招标编号、刊登招标通告的日期、发售招标文件的日期、购买招标文件单位的名称、投标商的名称及报价、截标后收到标书的处理情况等。

在有些情况下，可以暂缓或推迟开标时间，如招标文件发售后对原招标文件做了变更或补充；开标前，发现有足以影响采购公正性的违法或不正当行为；采购实体接到质疑或诉讼；出现突发事故；变更或取消采购计划；等等。

4. 评标

评标的目的是根据招标文件中确定的标准和方法，对每个投标商的标书进行评价和比较，以评出最低投标价的投标商。评标必须以招标文件为依据，不得采用招标文件规定以外的标准和方法进行评标，凡是评标中需要考虑的因素都必须写入招标文件之中。评标程序分为初步评标、详细评标、编写并上报评标报告、资格后审四个阶段。

（1）初步评标。虽然初步评标工作比较简单，但这却是非常重要的一步。初步评标的内容包括：供应商资格是否符合要求，投标文件是否完整，是否按规定方式提交投标保证金，投标文件是否基本上符合招标文件的要求，有无计算上的错误等。如果供应商资格不符合规定，或投标文件未做出实质性的反应，都应作为无效投标处理，不得允许供应商通过修改投标文件或撤销不合要求的部分而使其投标具有响应性。

经初步评标，凡是确定为基本上符合要求的投标，下一步要核定投标中有没有计算和累计方面的错误。在修改计算错误时，要遵循两条原则：一是如果数字表示的金额与文字表示的金额有出入，要以文字表示的金额为准；二是如果价格和数量的乘积与总价不一致，要以单价为准。但是，如果采购实体认为有明显的错误，此时要以标书的总价为准，并修改单价。如果投标商不接受根据上述修改方法而调整的投标价，可拒绝其投标并不予退还投标保证金。

（2）详细评标。在完成初步评标以后，下一步就进入详细评定和比较阶段。只有在初评中确定为基本合格的投标，才有资格进入详细评定和比较阶段。具体的评标方法取决于招标文件中的规定，并按评标价的高低，由低到高，评定出各投标的排列次序。在评标时，当出现最低评标价远远高于标底或缺乏竞争性等情况时，应废除全部投标。

（3）编写并上报评标报告。评标工作结束后，采购实体要编写评标报告，上报招标委托部门。评标报告应包括以下内容：1）招标通告刊登的时间、购买招标文件的单位名称；2）开标日期、开标汇率；3）投标商名单；4）投标报价以及调整后的价格（包括重大计算错误的修改）；5）价格评比基础；6）评标的原则、标准和方法；7）授标建议。

（4）资格后审。如果在投标前没有进行资格预审，在评标后则需要对第一候选中标供应商进行资格后审。如果审定结果认为该供应商有资格、有能力承担合同任务，则应授予合同；如果认为该供应商不符合要求，则应对第二候选中标供应商进行类似的审查。

5. 授标与合同签订

采购应将合同授予具备最优惠条件的投标商，并要求在投标有效期内进行。定标后，在向中标投标商发中标通知书时，也要通知其他没有中标的投标商，并及时退还投标保证金。

具体的合同签订方法有两种：一是在发中标通知书的同时，将合同文本寄给中标单位，让其在规定的时间内签字退回；二是中标单位收到中标通知书后，在规定的时间内，派人前来签订合同。如果是采用第二种方法，合同签订前，允许相互澄清一些非实质性的技术性或商务性问题，但不得要求投标商承担招标文件中没有规定的义务，也不得有标后压价的行为。

合同签字并在中标供应商按要求缴纳了履约保证金后，合同就正式生效，采购工作进入了合同实施阶段。

（四）招标书的制作

招标书至少应包括以下内容：招标通告、投标须知、合同条款、技术规格、投标书的编制要求、投标保证金、供货一览表和报价表、履约保证金等。

1. 招标通告

招标通告的内容因项目而异，一般应包括以下几部分内容：

（1）采购实体的名称和地址；

（2）采购内容简介，包括采购货物名称、数量及交货地点、需进行的工程的性质和地点或者所需采购的服务的性质和提供地点等；

（3）希望或要求供应货物的时间或工程竣工的时间或提供服务的时间表；

（4）获取招标文件的办法和地点；

（5）采购实体对招标文件收取的费用及支付方式；

（6）提交投标书的地点和截止日期；

（7）投标保证金的金额要求和支付方式；

（8）开标日期、时间和地点。

2. 投标须知

投标须知是具体制定投标的规则，使投标商在投标时有所遵循。投标须知主要包括以下内容：

（1）资金来源；

（2）如果没有进行资格预审，要提出投标商的资格要求；

（3）货物原产地要求；

（4）招标文件和投标文件的澄清程序；

（5）投标文件的内容要求；

（6）投标语言，尤其对于国际性招标，由于参与竞标的供应商来自世界各地，必须对投标语言作出规定；

（7）投标价格和货币规定，对投标报价的范围作出规定，即报价应包括哪些方面；

（8）修改和撤销投标的规定；

（9）标书格式和投标保证金的要求；

（10）投标程序；

（11）评标的标准和程序；

（12）国内优惠的规定。

【实例 4-1】某企业的投标须知

某企业编制的投标须知见表 4-1。

表 4-1　投标须知示例

投标人必须认真阅读以下内容，以免造成投标失败。 1. 关于定标方式 本次招标采用××评标定标的方式。 2. 关于招标文件 2.1　本招标文件仅适用于本次招标公告中所叙述的项目。 2.2　本招标文件中凡标有“★”的地方均被视为重要的指标要求。投标人要特别加以注意，必须对此作出响应并完全满足这些要求。否则，若有一项带“★”的指标未响应或不满足，将按投标无效处理，即废标。 2.3　招标文件的澄清和修改。 2.3.1　招标人对已发出的招标文件进行必要的澄清或者修改的，应当在招标文件要求提交投标文件截止时间至少 15 日前，以书面形式通知所有招标文件收受人。该澄清或者修改的内容为招标文件的组成部分。 2.3.2　招标文件收受人如果要求招标人对招标文件作澄清，或者认为有重要条款无法接受，可以在提交投标文件截止时间至少 15 日前以书面或电报方式（以下电报一词包括电报、电子邮件或传真）通知招标人。 2.4　建议投标人对工程现场和周围环境进行现场考察，以获取那些须自己负责的准备投标和签署合同所需的所有资料。考察现场的费用由投标人自己承担。 3. 关于投标人 3.1　★对投标人的商务要求（投标人必须满足全部商务要求，有重复的，以高的要求为准）：

(1) 投标人要求为注册资金在人民币××万元以上（含××万元）的独立企业法人或事业法人。
(2) 投标人的技术能力……
(3) 投标人的服务……
3.2 关于联合投标……
3.3 投标人必须由法定代表人或其委托代理人（具有法定代表人签署的授权书）携带身份证原件参加投标、开标仪式，在评标过程中随时接受评委就投标文件内容提出的质询，并予以解答。
4. 关于投标文件（以下内容有所删减）
4.1 投标文件的组成和格式。
4.2 投标文件的编写。
4.3 投标文件的签署和印刷规定。
4.4 投标文件的密封、标记和递交。
4.5 投标文件的有效期。
4.6 投标语言及计量单位。
4.7 关于报价。
5. 关于投标费用
投标人需承担与投标有关的自身的所有费用，包括但不限于本招标文件工本费、投标文件准备等费用。无论投标结果如何，招标人在任何情况下不承担、不分担任何类似费用。
6. 关于开标
6.1 招标人按招标公告中规定的时间和地点公开开标。
6.2 开标时，投标人须由法定代表人或其委托代理人参加，并签到证明其出席开标会议，否则视为该投标人自动弃权。
6.3 开标先检查投标文件密封情况，确认无误后拆封唱标。
7. 关于评标和定标
8. 关于中标通知和签订合同
8.1 候选中标人名单在网站上公示3个工作日无异议后确认。
8.2 招标人将以书面形式发出中标通知书。中标通知书一经发出即发生法律效力。
8.3 中标人凭中标通知书与项目采购单位签订合同，并在中标通知书发出之日起30个工作日内正式签订合同。
8.4 招标人收到合同正本后，向其他落标的投标人发出招标结果通知书。
9. 关于废标和招标失败
10. 名词解释
10.1 招标人：××××××。
10.2 投标人：××××××。

3. 合同条款

合同条款包括一般合同条款和特殊合同条款。

(1) 一般合同条款。一般合同条款主要包括一些基本性的规定。货物采购的一般合同条款主要包括以下内容：1) 买卖双方的权利和义务；2) 运输、保险、验收程序；3) 价格调整；4) 付款条件、程序以及支付货币规定；5) 履约保证金的数量、货币及支付方式；6) 不可抗力因素；7) 延误赔偿和处罚程序；8) 合同中止程序；9) 解决争端的程序和方法及适用的法律规定等。

(2) 特殊合同条款。特殊合同条款是因具体采购项目的性质和特点而制定的补充性规定，是对一般条款中某些条款的具体化，并增加了一般合同中未作规定的特殊要求。

货物采购的特殊合同条款主要包括：1) 交货条件；2) 履约保证金的具体金额和提交

方式；3）验收和测试的具体程序；4）保险的具体要求；5）付款方式和货币要求；6）解决争端的具体规定；7）零配件和售后服务的具体要求；8）对一般合同条款的增减等。

在合同的执行中，如果一般合同条款与特殊合同条款出现不一致，要以特殊合同条款为准。

4. 技术规格

技术规格是招标文件和合同文件的重要组成部分，它规定了所购货物、设备的性能和标准。技术规格是评标的关键依据之一，如果技术规格制定得不明确或不全面，就会增加采购风险，不仅会影响采购质量，而且会增加评标难度，甚至导致废标。

货物采购的技术规格一般采用国际或国内公认的标准，除不能准确或清楚地说明拟招标项目的特点外，各项技术规格均不得要求或标明某一特定的商标、名称、专利、设计、原产地或生产厂家，不得有针对某一潜在供应商或排斥某一潜在供应商的内容。

【实例 4-2】某企业的招标货物规格

某企业的招标货物规格见表 4-2。

表 4-2　招标货物规格一览表

项目	招标货物			数量	备注
编号	设备名称	品名、型号	主要配置要求、技术指标		
1	笔记本电脑	ThinkL490	Intel i7－8565U 处理器/8GB 内存/2TB＋128GB SSD 硬盘/无光驱/2GB 独立显卡/14.0 英寸 IPS 屏（1 920×1 080）/3 芯锂聚合物 45Wh/指纹、摄像头、WiFi/Windows 10 Home/一年保修	6	需送货至××
2	笔记本电脑	华为 matebook 13	i7－8565U/8GB/512GB PCIeSSD/MX2502GB/13 英寸 IPS（2 160×1 440）/背光/Linux/2 年银色	10	需预装××操作系统及××软件
3	笔记本电脑	ThinkX1	I5－8250U（1.6GHz－3.4GHz，6MB）/8G/256G SSD/QHD/4CELL _ 42WH/FPR/Thin KB Gen 3B KENG/Win10C/1Yr，无线鼠标，转接头	4	—

5. 投标书的编制要求

投标书是投标供应商对其投标内容的书面声明，包括投标文件构成、投标保证金、总投标价和投标书的有效期等内容。投标书中的总投标价应分别以阿拉伯数字和汉字表示。投标书的有效期是指投标有效期，是让投标人确认在此期限内受其投标书的约束，该期限应与投标须知中规定的期限一致。

【实例 4-3】某企业的投标书

某企业的投标书的格式见表 4-3。

表 4-3　投标书

<table><tr><td>
致：__________
根据你们第______号（招标编号）______（项目名称）招标文件要求，（全名及职衔）经正式授权并以投标人（投标人名称、地址）的名义投标。提交下列投标文件正本 1 份、副本 3 份：
1. 投标报价文件；
2. 技术说明文件；
3. 投标资格文件（复印件附后）；
4. 投标保证金××元；
5. __________（投标文件其他组成部分）。
签字代表在此声明并同意：
1. 我们愿意遵守招标中心招标文件中的各项规定，供应符合“用户需求”所要求的（投标内容），投标单价______人民币。
2. 我们同意本投标自投标截止日起××天内有效。如果我们的投标被接受，则直至合同生效时止，本投标始终有效。
3. 我们已经详细地阅读了全部招标文件及附件，包括澄清及参考文件（如果有的话），我们完全理解并同意放弃对这方面有不明及误解的权利。
4. 我们同意提供招标中心要求的有关投标的其他资料。
5. 我们理解，招标中心并无义务必须接受最低报价或其他任何投标。
6. 所有有关本次投标的函电请寄：__________。

授权代表（签名）：______职　　位：______
投标人名称（盖章）：__________
电　　话：　　　　　传　　真：　　　　　电子邮件：
</td></tr></table>

6. 投标保证金

设立投标保证金的目的是防止投标人在投标有效期内任意撤回其投标，或中标后不签订合同或不交纳履约保证金，使采购实体蒙受损失。投标保证金可采用现金、支票、不可撤销信用证、银行保函、保险公司或证券公司出具的担保书等方式交纳。投标保证金的金额不宜过高，可以确定为投标价的一定比例，一般为投标价的 1%～5%，也可以定一个固定数额。由于按比例确定投标保证金的做法很容易导致报价泄漏，即通过一个投标人交纳的投标保证金的数额可以推算其投标报价，因此，确定固定投标保证金的做法较为理想，有利于保护各投标人的利益。国际性招标采购的投标保证金的有效期一般为投标有效期加上 30 天。

如果投标人有下列行为之一，不予退还其投标保证金：投标人在投标有效期内撤回投标；投标人在收到中标通知书后，不按规定签订合同或不交纳履约保证金；投标人在投标有效期内有违规违纪行为等。

在下列情况下，投标保证金应及时退还给投标人：中标人按规定签订合同并交纳履约保证金；没有违规违纪的未中标投标人。

7. 供货一览表和报价表

供货一览表应包括采购商品品名、数量、交货时间和地点等。境内提供的货物和境外提供的货物在报价时要分开填写。在报价表中，境内提供的货物要填写商品品名、商品简介、原产地、数量、出厂单价、出厂价境内增值部分所占的比重、总价、中标后应缴纳的税费等。境外提供的货物要填写商品品名、商品简介、原产地、数量、离岸价单价及离岸港、到岸价单价及到岸港、到岸价总价等。

8. 履约保证金

履约保证金是为了保证采购实体的利益，避免因投标商违约而给采购实体带来损失。一般来说，货物采购的履约保证金为合同价的5%～10%。工程采购项目的履约保证金如果是提供担保书，其金额为合同价的30%～50%；如果是提供银行保函，其金额为合同价的10%。

（五）评标方法

评标方法很多，具体评标方法取决于采购实体对采购对象的要求，货物采购和工程采购的评标方法有所不同。以下仅介绍货物采购的评标方法。

货物采购常用的评标方法有四种：以最低评标价为基础的评标方法、综合评标法、以生命周期成本为基础的评标方法和性价比法。

1. 以最低评标价为基础的评标方法

在采购简单的商品、半成品、原材料以及其他性能、质量相同或容易进行比较的货物时，价格可以作为评标考虑的最主要因素。以价格为尺度，不是指最低报价，而是指最低评标价。最低评标价有其价格计算标准，即成本加利润。其中，利润为合理利润，成本也有其特定的计算口径：（1）如果采购的货物是从国外进口的，报价应以包括成本、保险运费的到岸价（CIF）为基础。（2）如果采购的货物是国内生产的，报价应以出厂价为基础。出厂价应包括：生产、供应货物而从国内外购买的原材料和零配件所支付的费用以及各种税款，但不包括货物售出后所征收的销售性或类似税款。（3）如果提供的货物是国内投标人早已从国外进口、现已在境内的，应报仓库交货价或展室交货价，该价应包括进口货物时所交付的进口关税，但不包括销售性税款。

2. 综合评标法

综合评标法是指以价格另加其他因素为基础的评标方法。在采用综合评标法时，评标中除考虑价格因素外，还应考虑多种因素，要根据招标文件中的规定和不同的采购情况灵活掌握，但每个因素都必须量化。具体如下：

（1）内陆运费、保险费及其他费用。在计算内陆运费、保险费及其他费用时，可从以下做法中选择任何一种：第一，可按照铁路（公路）运输、保险公司以及其他部门发布的费用标准，来计算货物运抵最终目的地将要发生的运费、保险费以及其他费用，然后把这些费用加在投标报价上。第二，让投标人分别报出货物运抵最终目的地所要发生的运费、保险费以及其他费用，这部分费用要用当地货币来报，同时要对所报的各种费用进行核对。

（2）交货期。在确定交货期时，可根据不同的情况采用下列办法：第一，可以按招标文件中规定的具体交货时间为基准交货时间，早于基准交货时间的，评标时采购实体并不会给予优惠，若迟于基准交货时间，每迟交一个标准时间（1天、1周、10天或1个月等），可按报价的一定百分比换算为成本，然后加在报价上。第二，如果根据招标文件的规定，货物在合同签字并开出信用证后若干日（月）内交货，对迟于规定时间，但又在可接受的时间范围内的，可按每日（月）一定的百分比乘以投标报价再乘以迟交货的日（月）数，或者按每日（月）一定金额乘以迟交货的时间来计算，评标时将这一金额加在报价上。

（3）付款条件。投标人必须按照合同条款中规定的付款条件来报价，对于不符合规定的投标，可视为非响应性投标予以拒绝。但对于大型成套设备的采购，可以允许投标人有不同的付款要求，提出有选择性的付款计划，这一选择性的付款计划只有在得到投标人愿意降低投标价的基础上才能考虑。如果投标人的付款要求偏离招标文件的规定不是很大，尚属可接受的范围，在这种情况下，可根据偏离条件给采购实体增加的费用，按标书中规定的贴现率算出其净现值，加在报价上，供评标时考虑。

（4）零配件的供应及售后服务情况。如果投标人已在境内建立了零配件和售后服务的供应网点，评标时可以在报价之外不另加费用。但是如果投标人没有提供上述招标文件中规定的有关服务，而需由采购实体自行安排和解决的，在评标时可考虑将所要增加的费用加在报价上。

（5）设备性能、生产能力的配套性或兼容性。如果投标人所投标设备的性能、生产能力没有达到技术规格要求的基准参数，凡每种技术参数比基准参数降低的，将在报价基础上增加若干金额，以反映设备在生命周期内额外增加的燃料、动力、营运的成本。

（6）技术服务和培训费用。投标人在标书中应报出设备安装、调试等方面的技术服务费用以及有关培训费，这些费用应加在报价上一并供评标时考虑。

3. 以生命周期成本为基础的评标方法

采购整套厂房、生产线或设备、车辆等在运行期内的各项后续费用（零配件、油料、燃料、维修等）很高的设备时，可采用以生命周期成本为基础的评标方法。在计算生命周期内的成本时，可以根据实际情况，评标时在标书报价的基础上加上一定运行期年限的各项费用，再减去一定年限后设备的残值，即扣除这几年折旧费后的设备剩余值。在计算各项费用或残值时，都应按标书中规定的贴现率折算成净现值。

下面以汽车为例，采用以生命周期成本为基础的评标方法时，应考虑的因素如下：（1）汽车价格；（2）根据投标书偏离招标文件的各种情况，包括零配件短缺、交货延迟、付款条件等进行调整；（3）估算车辆行驶生命周期内所需燃料费用；（4）估算车辆行驶生命周期内所需零件及维修费用；（5）估算生命周期期末的残值。以上（3）（4）（5）所作的估算都应按一定贴现率折算成净现值。

4. 性价比法

性价比法是指按照要求对投标文件进行评审后，计算出每个有效投标人除价格因素以外的其他各项评分因素（包括技术、财务状况、信誉、业绩、服务、对招标文件的响应程度等）的汇总得分，并除以该投标人的投标报价，以商数（评标总得分）最高的投标人为中标候选供应商或者中标供应商的评标方法。具体计算方法如下：

评标总得分$=B/N$

式中，B 为投标人的综合得分，$B=F_1\times A_1+F_2\times A_2+\cdots+F_n\times A_n$；$F_1,F_2,\cdots,F_n$ 分别为除价格因素以外的其他各项评分因素的汇总得分；$A_1,A_2,\cdots,A_n$ 分别为除价格因素以外的其他各项评分因素所占的权重（$A_1+A_2+\cdots+A_n=1$）；N 为投标人的投标报价。

【实例 4-4】综合评标法的运用

综合评标法的运用见表 4-4。

表 4-4　　综合评标法运用实例

一、说明

本次招标的评标采用综合评标法，权重分配为：商务部分权重为 25%，技术部分权重为 45%，价格部分权重为 30%。本次评标是以招标文件为依据，按公正、科学、客观、平等竞争的要求，采用综合评标法，推荐技术先进、质量管理水平高、报价合理、经验丰富、信誉良好、售后服务好及综合实力强的投标人。评标分三个阶段：第一阶段为符合性审查，符合性审查合格的投标才进入后续评审，符合性审查不合格的投标为无效投标，不进入后续评审；第二阶段为商务、技术评审，若评标委员会确定某投标未对招标文件作实质性响应，则该投标视为无效投标，不打分，且不进入后续评审；第三阶段为价格评审，评标委员会应根据评标办法将得分由高至低排序，推荐合计得分最高的前两名投标人为中标候选人，由××依法确定中标人。

参与评标工作的所有人员必须遵守《中华人民共和国招标投标法》及有关招标的政策法规的规定，以确保评标的公平、公正。

二、评标方法

1. 评标委员会组成

本次评标的评标委员会依法由××位评委组成，包括：

(1) 用户代表＿＿＿＿＿人；

(2) 专家＿＿＿＿＿人，专家评委通过随机抽取产生。

2. 职责

评标委员会负责全部的评审工作。任何人不得干预评标委员会的工作。评标委员会下设评标工作小组，主要负责整理、记录等工作。

三、评标程序

1. 符合性审查

评标委员会根据招标文件的“投标须知”对所有投标文件进行符合性审查，检查项目包括：

(1) 投标人的合格性；

(2) 投标文件的完整性，完整的投标文件应包括投标书、投标报价文件、技术说明文件、投标资格文件、投标保证金；

(3) 投标保证金是否为有效签署；

(4) 投标有效期是否符合招标文件要求；

(5) 经营范围是否符合招标文件要求。

2. 商务评审

商务评审部分满分为 25 分，具体如下：

序号	内容	分值
1	商务响应	2
2	售后服务（产品免费质保期限、维护响应、产品的责任保险）	8
3	产品生产企业质量管理水平	8
4	同类项目业绩（产品在国际、国内的应用年限及优秀个案）	3
5	产品生产企业的注册资金	4

3. 技术评审

技术评审部分满分为45分，具体如下：

序号	内容	分值
1	产品电器安全认证（填列最高级别的认证）	6
2	产品主机专利技术	3
3	产品节能认证（填列最高级别的认证）	10
4	产品节电率	5
5	产品自损指标（空载、负载）	5
6	产品内部结构设计规范化	4
7	主要原辅材料质量标准（矽钢片、导线、空气开关、继电器、电缆等）	3
8	产品安全设施	3
9	产品智能化技术	6

4. 价格评审

价格评审满分为30分，为客观计算得分，评分方法如下：

(1) 等于或低于投标基准价的投标得30分。

(2) 投标总价高于投标基准价时，按如下公式计算：

投标商价格得分＝（投标基准价÷投标商的投标价）×30

（投标基准价为平均投标价的平均值，平均投标价为进入价格评审的所有有效投标价的算术平均值。）

5. 计算总分

每个投标的综合得分由以下三部分组成（每个部分得分计算以四舍五入的方式精确到小数点后两位）：

(1) 商务得分：在全体评委的商务评分（各商务细项评分总和）中，去掉一个最高分和一个最低分，取其算术平均值；

(2) 技术得分：在全体评委的技术评分（各技术细项评分总和）中，去掉一个最高分和一个最低分，取其算术平均值；

(3) 价格得分：价格评审的客观计算得分。

综合总得分＝商务得分＋技术得分＋价格得分

按综合总得分由高到低排出有效投标的名次（出现综合总得分并列时，投标价低的名次靠前；若综合总得分和投标价都相同，由全体评委投票确定名次）。

三、电子商务采购

（一）电子商务采购概述

1. 电子商务采购的含义

电子商务采购是指通过互联网发布采购信息，接受供应商网上投标报价，网上开标以及公布采购结果的采购方式。电子商务采购的主要目标是对于那些成本低、数量大或影响业务的关键产品和服务订单实现处理和完成过程自动化。

目前，企业电子商务采购正处于快速成长时期，许多企业出于业务急剧增长和市场竞争的需要，对电子商务采购进行了大量的投资，包括对企业原有管理信息系统的改进和重新构建新的电子商务系统，或者采用第三方企业提供的电子商务采购平台。

相较于传统采购方式，电子商务采购充分利用了互联网技术，并以之为工具，把采购项目的信息公告、发标、投标报价、定标等过程放在互联网上实施，与采购相关的数据和信息实现了电子化。

2. 电子商务采购的优缺点

电子商务采购作为一种先进的采购方式，其优点主要体现在：

（1）大大减少了采购所需要的书面文档材料，减少了对电话、传真等传统通信工具的依赖，提高了采购效率，降低了采购成本。

（2）利用互联网开发性的特点，使采购项目形成了有效的竞争，较好地保证了采购质量和采购价格。

（3）能够实现电子化评标，为评标工作提供了方便，同时能够从一定程度上避免主观因素的不良影响。

（4）由于需要对各种电子信息进行分析、整理和汇总，可以促进企业采购的信息化建设。

（5）能够更加规范采购程序的操作和监督，大大减少采购过程的人为干扰因素。

当然，电子商务采购也有其缺点，比如对供应商的审查不严、售后服务难以保证，以及企业机密的安全性等。但是，随着互联网安全技术的日益成熟和更为严格的企业审查机制的建立，这些问题会逐渐解决。

（二）电子商务采购的一般流程

1. 通过互联网发出订单的一般流程

企业通过互联网发出订单的一般流程如下：

（1）企业采购部员工或申购部门通过一个界面，填写订单并提交。

（2）提交后的订单传递给相应的管理程序，被自动审核，或被相关业务主管审核。

（3）订单被批准后，即发至供应商处，并被执行完成。

如上所说的只是网上订单发出的一般流程，是在已经确定了供应商的基础上，借助网络平台将采购订单发至供应商的，而寻找供应商、签订供应合同的过程可以脱离互联网，也可以通过互联网来完成。

此外，采购申请被批准并形成订单后，在企业外部的传递对电子商务采购的效率影响很大，途径也是多样化的。目前，国际流行的电子商务采购数据的传送途径主要包括：人工向供应商打电话，发送纸质文件或传真订购；向供应商发送电子订单；向供应商提供的网络站点提交订单；利用供应商提供的 ERP 系统；电子交易平台等形式。

2. 通过第三方平台采购的一般流程

第三方提供的采购平台为采购商和供应商提供了一个快速寻找机会、快速匹配业务和快速交易的平台。通过第三方提供的采购平台，供需双方能够快速建立联系，从而使订购和销售都能快速履行。采购商借助这个平台，一方面可以向已有的供应商下订单，另一方面可以寻找新的供应商。通过第三方平台采购的一般流程如下：

（1）在线注册。第三方平台一般都要求借助该平台的企业首先注册成为其会员，以便更好地保障企业的利益，并为企业提供更加完善的服务。有些平台还会对注册企业收取适当的费用。

（2）浏览产品。第三方平台会为企业提供搜索工具，方便企业浏览供应商的产品，以便采购企业尽快找到合适的供应商。

（3）选购产品。在找到所需产品的使用性能、市场参考价格等各项信息后，采购商可以查看产品简介、供应商的详细信息。在确认符合自己需要的产品后，就可以将该产品放入购物车。一般来说，此时，可以随时查看和修改所选购的产品。

（4）订购产品。采购商在确认购物车中的产品后，即可提交订单，订单信息会自动输入第三方平台所提供的系统中，这一信息也将在同一时间内传递到相关供应商处，供应商将对订单作出反应。

（5）划账。在采购商的订单传递到供应商处后，经供应商与采购商沟通确认，就需要采购商将相应的货款预先划账至保证金账户（由第三方平台提供，如阿里巴巴的支付宝账户）。

（6）取货/送货。订单按买卖双方的约定进入买方取货，或卖方送货，或第三方代送货阶段。

（7）结算。采购商对所采购的产品进行验收后，订单进入结算阶段。相应款项从保证金账户被划至卖方账户。

（8）信息反馈。第三方平台收集买卖双方对本次采购业务的评价，并反馈给双方，以便于双方进一步的合作。

（三）网上供应信息的处理

1. 网上供应信息的收集

企业可以通过以下三种方式来收集互联网上的供应信息：

（1）在互联网上的供应信息里面寻找。在信息时代，互联网的使用已经比较广泛了，稍有实力和规模的企业都会建立自己的网站，同时，也会在各种搜索引擎上发布广告，或者刊登自己产品的信息。随着越来越多的商业平台的建立，尤其是以阿里巴巴等电子商务公司对网商的推崇和支持，使得更多的企业能够在网上发布供应信息。

企业可利用互联网提供的搜索功能，以及专业的电子商务网站如中国商贸网所发布的供应信息寻找适合的供应商，然后主动出击。有时候，或许企业所需要采购的产品正好是几家供应商都可以提供的，在这种情况下，一是比速度，二是比质量，三是比信誉，这些方面中的任何一个都可能让采购企业取得最后的胜利。

有些供应商拥有自己的企业网站，它们很可能会在企业网站上设置供应信息栏目，针对这种情况，采购企业可以通过知名搜索引擎进行关键词搜索来发掘有价值的供应信息。

（2）主动发布求购信息。企业可选择知名的B2B电子商务网站，如中国商贸网、阿里巴巴等，注册成为其会员，在网站的采购信息栏中发布求购信息。但并不是发布信息以后就万事大吉，企业就可以在家中等待供应商上门来找。采购企业发布信息时，要定期更新发布的信息。很多从事过网络贸易的采购商表示：刚开始时会经常发布信息，每隔一两天就来更新一下，反馈效果很好，可是过了一段时间，由于忙于其他事务，对此疏忽了，因此反馈效果也不如以前了。其实，隔日更新发布信息是非常重要的，庞大的信息库每天都有成千上万条信息在更新，旧的信息很快会被淹没，如果企业不经常更新信息，那么很多机会可能就会溜走。

（3）收集供应商的相关信息。在网上收集各类供应商的信息并非难事。这里，我们仅列举所需收集的供应商的基本情况，主要包括供应商的全称、企业所在地、营业执照、企业法人、注册资金、主营业务、历史沿革、诚信状况、长期发展策略等。这些信息可以作为采购企业辅助决策的依据。

2. 网上供应信息的筛选

现代社会是信息社会、知识社会，网上的信息多种多样，海量的信息使得市场更透明，同时也使得信息的筛选变得非常重要，即从众多的信息中获取对企业采购最为重要的信息，获取的重要信息越多，企业的收益就越大。而要做到这一点，企业相关人员必须具备一定的信息筛选能力。网上供应信息的筛选，就是企业根据采购需要，对收集到的供应商的各类信息进行分类、排序和综合等。在筛选信息的时候，采购企业需要注意以下几点：

（1）信息的真实性。即能对供应信息的来源进行判断，对伪造来源的供应信息予以鉴别。另外，也要建立有效的责任机制，防止发布信息的人否认其行为，这一点在电子商务采购中是极其重要的。

（2）信息的时效性。信息在一段时间内是有效的，超出一定的时间，信息就会失去原有的价值，因此，时效性是信息的生命。采购企业在筛选网上供应信息时，一定要注意供应时间和信息的有效时间。

总之，采购企业如果能在众多的供应信息中筛选出重要的信息，就一定能给企业带来明显的效益。

（四）电子商务采购模型的功能模块

一般来说，电子商务采购模型的功能模块主要包括采购申请模块、采购审批模块和采购管理模块。这三大模块具有各自不同的功能，各种功能之间互为补充。

1. 采购申请模块

采购申请模块的主要使用者是企业的申购部门。申购部门提出物品需求时，通过此模块向采购部门提出物品的需求计划，包括需求时间、需求数量、质量规格等。该模块的具体功能包括如下几点：

（1）接收申购部门通过电子商务采购系统提出的物品需求计划，并确认收到该需求计划。

（2）接收企业自动订货系统提交的物品采购申请，并给予确认。

（3）接收申购部门通过手工提交的采购申请，但是应通过浏览器登录电子商务采购站点的页面输入该采购信息。

（4）对于已经申请完毕的采购信息，提交给相应的采购审批模块，等待自动审批或者采购主管的人工审批。

2. 采购审批模块

（1）根据企业预设的审批规则自动审核所接收到的采购申请。

（2）对于通过自动审批的低价值物品的采购申请，直接登录仓库管理系统检查库存，如尚有存货，则通知申购部门领用；如没有库存，则通知申购部门，说明申请已被批准，物品采购正在进行。

（3）对于自动审批未获批准的采购申请，应立即通过有效途径通知申购部门，明确告知其采购申请未获批准的原因，并要求其修改申请或重新申请。

（4）对于自动审批无法确定批准或否决的采购申请，应联系采购部门的主管，由该部门主管人工审批。

（5）对于已经通过审批的采购申请，提交给采购管理模块，等待进一步的处理。

3. 采购管理模块

（1）采购管理部门根据历史数据和最新的市场及生产变化情况制定年度或月度采购计划，制定供应商评估标准等业务规则。

（2）对于已经通过审批的采购申请，依据已有的规则确定是立即采购（申购部门急需）还是经过一定数量的积累再批量采购（申购部门非急需）。

（3）对于需要立即采购或已经达到批量采购标准的采购申请，依据业务规则，进入网上招投标程序或者立即生成发给供应商的网上订单。

（4）对于进入网上招投标程序的采购申请，根据竞标结果生成订单。

（5）对于已经生成的订单，依据设定的规则确定是立即发给供应商还是留待采购部门再次审核。

（6）依据预设的发送途径向供应商发出所有订单，如 E-mail、传真、EDI 系统等。

（7）接收供应商发回的订单收到确认信息、供应商提交的产品运输信息和到货信息。如果供应商没有足够的订单容量，需要寻找并选择新的供应商再次发出订单。

（8）任何有权限的企业内部用户都可以查询所提交采购申请的执行情况。

（9）订购产品入库或服务完成后，该模块自动生成凭证，采购部门据此提交相关单据给财务管理部门。

（10）订购产品入库或服务完成后，该模块应通过有效途径告知申购部门申请已经执行完毕。

（11）依据设定的规则，该模块在发出订单时或者产品验收入库后，应通知采购管理部门依据收货单据要求财务部门付款给供应商。

四、政府采购

（一）政府采购的概念

政府采购是指一国政府部门、机构、机关或其他直接或间接接受政府控制的企事业单位，为实现政府职能或公共利益，使用公共资金获得货物、工程和服务的行为。各国政府采购立法对政府采购的定义不尽一致。我国 2002 年 6 月 29 日颁布的《中华人民共和国政府采购法》（以下简称《政府采购法》）对政府采购作了如下定义："本法所称政府采购，是指各级国家机关、事业单位和团体组织，使用财政性资金采购依法制定的集中采购目录以内的或者采购限额标准以上的货物、工程和服务的行为。"对政府采购的定义的理解，应注意以下几个方面：

1. 政府采购主体

作为政府采购主体的政府，不仅包括中央政府、地方政府部门、机构或机关，而且包括受政府控制的公共机构以及国有企业。现代政府采购管理已经从政府领域延伸到公共领域，所以通常也将政府采购称为公共采购。

2. 政府采购资金

政府采购资金主要来源于政府财政拨款，即财政性资金。政府采购资金的构成除了纳税人的税收所形成的公共资金，还包括政府性基金、行政事业性收费、罚没收入、国有资产经营收益、政府接受的捐赠收入，以及财政性资金偿还的借款等。

3. 政府采购对象

政府采购对象包括货物、工程和服务。随着政府采购对象的不断扩大，采购已经不再局限于单纯的购买行为。政府采购的对象已经从货物扩大到工程和服务，工程是指建设工程，包括所有的建筑物和构筑物，而服务的范围是指货物和工程以外的其他政府采购对象，其范围相当广泛，包括专业服务、技术服务、信息服务、课题研究、运输、维修、培训等。

（二）政府采购的特点

政府采购是相对于个人采购、家庭采购、企业采购或团体采购而言的一种采购管理制度，与这些采购相比，政府采购具有以下特点：

1. 政府采购主体的特定性

政府采购主体，即采购实体，一般为依靠国家财政资金运作的政府部门、机关、事业单位和社会团体，以及受政府控制的公共机构和国有企业。

2. 政府采购资金的公共性

政府采购资金来源于政府的财政拨款，即由纳税人的税收和政府公共服务收费所形成的公共资金。这就决定了政府采购与个人采购在采购管理、采购责任等方面有很大的区别。政府采购的目的是实现政府职能和公共利益，是一种非商业营利性活动。

3. 政府采购对象的广泛性

政府采购对象从汽车、家具、办公用品到航天飞机等，既有有形产品，又有无形产品。为了便于管理，国际上通用的做法是按其性质将采购对象分为货物、工程和服务。货物是指各种各样的物品，包括原料、产品、设备、器具等。工程是指在新建、扩建、改建、修建、拆除、修缮或翻新构造物及其所属设备以及改造自然环境，包括建造房屋、兴修水利、改造环境、修建交通设施、铺设下水道等项目。服务是指除货物或工程以外的任何采购，包括专业服务、技术服务、信息服务、课题研究、运输、维修、培训、劳务等。

4. 政府采购方式和程序的法定性

政府采购是公共支出管理的一个重要执行环节，是国家管理经济的一种重要手段。通过政府采购可以进行宏观经济政策的调控，也可以保护本国产品和企业。政府采购的方式和程序是我国《政府采购法》规范的主要内容，必须确保政府采购信息的公开透明，以充分体现公平、公正竞争的原则，接受社会监督。

（三）政府采购的方式和程序

政府采购方式是政府采购主体在进行采购时所使用的方法和依据的程序。政府采购的方式是法定的，政府采购过程必须按照法定的方式和程序进行。国际政府采购规则和各国政府采购法都将政府采购的方式和程序及其适用条件作为规范的重点。

1. 政府采购方式

我国《政府采购法》第26条规定，政府采购方式有：公开招标、邀请招标、竞争性谈判、单一来源采购、询价等方式，并规定了具体的程序和适用条件。简单划分，可以分为公开招标采购和非招标采购。

（1）公开招标采购。我国《政府采购法》明确规定，公开招标应作为政府采购的主要采购方式。公开招标方式要求公开发布政府采购信息，邀请所有符合条件的供应商投标，促进公平竞争，确保交易公正。但是，公开招标的采购方式并不能完全适用于政府采购的所有项目，所以，其他非招标的政府采购方式应运而生。由于公开招标采购周期太长，费时太多，且招标程序复杂，招标文件烦琐，在采购实际工作中，真正使用公开招标方式进行政府采购的一般占30%～40%。从总体上来说，公开招标采购方式所占的比重还将不断下降。财政部关于印发《政府采购竞争性磋商采购方式管理暂行办法》的通知（财库〔2014〕214号）规定竞争性磋商为政府采购的方式。竞争性磋商既能体现充分竞争，又能体现灵活协商，逐渐成为占主导地位的采购方式。

（2）非招标采购。非招标采购的方式主要有：竞争性谈判、单一来源采购、询价、自营工程等。1）竞争性谈判是指采购主体通过与多家供应商谈判，根据谈判结果确定成交供应商的一种采购方式。竞争性谈判作为一种独立的采购方式，已经被广泛应用于政府采购项目中，是除招标方式之外最能体现采购竞争性原则、经济效益原则和公平原则的一种方式，主要适用于紧急采购或者涉及高科技应用产品和服务的采购。2）单一来源采购，即直接采购，是指采购主体直接向单一的供应商采购货物或服务的一种采购方式。一般适用于所购货物或服务只能从唯一供应商处采购，如专利、首次制造，或者原有采购项目的后续采购等特殊情形。3）询价采购是指采购主体向供应商发出询价单，要求供应商在规定的时间报价，采购主体的询价小组在比较供应商报价的基础上确定成交供应商的一种采购方式。询价采购适用于采购货物规格、标准统一、现货货源充足且价格变化幅度小的采购项目。4）自营工程是在土建项目中采用的一种方式，是指采购主体不通过招标或其他采购方式而直接使用当地施工队伍来承建土建工程的一种方式。自营工程在政府采购中是受严格限制的。

采购金额是确定公开招标采购与非招标采购的重要标准之一。一般来说，达到一定金额以上的采购项目，采用公开招标采购的方式；不足一定金额的采购项目，采用非招标采购的方式。除招标限额以下的采购项目采用非招标采购外，招标限额以上的采购项目，如出现紧急采购或者采购来源单一等情形，也需要采用非招标采购的方式。

2. 政府采购程序

政府采购主体在实施采购活动时，需要严格按照法定程序进行。这一要求贯穿在整个采购过程中，包括从采购需要的确定和采购计划的制定，采购计划的审批和采购资金的安排，到适当的采购方法和程序的选择与适用，采购合同的授予与签订，一直到采购合同的履行完毕。实质上，我国《政府采购法》本身就是一个有关政府采购如何进行的程序性法律。政府采购流程在项目一中已阐述，这里不再重复。

相对于传统政府采购制度，市场经济条件下形成的政府采购制度能有效遏止采购中的寻租行为，降低采购代理成本，提高公共支出的效益。目前，我国政府采购过程中仍需要着力完善政府采购的制度环境，建立规范的政府采购法规、管理机构及监督机构，制定统一的采购程序，形成公开的、科学的及有效率的采购模式，以降低制度创新成本。

五、国际采购

随着经济一体化、全球化进程的不断加快，中国经济已融入全球经济之中，中国企业的扩张推动了全球采购的发展，中国在国外的采购规模与外国在中国的采购规模正在逐年扩大，越来越多的跨国公司将其国际采购网络迅速向中国延伸。资料表明，近两年跨国公司在中国的年采购额已突破千亿美元，并呈现逐年递增的态势。在全球经济条件下，企业与企业的竞争，今后将越来越体现为全球供应链与供应链之间的竞争，国际采购与供应链管理已成为企业的核心竞争力。

（一）国际采购概述

1. 国际采购的内涵

国际采购是指利用全球的资源，在全世界范围内寻找供应商，寻找质量好、价格合理的产品或服务，即超过国界，在一个或多个市场领域中购得产品或服务的过程。由于经济全球化带来国际分工的进一步深化，生产过程不断细分化与复杂化，一件产品的生产可能要经过十几道加工环节，其中要转厂好几次，甚至其生产过程会涉及多个国家。跨国公司的管理模式由“纵向一体化”发展为“横向一体化”，这一系列变化赋予国际采购以全新的意义。国际采购从原先的单一企业里的流程成为国际供应网络中决定供应链效率的关键环节之一。

国际采购可以使企业以最具竞争力的方式进行管理，在全球市场上成功地运营，有利于提高产品或服务对消费者（或购买者）的附加值。总之，这一决策与产品的生命周期密切相关，与价格、质量、技术、可用性、创新、标准、设计和样式等因素也相关。因此，国际采购不仅使企业达到购买产品的目的，而且是一个使产品或服务满足最终消费者需要和技术发展的过程，使产品的吸引力、形象、质量和附加利益都得到了提升。

2. 国际采购的流程

由于国际贸易的复杂性和风险性，与国内采购相比，国际采购在企业内部的管理程序和政府监管的手续等方面更加严格，因此，其流程设计也就更复杂。尽管各企业国际采购的执行流程可能会有所差异，但要想成功地进行国际采购，企业通常要遵循一定的采购流程，具体步骤见图4-1。

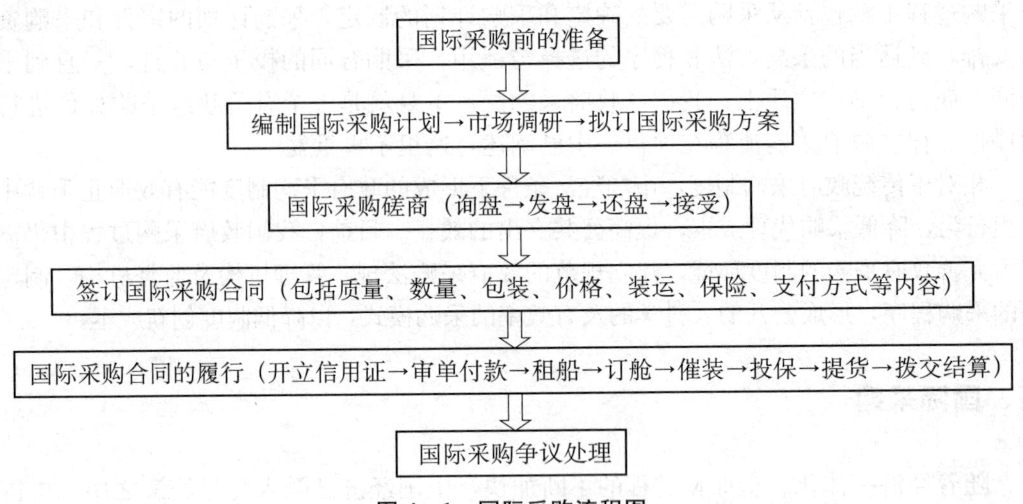

图4-1　国际采购流程图

（二）国际采购的作业模式

1. 国际贸易中介商

当企业决定从国外采购时，如果自身对国外市场不甚了解，缺乏足够的国际采购知识，或者是为了寻求更方便的采购途径等，一般都可以通过国际贸易中介商来完成境外的采购。企业凭借中介商的资源，可以迅速、有目标地采购所需的物资。国际贸易中介商主要有以下几种类型：

（1）进口代理商。采购实体向代理公司支付一定费用，通常以采购总额的百分比来支付，这些进口代理商会根据企业的要求协助企业在世界范围内选择供应商，并办理采购所需的各种凭证或手续。在大多数情况下，所有权会直接转让给采购方，采购方只需就第三方提供的服务给予报酬即可。

（2）销售代理商。一些供应商会在世界许多地区雇用其产品的销售代理人，即销售代理商。由于供应商付给代理商的佣金含在商品价格内，因此他们可以相对灵活地处理量少或低价值的合同。

（3）进口经营商。进口经营商首先和采购企业签订合同，然后进口经营商承担货物的关税及一切中介活动的风险，以自己的名义从国外供应商处购得产品，取得所有权，再将产品运往采购企业指定的地点，然后以商定的价格向采购方开出账单。通过这种方式，采购企业可避免各种进口问题，进口经营商得到的劳动报酬包含在产品价格中。

（4）经纪商。经纪商主要是为不同国家的买卖双方进行联系，其佣金来自买卖双方，不仅站在卖方的利益上寻求最合适的买方，而且站在买方的利益上寻求最合适的供应商。在业务上不包含运输及报关等，一般并不承担任何一方的财务风险。

（5）子公司。一些国际性制造商通常在主要销售国家都会设立子公司。采购企业与这些子公司进行采购业务时，可以使用本地货币计价，也不用交纳进口关税。这些子公司甚至可以为采购方提供信用贷款等，但是产品价格往往要附加一定的服务费用。

（6）贸易公司。这种公司规模较大，其业务经营范围可以涵盖一个或几个国家的产品，并同时可以独立扮演几种角色的中介商。通过贸易公司进行采购一般具有方便、高效以及成本低等特点，但采购企业应对贸易公司进行充分的资信调查。

2. 国际采购办事处

如果企业需要经常在国外采购或是平均每年的采购金额较大，这就有必要建立一个国际采购办事处。其任务是迅速了解当地资源，收集所处市场情报，也就是增加供应商的供应来源。通过对供应商进行实地考察，采购企业可以了解产品品质、性能等并进行实地议价。如果采购企业加入了国际采购协会，这样会了解及获得更多的信息，如当地的缺货风险、劳动供应状况以及政府政策动向等。国际采购协会采用成本中心制，一般以成本加1%～2%来收取服务费用。与其他供应途径比较（如国外贸易中介商或直接采购等），通过国际采购协会更有效率。

3. 直接采购

采购企业直接与供应商交易通常会得到最低的采购价格（包含运输与进口关税），并可免除中介商的加成费，但是必须花费旅行、通信、翻译等附加成本。在这种采购方式下，企业一般都会建立一个采购组织，首先向国内的采购专家寻求建议，然后广泛地搜寻有能力的国际直接供应商，进而对这些供应商进行评估，最终选出合格的供应商。需要注意的是：无论是在交易磋商阶段还是在最后的签订合同阶段，在直接与供应商建立关系的过程中，企业需要进行周密而谨慎的采购分析；如果是采用电子采购方式，还需要格外小心电子商务采购的安全问题。

4. 对销贸易

对销贸易是在易货贸易的基础上发展起来的。任何商品在任何时候进行国际交易时都有可能发生对销贸易，即不是现金或货币的交换，而是商品交换。对销贸易在国际贸易中很常见，通常用于一国缺少外汇或难以筹措到贸易资金，或者两个国家之间的贸易可能存在政治压力等情况。

（1）易货贸易。是指不通过货币而直接进行的货物交换的贸易。通常这种情况发生在贸易双方中的一方或者双方没有或只有有限的外汇，同意用自己的某些商品换得其他商品。由于这种交换属于等值交换，因此业务过程比较简单。在综合易货贸易中，卖方提供一定价值的产品，同时允许买方以部分现金和其他产品作为支付款项。然后卖方将所购货物卖出，或与第三方开展易货。货物经两次转手称为两角贸易，经三次转手就称为三角贸易，以这种方式采购既困难又费时。

（2）抵消贸易。是指在对销贸易中，一方采购的是与政府或军事有关的货物，为促成交易，另一方从客户国购买占一定销售额比例的货物，协议中这一比例通常为50%左右。例如：英国航空公司以军事飞机换取阿拉伯的石油，但这些并不意味着供应商可能需要换来的货物。在有些情况下，从客户国购回的物品还需再卖出。这时购买行为纯粹是为了促成自己的出口，期望能与其他国家建立长期的、互惠互利的关系。

（3）互购贸易。互购贸易要求原出口商在指定时期内从原进口商那里购买一定价值的商品（通常为出口总额的一个百分比）。在互购贸易中，一般是由发达国家提供设备，这对进口国来说，不仅无法得到资金方面的好处，而且要先垫付资金，并且可能承担汇率变动的风险，但这种交易方式可以带动本国货物的出口。

（4）回购贸易。通常是由出口商向进口商提供机械设备或技术，进口商则用这些技术或设备生产出来的产品偿付机械设备或技术贷款的一种贸易方式，又称为直接补偿贸易。其优点为：出口商可以利用直接补偿贸易来推销闲置设备，解决库存积压；进口商可以在不支付或少支付外汇的情况下，得到设备，扩大生产能力，扩大向对方市场的出口。

（5）转手贸易。在转手贸易中，第三方凭借雄厚的资本参与制定双边清算协议，利用自己的资金从逆差国购买货物。通常由贸易代理或贸易公司开展这类业务。

（6）补偿贸易。是指买方以贷款形式购进机器设备、技术知识和专利等，对原有生产规模进行改建、扩建或建立一个新的企业，尽快形成经济规模，使产品达到一定的质量。买方的贷款不以现汇交付卖方，而是在商定的期限内，逐年以所生产的全部或部分产品或双方商定的其他产品或劳务偿还贷款本息。

（三）国际采购的风险

在进行国际采购时，会涉及许多存在问题的区域，称为全球采购风险。随着企业供应从国内采购转向国际采购，采购人员在制定采购战略时必须同时考虑机会和风险。忽视与国际采购相关的风险的企业将失去预期利润，而较精明的企业在采购的同时会实施降低风险和提高价值的策略。在国际采购中，企业所面临的风险主要包括供应商的选择、交货时间、政治风险、汇率波动、付款方式、关税、法律问题等方面，采购企业必须清楚地认识到这些风险，从而采取措施将每一部分的影响最小化。

1. 供应商的选择

企业进行有效采购的关键问题应该是选择高效、负责的供应商。由于得到评估所需的数据既昂贵又耗费时间，做到这一点有时比较困难，当供应商远在千里之外时，这一问题就更突出地表现出来，这个过程充满风险。采购企业在异地他乡，人生地不熟，很容易上当受骗，而且供应商为了自己的利益会使用各种方法诱惑前去调查的采购人员，使其在不知不觉中落入供应商的圈套。获得国际供应商相关信息的方法基本上和获得国内供应商信息的方法相同。

2. 交货时间

运输和通信的发展使国际采购的交货时间缩短，但是以下几方面会使交货时间延长，必须引起采购者的注意。

（1）采购企业首次进行国际采购时通常需要开立信用证，这一般需要几个星期的时间。

（2）虽然交通运输条件有了很大改善，采购企业在运输过程中还是难免会延误几天，尤其是货物还在国外的时候。

（3）货物在港口存放的时间取决于在港口等待卸载的船只数量，而且船只的卸载只有在规定工作时间内才可以进行。

3. 政治风险

受供应商所在国政府问题的影响，供应中断的风险可能会很大。例如：供应商所在国发生战乱或者暴动等。采购企业必须对风险作出估计，如果风险过高，采购企业必须采取一些措施监视事态的发展，以便及时对不利事态作出反应并寻找替代办法。

4. 汇率波动

采购企业在与供应商签订采购协议时，会就采用采购企业国家的货币还是供应商国家的货币进行付款作出选择。一般来说，如果交款时间较短，就不会出现汇率波动问题，选用哪种货币都无关紧要，但是如果交款时间为几个月，汇率就会有较大的波动，此时的价格会随着选用货币的不同而产生较大的出入。由于政治、经济和社会因素的影响，汇率变化相当快，因此在签订合同时，采购企业应该预测从当前到付款这段时间内汇率的变动情况。

5. 付款方式

国际采购在付款方式上有着自己的独特性。出于降低风险的考虑，国际供应商往往要求对方在订货时或发货前支付货款。那些和采购企业已建立长期合作关系的供应商可能同意在赊账的情况下发货，但供应商不会在贷款未支付前就将货物的所有权转让。同国内采购一样，国际采购也要用到一种称为汇票的支付工具。汇票是供应商对采购企业开具的票据，它连同货运单一起寄给供应商所在地的银行，由该银行收回货款。该行将这些单据寄送给采购企业所在地的银行，并附上何时由采购企业付单的说明书。最保守的供应商会要求对方开立信用证。信用证是采购企业所在地的银行应采购企业要求开立的，它保证开证银行在供应商完成了所有规定条件后向供应商支付预先商定的款项。

6. 关税

关税是一个国家对进口货物征收的税金，虽然从理论上讲，世界各国都在通过世界贸易组织来努力削减关税，但是出于保护本国利益的角度，关税仍然存在。采购企业必须了解有关关税的各项条款和税金的计算方法。另外，合同应注明由买方还是卖方支付税金。

7. 法律问题

如果说在进行采购时潜在的法律问题可以称为风险，那么在许多情况下进行国际采购时的风险要比国内采购大得多。如果采购企业对运输时间要求严格，那么就应该拟定为防止延期运送而设置的罚金或辅助消除延期风险的条款，相应的违约处罚条款也是必要的，采购企业也可以选择由银行为指定的违约项目提供担保。由于起诉费用昂贵且浪费时间，越来越多的采购企业选择由国际仲裁机构来解决贸易争端引发的各种问题。

任务2 采购成本控制

业务背景

市场竞争的愈发激烈和资源价格的攀升，使原材料价格不断上涨。由于消费者越发精明，涨价向价值链下游传导变得愈加困难。宏观环境的变化彻底改变了供应市场的格局，产品的生命周期缩短，企业开始进入薄利时代。追求利润最大化依然是企业的目标。在不断进行“开源”的同时，“节流”成了企业战略的重要组成部分，企业必须降低总成本来提高产品在市场上的竞争力。

“采购所节省的每一分钱都是企业的净利润”“采购可以直接或间接地贡献于企业财务业绩的表现”“采购可以帮助企业提升产品在市场上的竞争优势”……因此，降低采购成本成为企业采购工作的主要目标。

导入任务

企业除加强管理、优化组织结构、降低生产成本外，更应注重构成产品的生产资料的采购成本的降低，而企业中各相关部门购进的原辅材料、设备等，都在不同层面影响产品的生产成本和产品质量。本任务通过一个具体的采购实例和企业的采购背景，让学生了解采购成本的构成及影响因素，帮助学生厘清业务层和管理层应从什么角度出发去考虑降低采购价格，从而完成采购成本控制的任务。

知识准备

一、供应价格分析

（一）供应价格的调查

1. 调查范围

企业所使用的原材料、零部件，少则几十种、数百种，多则成千上万种。对于所有需要采购的产品都做供应价格的调查，显然是不可能的。因此，采购人员要对所需采购的产品进行分类，通常用到的是80/20法则，这在前文已有述及，这里不再赘述。如果企业能对占80%采购价值的产品进行供应价格的调查，就足以达到降低采购成本的目的。

2. 信息搜集方式

一般而言，采购人员要花费大量时间来搜集价格信息，足见价格信息的重要性。兵法上也特别强调信息搜集的重要性。供应价格信息的搜集方式主要有以下几种：

（1）上游法。了解所需采购的产品主要由哪些零部件构成，以了解供应商的生产成本和产量信息。

（2）下游法。了解所需采购的产品主要用在哪些地方、什么样的市场价格，即搜集该产品需求量和终端售价的信息。

（3）水平法。应用价值分析，了解所需采购产品的替代品或者新供应商的资料。

3. 信息搜集渠道及方法

采购企业可以通过杂志、报纸、展览会、研讨会、互联网、商品交易所、行业组织、供应商、顾客及同行、企业黄页等来获取信息。不过，由于信息范围广，来源复杂，再加上市场环境变化迅速，因此，采购企业必须尽可能地应用科学合理的方法对已有信息进行梳理，以筛选出正确、及时的信息以供采购决策。

4. 供应价格分析与对比

供应价格分析与对比需要经过有效性确认和合理性分析两个步骤。

（1）有效性确认。首先要确保拿到的报价符合采购企业的质量、技术和规范等方面的要求。采购人员应该在报价要求中清楚列明企业的采购要求，最好是准备一份标准格式的供应商报价表，把采购需求细化到每个部件或功能模块，让供应商按照要求报价，这样能更好地了解供应商的价格水平。一般的供应商报价都会注明有效期，在拿到供应商的报价后，需要确保价格都在有效期内，尤其对于价格变动较为频繁的一些电子产品。

（2）合理性分析。是指通过与合理的价格基准进行比较来评估一个供应商的价格，这不涉及供应商的成本评估。价格分析在竞争条件下是最有效的，在竞争条件下有众多相同或相似的供应商并且隐性成本比较少。通常需要至少三家供应商有效的报价来进行分析。价格研究不是简单地对比供应商的价格，还要求了解供应商的价格结构和策略以明确如何为降低价格做准备。

（二）供应价格的影响因素

供应价格，是指供应商对自己的产品或服务所提出的销售价格。它是供应商针对自己的产品或服务，根据自身的成本和利润情况，单方面提出的。供应价格往往高于最终确定的采购价格。

供应价格通常可以分为供应商的成本结构和市场结构。市场结构对于供应价格的影响一般表现为简单的供求关系。市场结构可能强烈地影响供应商的成本结构，而单个供应商的成本结构则不会对市场结构产生影响。下面，我们分别对成本结构和市场结构加以说明。

1. 成本结构

成本结构是影响供应价格的内在因素，受生产资料的影响，如原材料、劳动力价格、技术水平等。

（1）生产成本。供应商将花费多少钱来提供产品或服务？这包括原材料、劳动力以及间接费用摊派等成本。这是影响供应价格最根本、最直接的因素。可以说，生产成本是供应价格的底线。

（2）规格和品质。规格和品质往往能表明产品的复杂程度和产品的质量。规格复杂、品质要求高，供应价格往往较高。产品简单、技术含量低、品质差，供应价格也会低很多。

（3）采购数量。如果采购数量大，则可以享受供应商提供的数量折扣，从而降低供应价格。

（4）交货条件。交货条件主要包括运输方式、交货期等，如果货物由采购企业负责运输，供应价格就会降低。采购企业也会作出紧急采购，如果交货期短，这时候供应价格就较高，采购企业需做好相应准备。

（5）付款条件。供应商会对一次性全额付款给予现金折扣，虽然采购企业往往不会这样做。但是供应商也会给予相应的期限折扣，采购企业付款越早越及时，供应价格也会相应降低。

2. 市场结构

市场结构是影响供应价格的外在因素。

（1）采购对象的市场供求状况。这是最基本的经济规律。如果市场需求超过了市场供应能力，那么供应价格将上升，反之亦然。

（2）采购时机。这往往是采购企业最难把握的，很多时候都是采购企业刚刚大批量采购某种原料，却面临市场上更低的原料供应价格。有效把握采购时机，需要采购人员紧盯市场变化，并作出预估。

（3）供应同类物品的供应商的数量。这是造成市场竞争激烈程度的重要因素。这样的供应商越多，市场竞争越激烈，供应价格也会随着市场竞争的激烈程度而降低。

（4）客户业务对供应商的吸引程度。如果客户的采购是低值的、不经常的，并且客户总是延迟付款，那么供应商的定价通常较高。如果客户能带来潜在的、显著的销售额增长，或者有及时付款的良好信誉，或者是有声望的企业，那么供应商的定价可能较低。

（5）采购企业与供应商的关系。与生活中常见的“宰熟”相反，如果采购企业与供应商保持着良好的合作关系，往往可以拿到优惠的供应价格。

影响供应商价格的因素随着时间的推移而变化。采购人员应了解主要因素有何动态并主动预测趋势如何发展。

（三）供应商的一般定价方法

了解供应商如何定价，有助于采购部门评估供应商的报价。由上述对供应价格影响因素的分析，供应商的定价方法一般可以分为以下五种。

1. 成本加成定价法

（1）成本加成定价法的基本原理。成本加成定价法是供应商在产品成本的基础上加一个标准的加成来确定价格的方法，这是最基本的定价方法。它以行业平均成本费用为基础，加上规定的销售税金和一定的利润所组成。用公式表示为：

$$\begin{aligned}\text{单位产品出厂价格}&=\text{单位产品制造成本}+\text{单位产品应负担的期间费用}\\&\quad+\text{单位产品销售税金}+\text{单位产品销售利润}\\&=\text{单位产品制造成本}+\text{单位产品销售利润}+\text{单位产品出厂价}\\&\quad\text{格}\times(\text{期间费用率}+\text{销售税率})\end{aligned}$$

即：

$$\begin{aligned}\text{单位产品出厂价格}&=\frac{(\text{单位产品制造成本}+\text{单位产品销售利润})}{(1-\text{期间费用率}-\text{销售费用率})}\\&=\frac{\text{单位产品制造成本}\times(1+\text{成本利润率})}{(1-\text{期间费用率}-\text{销售税率})}\end{aligned}$$

式中，期间费用包括管理费用、财务费用和销售费用。期间费用率为期间费用与产品销售收入的比率，可以用行业水平，也可以用企业基期损益表的数据。

销售税金是指产品在销售环节应缴纳的消费税、城市维护建设税及教育费附加等，但不包括增值税。销售税率是这些税率之和。销售利润可以是行业的平均利润，也可以是供应商的目标利润。成本利润率是销售利润与制造成本的比率，即加成比例。这是成本加成定价法的关键。

【实例4-5】某企业生产一种产品，预计单位制造成本为100元，行业平均成本利润率为25%，销售税率为0.7%，企业基期的期间费用为500 000元，产品销售收入为5 000 000元。试用成本加成定价法计算出厂价格。

分析：

$$出厂价格=\frac{100\times(1+25\%)}{(1-500\ 000/5\ 000\ 000-0.7\%)}=140（元）$$

（2）加成率的选择。目前最常用的有两种，即成本利润率和资金利润率。这两种加成率各有优缺点。1）成本利润率反映了已耗用资金与利润的关系，计算比较简便，但转移价值对利润的影响过大，容易造成耗料多、配件多的产品利润率高，处于加工末端的部分利润高的现象，这样既会使利润分配不合理，又不利于节约物料。2）资金利润率反映了资金占用与利润的联系，但是使用资金利润率不能直接促进节约资金和加速资金周转，而且确定各产品的资金占用额比较困难。

（3）成本加成定价法的优缺点。1）优点：产品价格能保证企业的制造成本和期间费用得到补偿后还有一定利润，产品价格水平在一定时期内较为稳定，定价方法简便易行。2）缺点：忽视了市场供求和竞争因素的影响，忽略了产品生命周期的变化，缺乏适应市场变化的灵活性，不利于企业参与竞争，容易掩盖企业经营中非正常费用的支出，不利于企业提高经济效益。

成本加成定价法很容易计算，但它有缺陷。效益显得与成本而不是与销售有关，而且价格与消费者的需求也不是紧密联系在一起的，看不到因为成本增加而进行的调整，也看不到利用过剩生产能力的计划。在提高效率、降低成本方面没有什么优势，极少分析边际成本。

2. 目标利润定价法

目标利润定价法是指运用量本利分析原理，在保证目标利润的条件下确定产品出厂价格的方法。计算公式为：

$$产品出厂价格=\frac{单位变动成本+单位固定成本}{1-销售税率}+\frac{目标利润}{预计销售量\times(1-销售税率)}$$

$$目标利润=（单位变动成本+单位固定成本）\times预计销售量\times成本利润率$$

$$产品出厂价格=\frac{(单位变动成本+单位固定成本)\times(1+成本利润率)}{1-销售税率}$$

【实例4-6】某产品预计销售量为2 000件，固定成本为200 000元，单位变动成本为40元，目标利润为80 000元，销售税率为0.7%。采用目标利润定价法，该产品的出厂价格可定为多少。

分析：

$$产品出厂价格=\frac{40+200\ 000/2\ 000}{1-0.7\%}+\frac{80\ 000}{2\ 000\times(1-0.7\%)}\approx181.27（元）$$

目标利润定价法与前面介绍的成本加成定价法是有区别的。差别在于：成本加成定价法计算公式中的成本只是制造成本，不包括期间费用；而目标利润定价法计算公式中的成本包括制造成本和期间费用。相应地，两个公式中的成本利润率也有所不同。

3. 市场竞争定价法

市场竞争定价法是指供应商根据市场上同类商品竞争结果的可销零售价格，反向计算而确定出厂价格的方法。计算公式是：

产品出厂价格＝市场可销零售价格－零批差价－批进差价
＝(同类产品市场基准零售价格±产品质量规定差价)
×(1－零批差率)×(1－批进差率)

式中，在“同类产品市场基准零售价格”上加上或减去“产品质量规定差价”，是指在使用这种方法时，要将本企业商品的质量、品种、规格、包装等与同类竞争商品进行充分比较，确定应加价还是减价。零批差价是指同一商品在同一市场、同一时间内零售价格与批发价格之间的差额。零批差价与零售价格之比称为零批差率。批进差价是指同一商品在同一市场、同一时间内批发价格与出厂价格之间的差额。批进差价与批发价格之比称为批进差率。

【实例 4-7】 某公司的新产品与市场上同类产品相比，性能明显优越，可以上浮 5%差价，同类产品市场零售价格为 3 000 元，零批差率为 10%，批进差率为 5%，试问该新产品出厂价格应该定为多少。

分析：

出厂价格＝3 000×(1＋5%)×(1－10%)×(1－5%)＝2 693.25（元）

这种定价方法着眼于市场，考虑了市场的供求和竞争因素的影响，能够较好地适应市场，有利于企业参与竞争。但是，这种定价方法与企业成本费用脱节，不一定能保证企业要求的利润。

4. 投标定价法

这是通过公开的招标竞争来定价的方法，通常应用于政府采购，现在也普遍应用于企业采购。供应商在投标时对招标方的要求作出响应，并根据自己的生产经营实力以及市场竞争状况提出报价，招标方在综合比较各供应商的报价及相关服务的基础上确定最后的中标方，这样的价格确定方法称为投标定价法。

5. 弹性定价法

弹性定价法，即需求弹性定价法，是指根据产品需求弹性系数（产品销售价格变化所引起销售量变化的程度）来确定产品价格的一种方法。

一般情况下，当产品的需求弹性小或需求无弹性时，提高价格会增加总销售收入，降低价格会减少总销售收入。当产品需求弹性大时，提高价格会减少销售量，进而减少销售收入；降低价格会增加销售量，进而增加销售收入。产品需求弹性、需求量（或销售量）与价格的关系如下：

$$P=KQ^{1/E}$$

式中，P 为产品价格，K 为常数，Q 为销售量（需求量），E 为需求弹性系数。

需求弹性系数 E 的计算公式为：

$$E=\frac{(Q_1-Q_0)/Q_0}{(P_1-P_0)/P_0}$$

式中，Q_0 为原来售价的销售量，Q_1 为新售价的销售量，P_0 为原来的售价，P_1 为新售价。

系数 K 可按下面的公式计算：

$$K=P_0Q_0{}^{-1/E}$$

【实例 4-8】 某企业生产某产品，根据历史资料和调查预测，当价格为 100 元时，每月可销售 1 000 件，当价格下降为 90 元时，每月可销售 1 400 件，试问要使该产品销量达 2 000件，出厂价格应该定为多少较合适。

分析：

$$E=\frac{(1\ 400-1\ 000)/1\ 000}{(90-100)/100}=-4$$

$$K=100\times 1\ 000^{-1/(-4)}=562.34\text{（元）}$$

$$P=562.34\times 2\ 000^{1/(-4)}=84\text{（元）}$$

（四）供应商的成本分析

1. 供应商成本分析的内容

成本分析是指对供应商所提报价而作的成本估计。成本分析要求对供应商的产品成本逐项审查及评估，以求证成本的合理性与适当性。通常，成本分析应包括工程或制造的方法、所需的特殊设备工具、直接及间接材料成本、直接及间接人工成本、制造费用或外包费用、税费及供应商的合理利润等。

换言之，成本分析也就是查证前述各项资料的真实性，这包含两项工作：一是会计查核工作，必要时，可查核供应商的账簿和记录，以验证所提供的成本资料的真实性；二是技术分析，是指从技术角度对供应商的成本资料进行评估，包括制造技术、品质保证、工厂布置、生产效率及材料损耗等，此时采购部门需要技术人员的协助。

2. 供应商成本分析的运用

（1）成本分析的难点。通常在以下情况下采购人员要求进行成本分析：1）确定底价非常困难。对于供应商来说，底价是其愿意出售的最低价格；而对于采购企业来说，底价是其愿意购买的最高价格。采购企业知己容易，知彼难。2）难以确定供应商的报价是否合理。如果供应商的产品中需要使用一些价格变动幅度较大的物料，则几乎很难确定供应商的报价是否合理。

（2）成本分析能力的增强。采购人员要增强成本分析能力，可以从以下几个方面着手：1）不断积累并利用自己的工作经验；2）向供应商学习，了解其学习曲线（下文述及）；3）养成分析成本、比价和议价的习惯。

（3）成本分析的步骤。成本分析旨在降低成本、价格，其步骤一般如下：1）确认供应商的产品设计是否符合规格要求；2）确认供应商所使用材料的特性与必要性；3）计算不同方案的使用材料成本；4）提出改善建议；5）选定最合适的设备、工具；6）对加工工时的评估；7）压缩制造费用、利润空间等。

（4）成本分析的注意事项。进行成本分析时要注意以下几点：1）利用自己或他人已有的经验；2）应用会计查核手段；3）利用技术分析方法；4）向同类采购商学习；5）建立成本计算经验公式；6）提高议价技巧。

3. 供应商成本分析表

供应商成本分析表通常有两种方式。

（1）各报价供应商自行提供。这种方式会因各厂商之间报价的内容或成本分析的项目很难达成一致，而增加采购人员将来议价、比价工作的困难，甚至有些供应商可能会避重就轻，这种成本分析表所能提供的效益比较有限。

（2）由采购企业事先编制制式表格。采购企业可以在制式表格里规定好报价内容与项目，并予以事先规划，各供应商报价基础完全一致，不会发生参差不齐的现象，使比价工作事半功倍。但是，如果对产品的成本构成不是特别了解，也容易遗漏一些重要的报价项目。表 4-5 是某企业对三家供应商进行的成本分析。

表 4-5 **供应商成本分析表** 单位：元/平方米

项目		供应商		
		A公司（年产量3万平方米）	B公司（年产量10万平方米）	C公司（年产量8万平方米）
原料（××）		27.45	63.24	44.56
辅料（××）		1.80	5.00	2.00
燃料动力（煤、电、水）		1.50	2.00	1.80
人工工资		11.50	8.20	8.00
制造费	修理费	1.00	1.00	1.00
	折旧费	3.00	2.65	2.60
管理费		3.00	1.50	2.00
财务费		0.40	1.90	0.80
林业规费		15.50	2.00	2.00
税收			11.00	8.12
成本合计		65.15	98.49	72.88
报价（10%的加成）		71.665	108.339	80.168

（五）供应商的学习曲线

1. 学习曲线的概念

学习曲线，又称经验曲线，所描绘的是生产数量与生产这些数量所需工时之间的经验关系，其基本概念是随着产品累计产量的增加，单位产品的成本会以一定的比例下降。这种单位产品成本的下降和企业的规模效益没有关系，而是单纯的学习效益。这种学习是指某产品在投入生产的初期，由于经验不足，产品的质量保证、生产维护等需要较多的投入，从而带来较高的成本。随着累计产量的增加，所需投入的人、财、物等方面逐渐减少，工人的操作也越来越熟练，质量越趋稳定，前期生产学习期间的各种改进逐步见效，因而成本不断降低。

一家工厂生产某种产品的数量越多，员工就能够更多地了解如何生产该产品，从而在生产中获得的经验也就更多。那么，在以后的生产中，企业可以有目的地并且较为准确地减少该产品的生产成本。每当企业的累计产量增加一倍时，其生产成本就可以降低一定的百分比（百分比的具体大小因行业不同而有所差别）。采购人员可利用学习曲线来分析供应商的学习曲线对单位成本的影响，并以此为手段来分析采购成本，从而降低采购价格。

学习曲线可以用于个人和组织，但最适合用于重复制造的复杂产品。当人们重复同一工作并从自己的作业经历中获得技能和提高效率时，个人的学习能力将得到提高，这就是所谓的熟能生巧。组织的学习能力同样来源于实践，但也来源于管理、设备和产品设计等方面的变化。在组织学习中，我们期望能够同时达到两种学习能力的提高，我们通常用一条学习曲线来描述两者相结合的结果。

【实例4-9】 某数码电子有限公司有一条手动插件生产线，该生产线有35名员工，手工插14英寸液晶电视主板。当产量为1～1 200块时，每块主板的单位生产成本为9元；当产量为1 201～2 400块时，每块主板的单位生产成本为8.1元；当产量当到3 600块时，每块主板的单位生产成本应为多少？

分析：

随着产量的累积，单位生产成本从9元降到8.1元，幅度为0.9元，因此该手工生产线的学习曲线为90%。那么当产量达到3 600块时，该主板的单位生产成本应该是：8.1×90%=7.29（元）。

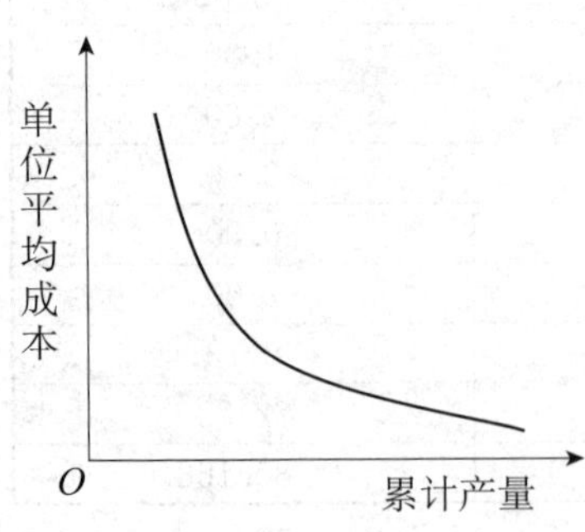

图4-2 学习曲线基本模型

2. 学习曲线的基本模型

学习曲线反映了累计产量的变化对单位产品成本的影响，累计产量的变化率与单位工时或成本的变化率之间保持了一定的比例关系（见图4-2）。

3. 学习曲线的应用

（1）学习曲线的应用条件。学习曲线和其他管理方法一样，其应用是有条件的。首先需要满足两个基本假定：一是生产过程中确实存在学习曲线现象；二是学习曲线的可预测性，即学习现象是有规律的。此外，还要认识到学习曲线与产品成本降低之间既有联系，又有矛盾。不能片面地认为只要产量持续增长，成本就一定会下降。因为企业还要重视供应商其他方面的情况。

（2）学习曲线在采购中的应用。对于采购企业来说，应用学习曲线来分析供应商的成本可以适用于以下情况：1）供应商按采购企业的要求制造零部件；2）涉及需要大量投资或新添加设备设施的产品生产；3）需要开发专用的模具、检验器具或检测设施等，以至于不能同时向多家供应商采购；4）直接劳动力成本占总成本的比重较大。

二、整体采购成本分析

（一）采购价格的确定及控制

1. 采购价格的确定

品质第一，服务第二，价格第三，这是企业在通常情况下对于采购任务的基本要求。采购价格是采购企业为获得某项产品或服务而直接支付的成本，一般不包括存储费、信息费等。采购价格以能达到适当价格为原则，尽管价格也是采购中非常重要的一个因素，但不能因此而过分重视，如果不能确保适当的品质、数量和可靠供应的话，价格高低也就没有意义。所以，无论采购价格多么低廉，都不足以表明为企业节约了成本。

采购价格一般经过采购企业与供应商的讨价还价之后确定，往往要比供应商提出的供应价格低一些。采购价格里可能包含送货上门的费用，也可能包含一定时期内采购商所享受的售后服务，甚至包含一部分使用成本等。

特别需要说明的是：采购价格不同于采购成本。采购成本的范围要广得多，除了采购价格，还包括运输费、保险费、仓储费、质量费用、利息费用等，而这些都是作出采购决策时必须考虑的。

2. 采购价格的控制

（1）采购价格控制的常用方法。具体有以下几种：

1）确保采购规范的通用和标准化，保证尽可能多的备选供应商，以增强竞争激烈程度。市场竞争状况直接影响价格水平。客户化的采购规范会限制合格的供应商数量，从而减少竞争，导致采购价格上升。采购人员需要和研发设计部门保持密切合作，在早期的设计阶段参与规范的讨论，保证供应商早期参与，从源头控制好价格。

2）充分运用采购杠杆。集中企业采购需求来提高采购企业的议价能力。规模效益可以提高采购企业的议价能力。对于组织比较分散的情况尤其适用，把分散的需求集中起来，再与供应商谈判通常能拿到更好的价格。杠杆的运用不仅仅局限于组织内部，也可以是若干家企业联合进行采购，如若干学校或医院联合起来降低采购成本。

3）确保合同中价格控制条款的运用。一般在合同中都会规定保证最低价格的条款，供应商保证在同等条件下组织采购某类产品的价格不高于供应商给其他客户的价格。这能充分保障企业采购价格的竞争性，同时企业应把成本降低目标写入采购合同，以保证价格的持续降低。

4）对于供应商有限的情况。对只有一家供应商能够满足企业需求的情况，采购企业需要加强对供应商的了解，维持良好关系和价格合理性；对有几家供应商可选，但采购企业决定只选择某一家供应商的情况，采购企业应充分了解市场价格信息，通过谈判争取更好的价格，必要时开发备选供应商。

（2）价格变动的管理。1）首先采购企业应及时了解市场价格信息，主动做好相应准备。2）对于供应商价格上涨的请求，采购人员要按照合同条款处理，同时考虑实际的具体情况。供应商自己的原因导致的，需要供应商自己承担风险；采购企业的原因导致的，如图纸或制造方法变更等，需要供应商提供书面的文件，证明价格变动的合理性。在采购企业审批同意后实施。确实由于原材料或汇率变动等外界因素导致价格发生变动时，首先要求供应商提供书面文件，出示具体的相关证据，而且证明供应商已经采取其他必要的行动来提高生产效率，减少价格上涨的可能，在充分协商的基础上可以考虑同意合理的请求部分，并保留将来成本降低时要求降低采购价格的权利。3）市场价格降幅较大时，要及时协商，相应调整采购价格，保证企业产品的市场竞争力。

（3）价格控制的注意事项。价格控制是采购专业人员主要的考虑因素，但采购管理专业人员不应忽视高质量、准时交付、供应稳定和关键服务等问题。采购人员应该注意不要把价格降得过低而导致供应商的损失。供应商应能将成本控制在预算范围之内，并获得合理的利润以保证正常的研发投入，提供给企业有益的革新方案，促进整体供应链竞争力的不断提升。长期的损失会影响供应商的长期发展和双方的关系，从而影响长期合作。而且随着市场的不断变化，采购管理人员在谈判中的优势地位也会发生改变。

（二）战略采购成本

1. 战略采购成本的含义

除一般采购成本外，企业还应考虑原材料或零部件在本企业产品的生命周期过程中所发生的成本，即战略采购成本。它包括在市场调研、自制或采购决策、产品预开发与开发中的供应商参与、供应商交货、库存、生产、出货测试、售后服务及维修等整个供应链中各环节所产生的费用（见表4-6）。

表4-6　　某企业采购玻壳时的战略采购成本

序号	项目	单位费用（元）	该项目占总采购成本之比（%）	备注
1	玻壳采购价	37.2	54.31	
2	运输费	5.97	8.72	
3	保险费	1.96	2.86	
4	运输代理	0.03	0.04	
5	进口关税	2.05	2.99	
6	流通费用	0.41	0.60	
7	库存利息	0.97	1.42	
8	仓储费用	0.92	1.34	
9	退货包装等费用摊销	0.09	0.13	
10	不合格品内部处理费用	0.43	0.63	
11	不合格品退货费用	0.14	0.20	
12	付款利息损失	0.53	0.77	

续前表

序号	项目	单位费用（元）	该项目占总采购成本之比（%）	备注
13	玻壳开发成本摊销	6.2	9.05	
14	给供应商的专用模具摊销	5.6	8.18	
15	包装投入摊销	6	8.76	
16	其他费用	0	0	
17	总计	68.5	100	

2. 战略采购的原则

战略采购的好处就在于充分平衡企业内外部优势，以降低整体成本为宗旨，涵盖整个采购流程，实现从需求描述直至付款的全程管理。战略采购包括以下几个重要原则：

（1）关注总体成本。成本最优往往被许多企业的管理者误解为价格最低，只要购买价格低即可，很少考虑使用成本、管理成本和其他无形成本。采购决策的依据就是单次购置价格，例如购买一台复印机，采购的决策者如果忽略了采购过程中发生的电话费、交通费、日后维护保养费用、硒鼓或纸张等消耗品情况、产品更新淘汰因素等而只考虑价格，采购的总体成本实际上是没有得到控制的。采购决策影响着后续的运输、调配、维护、调换乃至产品的更新换代，因此决策者必须考虑总体成本，必须对整个采购流程中所涉及的关键成本环节和其他相关的长期潜在成本进行评估。

（2）依靠事实和数据信息。战略采购过程不是对手间的谈判，而应该是一个商业协商的过程，协商的目的不是一味比价压价，而是基于对市场的充分了解和企业自身长远规划的双赢沟通。在这个过程中需要通过总体成本分析、第三方服务供应商评估、市场调研等为协商提供有力的事实和数据信息，帮助企业认识自身的议价优势，从而掌握整个协商的进程和主动权。

（3）双赢的合作理念。采购的终极目标就是建立双赢的战略合作伙伴关系，但是双赢理念一般很少用在采购中，更多的企业管理者更喜欢单赢，喜欢在采购的过程中总是我方为刀俎，他人为鱼肉。事实上双赢是“放之四海而皆准”的真理，它在战略采购中也是不可或缺的因素，许多发展势头良好、起步较早的企业一般都建立了供应商评估与激励机制，通过与供应商长期稳定的合作，确立了双赢的合作基准，取得了非常好的效果。在现代经济条件下，市场单靠一两家是不可行的，企业间必须讲求“服务、合作、双赢”的模式，互为支持、共同成长。采购企业和供应商本身存在一个相互比较、相互选择的过程，双方都有议价优势。采购企业如果对供应商所处行业、业务战略、运作模式、竞争优势、长期经营状况等有充分的了解和认识，就可以帮助企业发现机会，在双赢的合作中找到平衡。现在，已有越来越多的企业在关注自身所在行业发展的同时，开始关注第三方服务供应商相关行业的发展，考虑如何利用供应商的技能来降低成本、提升市场竞争力和满足客户需求。

3. 战略采购的实施

（1）集中采购。通过集中采购来增强议价能力，降低单位采购成本，是一种基本的战略采购方式。目前，虽有企业建立了集中采购部门进行集中采购规划和管理，以期减少采购物品的差异性，提高采购服务的标准化，减少后期管理的工作量，但很多企业在发展初期因采购量和种类较少而无法开展集中采购。随着企业的集团化发展，就会出现分公司各自为政的现象，这在很大程度上影响了采购优势。因此，坚持集中采购方式是企业经营的根本原则之一。

（2）寻找上游供应商。通过扩大供应商选择范围引入更多的竞争、寻找上游供应商等来降低采购成本是非常有效的战略采购方法，这不仅可以帮助企业寻找到最优的资源，而且能保证资源的最大化利用。

（3）优化采购流程。制定明确的采购流程有助于企业实现对采购的控制，通过控制环节（要素）避免漏洞，实现战略采购的目的，流程可采用的要素有：货比三家、引入竞争机制，发挥公开招标中供应商间的博弈机制，选择最符合自身成本和利益需求的供应商；通过电子商务方式降低采购处理成本（交通、通信、运输等费用）；通过批量计算合理安排采购频率和批量，降低采购费用和仓储成本；对供应商提供的服务和产品进行“菜单式”购买。需要注意的是：供应商提供的任何服务都是有价的，只不过是通过直接或间接的形式包含在价格中。企业可以通过“菜单”选择所需的产品及服务，这种办法往往更能有效降低整体采购成本。

（4）产品和服务的统一。企业在采购时，应充分考虑未来储运、维护、消耗品补充、产品更新换代等环节的运作成本，致力于提高产品和服务的统一程度，减少差异性带来的后续成本。这是技术含量更高的一种战略采购，是整体采购优化的充分体现。采购产品差异性所造成的无形成本往往被企业忽略，这需要企业决策者的战略规划以及采购部门的执行连贯性。

战略采购是企业采购的发展方向和必然趋势。在企业创业之初由于采购量和种类的限制，战略采购的优势并不明显，但在企业向更高层次和更大规模发展的过程中优势会日益明显，有远见的企业应该在发展之初就构建战略采购框架，实施战略采购。

（三）质量成本

1. 质量成本的概念

（1）质量成本的定义。质量成本是指为控制产品能维持在一定的质量水平状况下所支付的各项成本，以及因为不能达到此项质量水平而造成的各项损失成本的总和。质量成本是产品成本的一部分。《质量成本管理导则》（GB/T13339－91）中对质量成本的定义是：将产品质量保持在规定的水平上所需的费用，它包括预防成本、鉴定成本、内部损失成本和外部损失成本，特殊情况下还需增加外部质量保证成本。

质量成本已成为越来越多的采购企业在供应商管理中的重要评估指标。但在实际操作过程中，质量与成本之间却存在矛盾：一方面，采购企业希望在满足质量要求的前提下，尽可能降低采购价格，然而采购成本的一味降低却导致供应商选用质量较差的原材料，质量问题频繁发生，成本增加；另一方面，当采购企业要求提高产品质量时，却面临着供应商提价的要求。如何在采购中平衡成本与质量的关系、如何管理采购中的质量成本，这已经成为采购人员的挑战。

（2）采购中的质量问题。采购过程中的质量问题主要来自两个方面：原材料质量问题和供应商质量问题。1）原材料质量问题。原材料质量问题主要体现在原材料的品质和产品交货方面。原材料的品质问题表现在两个方面：一是购入的原材料本身品质低劣，某些性能指标不能达到采购企业的规格要求；二是由于客户或采购方变更采购要求，而使现有的元器件无法满足新的质量标准。在产品交货方面，质量问题主要表现在：运输过程中造成的产品损坏、来料包装破损、来料标识破损或缺失、货物错发和来料混装。2）供应商质量问题。供应商质量问题则主要包括三个方面：一是供应商运作不良导致供应品质及交货期不稳定；二是供应商的投资方或合作方改变投资方向，导致转产或退出采购方所需原材料的生产；三是供应商的财务不良导致破产。

以上各种类型的问题一旦发生，采购方必须立即采取行动来处理和补救，由此产生的各项费用，比如不合格产品的分析检验费用、退换货的运输成本、改用其他替代产品或替代供应商导致的支出增加、与供应商联系磋商或派人去供应商生产现场调查监督的费用，以及质量不良造成停产的损失等都属于质量成本。

2. 质量成本的分类

质量成本可以分为预防成本、检测（鉴定）成本、内部损失成本、外部损失成本及外部质量保证成本。

（1）预防成本。是指为预防质量问题所发生的成本或费用。具体包括：1）质量计划的费用；2）质量数据的整理、分析与回馈及预防发生不良质量的费用；3）测量设备的设计费用；4）质量管理会议、报告和改良计划等的费用；5）质量管理教育与培训的费用；6）其他如质量训练导致生产作业停顿的费用；7）由于监视制造过程以提高产品质量所发生的成本。

（2）检测（鉴定）成本。是指为评定产品、制造过程是否符合规定的质量要求而进行的试验、检验、检查及审核的成本。具体包括：1）进料、制造过程、成品及出货等的检验费用；2）测试和检验机器的维护、校正、购置的费用；3）检验人员的薪资；4）为了评估质量计划执行情况（即质量稽核）而发生的成本；5）其他因检测作业而发生的费用。

（3）内部损失成本。是指产品交付客户之前因产品未能满足规定的质量要求所造成的损失，以及为弥补这些损失所需花费的成本。具体包括：1）厂内发生的不合格品的甄别、修理、报废等材料费、人工费及其他各项管理费；2）不良品发生原因的调查及处理的费用；3）时间耗损、产量损失、重验、重新包装等所发生的成本；4）由于不合格品（如材料）使生产设备暂时停工所发生的成本；5）次级品降价求售所造成的损失，即正常售价和次级产品售价间的差价，此种情况常发生在纺织业、成衣业和电子业中。

（4）外部损失成本。是指产品交付客户后所发现的不良或不合格而导致的损失。具体包括：1）申诉、退回、保证、折扣的成本；2）售后服务的人工、材料费；3）交通运输作业的成本；4）商誉、名声的损失；5）保证费用（在保证期间服务的成本）；6）责任成本（因产品责任诉讼所产生的成本或赔偿）。

一般来说，以上四类质量成本的关系见表4-7。

表4-7　　四类质量成本关系表

质量成本						不合格产品的数量
预防成本	检测（鉴定）成本	内部损失成本		外部损失成本		
		重制成本	利润损失	退回处理成本	损失销售量成本	
增加	增加	减少	减少	减少	减少	减少
增加	不变	减少	减少	减少	减少	减少
增加	减少	减少	减少	未定	未定	减少
减少	增加	增加	增加	未定	未定	增加
减少	不变	增加	增加	增加	增加	增加
减少	减少	增加	增加	增加	增加	增加
不变	增加	不变	不变	减少	减少	不变
不变	减少	不变	不变	增加	增加	不变

（5）外部质量保证成本。是指当客户要求客观证据时，所做有关的示范及证明而发生的一切成本。包括特别以及追加的质量保证约定、程序、数据、示范试验及评鉴等。1）产品的认证：如需取得UL认证、CE认证等。2）质量系统的认证：如ISO9000认证等。3）材质的验证：如委托科研院所做的各项材质分析及证明。

近年来整个质量成本控制的重点倾向于增加预防成本，以降低内部损失及外部损失与检测成本，并进而使整体质量成本降下来。具体做法是：了解客户的质量要求，尽量避免不必要的检验与质量保证，把注意力集中到重要的项目，重点放在不良品的预防上，将有限的资源运用到最能发挥功效的地方。

质量成本的效用来自杠杆效应。换句话，我们希望借由少量增加预防和鉴定成本来换取大量减少的失败成本。质量成本分析的目的是要发掘改善的机会，并借以降低成本（主要指失败成本）。在降低成本的过程中，可能会伴随着预防和鉴定成本的增加。在初期，预防和鉴定成本甚至高于失败成本，但一个企业如果做好质量改进工作，则有可能将质量成本降低50%～60%。

3. 预防质量成本带来损失的措施

质量不良而造成的损失是惊人的，问题发生之后，采购方需要投入很大精力和成本进行问题的解决和补救。虽说“亡羊补牢，犹未晚矣”，但如果能以“第一次就把事情做对”的思想来管理质量，预防问题的发生，将更有利平衡质量与成本二者之间的关系。如何在采购中预防质量问题的发生，以下六种措施将非常有效。

（1）建立分工明确的组织机构。目前，越来越多的大型OEM公司把供应商开发和供应商管理职能分开，分别成立独立的资源开发与资源管理部门，并设置专人对供应商质量进行管理。供应商质量管理包括与供应商绩效相关的原材料品质、成本、交货期及服务等各项指标的管理。明确的分工带来明确的职责：供应商开发工程师负责对供应商的产品符合性及技术工艺能力进行初步评估；供应商质量工程师会在生产过程中运用各种系统工具对供应商的质量绩效进行有效的管理和定期的评估。这样的管理结构有效地控制和预防采购质量风险的发生。

（2）执行清晰的供应商认证程序。对潜在供应商进行认真的审核与认证是全面了解供应商能力的最好手段。通过供应商的现场审核，采购方可以全面了解供应商的生产运营状况、技术水平、研发能力、管理体系及信息化程度，这为避免采购风险的发生奠定了基础。审核的内容包括质量认证体系、设备与工艺能力、研发能力、生产流程及过程控制、生产能力及生产饱和度、财务状况、订单管理、客户管理及客户服务、原材料管理、员工素质和环保措施等。

（3）定期评估供应商的绩效。对供应商进行定期评估可以使采购方及时了解和把握供应商各方面的情况变化，以便随时对其技术能力、管理能力、供应能力及各种风险作出科学的推断。主要评估的指标包括供应能力、国际化/本土化能力、研发与创新能力、主动性与灵活性、信息化能力、品质绩效、运送绩效、仓储优势、服务绩效、价格方法、财务优势、利润与库存周转率及潜在风险。

（4）制定明确的质量标准。清晰、明确的需求是与供应商沟通过程中的关键。在很多时候，标准不清楚是导致元器件质量问题的主要原因，造成了修改或更新费用的增加及交货期延迟。当然，这种标准要及时传达给供应商。

（5）协助供应商改善产品质量。在很多情况下，采购方派出质量控制人员或技术人员与供应商共同探讨改善产品质量的途径，能有效提高质量改进的效率。虽然这种做法增加了一些成本，但它却加快了产品质量的改进速度，使企业的整体质量成本得以下降。

（6）提高采购人员的素质。高素质的采购团队能使供应管理具有高效率，并能在追求成本降低的同时，科学地判断和预防采购风险。良好的沟通能力、对原材料市场的熟悉程度以及市场敏感度决定了采购人员能否有效控制风险的发生。有些采购人员为达到降低成本的目的，没有针对现有成本进行认真分析，而采取一味打压供应商价格的方法，往往迫使供应商选择未达标准的廉价材料进行生产，或降低生产过程中的质量控制标准，结果导致质量事故频繁发生，这使采购方用来处理质量问题的成本远远超过了原材料降价带来的成本节约，得不偿失。因此，培养和提高采购人员的素质，建立高效率的采购团队是非常重要的一环。

三、降低采购成本的方法

（一）降低采购成本的常用方法

1. 根据产品生命周期来降低采购成本

（1）导入期。在产品开发阶段，企业可以采用供应商早期参与、价值分析、目标成本法等方法。

（2）成长期。当新技术正式产品化、量产上市时，企业可以利用需求量大幅增长的优势，实施杠杆采购，以获得成效。

（3）成熟期。当技术成熟、产品已稳定地推向市场后，企业可以考虑价值分析、标准化等方法更进一步地找出不必要的成本。

（4）衰退期。产品或技术即将过时或衰退，并有替代产品出现，因为需求量已在缩减，此时企业应更多地考虑降低余料或呆料成本。

2. 根据采购对象分类模块来降低采购成本

（1）日常采购品。对于此类采购对象，企业没有必要在数据分析上花费过多的时间、精力。可以采用快速的价格分析方法，减少供应商数量。例如：比较分析各供应商的报价和历史价格，确保最低价格；减少供应商数量，集中采购以更好地降低成本；通过第三方公司来管理部分采购业务，以获得更低的采购成本。

（2）集中采购品。对于此类采购对象，采购人员需要花费较多时间来比较价格，以确保选择价格最低的供应商。采购人员需要分析供应商提供的成本结构，进行成本估算，得出合理目标成本，同时，还要进行价值分析，必要时可以考虑与同行联合采购。

（3）瓶颈采购品。对于此类采购对象，采购人员需要关注总体采购成本，同时保证供应。

（4）战略采购品。对于此类采购对象，需要采用持续改进的方法。例如：分析供应商的详细成本资料，找出可能改善的部分，并计算整体采购成本；同时，采购部门应与供应商建立长期的合作关系，必要时，邀请供应商早期参与新产品开发。

3. 成本降低过程中的注意事项

（1）采购成本的降低不应以质量降低或相应的隐性成本升高为代价。成本降低项目应该特别注重价值，在降低成本的同时保持或提高所采购产品的质量和服务水平，如提高成品率、改善流程、减少前置时间、提高效率等。

（2）成本降低项目的成功很大程度上依赖于高层管理者的支持。一些项目如价值分析，包括产品和服务在设计上的基本改变，要求各职能部门的共同协调和全身心投入。而各个部门通常会更多地考虑部门的立场，不情愿作出改变，高层人员的参与能够使各部门达成有效合作，有利于项目的开展。

（3）积极主动地进行跨部门合作。同其他部门的有效合作是成本降低所必需的。采购管理专业人员必须了解内部成员的要求，与其合作，并寻求支持成本管理变革的建议；要组成跨功能团队；及时同相关方沟通和分享最新的进展与问题；进行团队讨论和决策；保证项目的实施。

（4）采购成本的降低和组织发展的平衡。采购人员必须清楚了解组织的业务和发展战略，帮助组织发展和成长。要根据采购产品特性以及和供应商的关系选择合理的策略。美国通用汽车公司一向以大额采购量为诱因强迫供应商大幅降价，跟供应商的关系一直很紧张，通用汽车公司也确实在几年内因此为自己减少了近 40 亿美元的采购成本，但失去了供应商对它的忠诚与信赖。研究表明，供应商更愿意与本田或丰田汽车公司分享新技术成果。而高燃油效率、高性能发动机等关键技术对于汽车厂家的成功有着战略意义，这也直接导致了丰田汽车公司超越通用汽车公司成为世界最大的汽车制造商。

（二）降低采购成本的战术

1. 采购风险的规避

采购风险通常是指采购过程中可能出现的一些意外情况，包括人为风险、经济风险和自然风险。具体来说，如采购预测不准导致物料难以满足生产要求或超出预算、供应商群体产能下降导致供应不及时、货物不符合订单要求、呆滞物料增加、采购人员工作失误、供应商之间存在不诚实甚至违法行为，这些情况都会影响采购预期目标的实现。针对这些风险，我们需要采取一定措施予以规避以减少损失。

（1）规避采购风险的手段。任何事物都有风险，对于采购风险，也是可以通过一定手段和有效措施加以防范和规避的。主要的手段有：做好年度采购预算及策略规划；慎重选择供应商，重视供应商的筛选和评级；严格审查订货合同，尽量完善合同条款；拓宽信息渠道，保持信息流畅通；完善风险控制体系，充分运用供应链管理优化供应和需求；加强过程跟踪和控制，发现问题及时采取措施处理。

（2）与供应商建立合作伙伴关系。企业要降低质量、交期、价格、售后服务、财务等方面的采购风险，最关键的是与供应商建立并保持良好的合作伙伴关系。与供应商建立良好的合作关系需注意几个阶段：1）供应商的初步考察阶段。在选择供应商时，应对供应商的品牌、信誉、规模、销售业绩、研发等进行详细调查，可以派人到对方公司进行现场了解，以作出整体评估。必要时，需成立一个由采购、质管、技术部门组成的供应商评选小组，对供应商的质量水平、交货能力、价格水平、技术能力、服务等进行评选。在初步判断有必要进行开发后，建议将自己公司的情况告知供应商。2）产品认证及商务阶段。对所需的产品质量、产量、用户情况、价格、付款期、售后服务等进行逐一测试或交流。3）小批量认证阶段。对供应商的产品进行小批量的生产、交期方面的论证。4）大批量采购阶段。根据合作情况，逐步加大采购力度。5）对供应商进行年度评价。对具有良好合作关系的供应商，邀请他们到公司交流来年的工作计划。

当然采购人员也不能只考虑采购风险，而应该站在整个公司的角度，考虑由此对公司制造、物流、财务、营销、质量、售后服务等各方面造成的影响。

2. 必须考虑的问题

（1）所采购产品或服务的形态。所采购产品或服务的形态是属于一次性采购还是持续性采购，这是对采购业务最基本的认知。如果采购产品或服务的形态有所转变，策略也必须跟着作调整，持续性采购对成本分析的要求远高于一次性采购，但一次性采购的金额如果相当庞大，也不可忽视其成本节省的效能。

（2）年需求量与年采购总金额。年需求量与年采购总金额各为多少，这关系到在与供应商议价时，是否能得到较好的议价优势。

（3）产品所处的生命周期。年采购量与产品在其生命周期所处的阶段有直接的关系，产品由导入期、成长期到成熟期的过程中，采购量会逐渐放大，直到衰退期，采购量才会逐渐缩小。

（4）与供应商之间的关系。从卖方、传统的供应商、认可的供应商，到与供应商维持伙伴关系，进而结为战略联盟，对成本资料的分享方式也不同。如果与供应商的关系普通，一般而言，是比较不容易得到详细的成本结构资料的。只有与供应商维持较密切的关系，彼此互信合作时，才能获得详细的成本结构资料。

（三）与供应商的深层合作

美国密歇根州立大学的一项全球范围内的采购与供应链研究结果表明：在所有降低采购成本的方式中，供应商参与产品开发最具潜力，成本降幅可达42%，利用供应商的技术与工艺则可降低成本40%，利用供应商开展准时生产可降低成本20%，供应商改进质量可降低成本14%，而通过改进采购过程以及价格谈判等仅可降低11%。

欧洲某专业机构的另一项调查也得出了类似结果：在采购过程中，通过价格谈判降低成本的幅度一般在3%～5%，通过采购市场调研比较、优化供应商平均可降低成本3%～10%，通过发展伙伴型供应商并对供应商进行综合改进可降低成本10%～25%，而供应商早期参与产品开发成本降幅可达10%～50%。由此可见，降低采购成本的最高境界是“上游”采购，即在产品开发过程中充分有效地与供应商合作。

由此可见，“让供应商在早期就参与产品的开发”这种与供应商的深层合作是最为有效的降低成本的手段。当然，并不是要求所有的供应商都参与到产品的开发中来，但是，对于涉及企业长远发展的项目来说，供应商的早期参与确实是降低采购成本的捷径。

采购企业要在采购早期对潜在的供应商做调查和评估，并按照一定的标准选择合适的供应商作为长期发展的合作伙伴，这一切都需要对供应商有效管理。

任务3
采购洽商

业务背景

洽商是人类社会中最常见、最不可或缺的活动之一，是从别人那里得到自己所需的东西的一个基本手段。采购洽商是指企业在采购时与供应商所进行的协商活动，是完成采购任务的一项重要的基础工作。采购洽商对企业降低采购价格、减少采购成本起着重要作用，也为企业采购到最符合品质要求的货物和物料提供保障，同时也是获取经济信息的重要渠道，是传播信息的主要途径。

导入任务

采购人员几乎每天都在面对洽商，主战场是与供应商之间就价格（成本）、交货日期、质量、技术和其他的合同交易问题进行洽谈，副战场是内部客户之间的大量洽商。从某种意义上说，拥有高超的洽商技巧是采购专家的最大技能和利器。本任务主要通过案例引导，启发学生讨论采购洽商的主要原则和内容、洽商前要做哪些准备、如何在洽商中使用策略等，使学习者能根据洽商目标，制定相应的洽商策略并具体组织简单的采购洽商活动。

知识准备

一、采购洽商的含义、内容及特点

（一）采购洽商的含义

采购洽商是企业为采购商品，作为买方与卖方厂商对有关事项，如商品的品种、规格、技术标准、质量保证、订货数量、包装要求、售后服务、价格、交货日期与地点、运输方式、付款条件等进行反复磋商，谋求达成协议，建立双方都满意的购销关系。

（二）采购洽商的内容

采购洽商一般可分为三个方面。

1. 质量方面

质量方面主要包括：产品的名称规格或图纸、所用材料的规格或标准、模具的寿命和产能、包装材料的要求、供应商出厂检验的标准和质量报告内容、采购方进货检验的标准、每批次交货允许的次品率、目标次品率、拒收的条件和程序等。

2. 交货方面

交货方面主要包括：交货周期、供应商的安全库存量、订单周期、最小订单量、标准包装量、允许的订单数量的变动幅度、运输方式等。

3. 价格方面

价格方面主要包括：产品单价货币种类、允许的汇率浮动幅度或汇率换算比例、折扣比例、价格条款、运费、保险费、进口关税、付款条件等。

（三）采购洽商的特点

1. 合作性与冲突性并存

由于采购洽商是建立在双方利益既有共同点，又有分歧点的基础上，因此，合作性和冲突性并存。合作性表明双方利益有共同的一面，冲突性表明双方利益有分歧的一面。作为洽商人员，要尽可能地加强双方的合作性，减少双方的冲突性。合作性和冲突性可以相互转化，如果合作性的比重加大，冲突性的比重将会减少，洽商的可能性较大；反之，洽商就有可能失败。

2. 原则性与可调整性统一

原则性是指洽商双方在洽商中最后退让的界限，即洽商的底线。洽商双方对重大原则问题通常是不会轻易让步的，退让也是有一定限度的。可调整性是指洽商双方在坚持彼此基本原则的基础上可以向对方做出一定让步和妥协。如果洽商双方在所有的洽商条件上都坚持自己的立场，不肯做出任何的让步，那么洽商是难以成功的。

3. 以经济利益为中心

采购洽商是商务洽商的一种类型，以经济利益为中心是所有商务洽商的共性。采购洽商的中心是各自的经济利益，而价格在洽商中作为调节和分配经济利益的主要杠杆，是洽商的核心。以经济利益为中心并不意味着不考虑其他利益，而是相对于其他利益来说，经济利益是首要的、起支配作用的。

二、采购洽商前的准备

做好采购洽商前的准备是洽商成功的基础。如果进行了充分的准备并且有明确的目标，那么洽商就有可能会成功，洽商双方会以最友好的方式达成协议。这里要指出的是，与对方以往的接触以及将来的合作前景都是重要的考虑因素。另外，如果没有充分的准备，即使口齿伶俐、能说会道也只能收效甚微。

（一）行政准备

（1）分析对方的地位。企业可预估对方可能的地位，这易于预测其洽商策略，企业可以了解洽商的尺度范围。

（2）选择洽商团队。首先选出队长，其他成员必须明确自己的任务并支持、配合队长。

（3）确定洽商议程。哪些问题要讨论、谁来讨论以及会议的流程都要预先确定。将洽商主场设在自己一方比较有利。而且要确定洽商对方是否有决定权，必要时可以直接询问对方的权限。

（二）业务准备

（1）明确目标。具体确定价格、质量、服务、运送、规格、支付等要求并写在纸上，而不是跟对方说“你尽量……”。

（2）确定方案。对每个问题要定出最佳方案、目标方案以及最坏的方案，有助于企业制定相应策略。

（3）分析方案。评估价格、运送、规格、付款等任何与企业的要求有出入的地方。对方的方案往往是对他们有利的。

（4）确定问题。应列出双方在各个问题上的相同和不同之处，要记住每个争论点都要有可靠的资料加以支持。

（5）制定战术。主要包括：

1）避谈己方立场，先试探对方观点。这往往用于对方很想达成协议，而自己又缺乏足够信息的情况。

2）直接阐述最理想方案。这往往用于企业已充分了解对方的情况。

3）先阐述最理想方案，然后罗列目标方案。这往往用于当企业处在弱势但又有能力说服对方的情况。

三、制定采购洽商的目标和策略

（一）采购洽商目标的制定

1. 洽商目标的定义

洽商目标是指通过洽商能够得到的量化的结果，如保证设备在两个月的时间内安装完毕并且能良好地运行。洽商目标要有助于洽商者明确洽商的任务，并与企业的总体目标及采购职能的目标相一致。

2. 洽商目标的确定

洽商目标的确定主要包括以下两点：

（1）变量目标的确定。洽商目标通常包含一系列变量。普通的变量就是价格、质量、交货条件、售后服务等。如需要达到“使用寿命期内的成本不高于5万元”这一洽商目标，需要考虑价格、安装费用、培训费用、能源消耗、维护维修费用等。

（2）标准和范围的设定。仅仅确定洽商的目标是不够的，还需要为每一变量设定适当的标准和范围。对每一变量可以设定两级目标，即最高目标和最低目标。例如：对价格这一变量设定最低目标为8元/件成交，最高目标为6元/件成交。

3. 判定对方的目标

“知己知彼，百战不殆。”除了明确己方的目标外，还需要思考对方为同一变量所设定的可行的目标。在为重要的洽商做准备时，必须在洽商开始之前尽可能多地获得对方的信息，以此来判定对方的目标。

（二）采购洽商策略的制定

1. 避免争论策略

洽商中出现分歧是很正常的事。出现分歧时，应始终保持冷静，防止感情冲动，尽可能地避免争论。

（1）冷静倾听对方的意见。当对方说出你不愿意听或对你很不利的话时，不要感情冲动或生气地立即打断以及反驳对方，应耐心地听完对方的发言，必要时还可承认自己某方面的疏忽。

（2）婉转地提出不同意见。不应直截了当地提出自己的否定意见，这样会使对方在心理上产生抵触情绪，反而迫使对方千方百计地维护自己的意见；可以先同意对方的意见，然后再作探索性的提议。

（3）洽商无法继续时应马上休会。如果某个问题成为彼此继续洽商的绊脚石，使洽商无法顺利进行，应在双方对立之前及时地休会，从而避免引起更多的僵持和争论。休会策略为固执型的洽商人员提供了请示上级的机会，也可借机调整双方思绪，以利于问题在心平气和的友好氛围中得到最终的圆满解决。

2. 抛砖引玉策略

抛砖引玉策略是指在洽商中，一方主动提出各种问题，但不提供解决的办法，让对方来解决。这一策略不仅尊重对方，而且可摸清对方的底细，争取主动。这种策略在以下两种情况下不适用：

（1）洽商出现分歧时，对方会误认为你是故意在给他出难题。

（2）若对方是一个自私自利、寸利必争的人，就会乘机抓住对他有利的因素，使你方处于被动地位。

3. 留有余地策略

在实际洽商中，对方总认为你是留有余地的，所以如果企业在对方最看重的方面做了让步，可在其他条款上争取最大利益。因此，在价格上适当地做些让步，你就有可能为自己争取到最好的价格条件。在以下两种情况下尤其需要这种策略：一是对付寸利必争的洽商方，二是在不了解对方的情况下。

4. 避实就虚策略

避实就虚策略是指你方为达到某种目的和需要，有意识地将洽谈的议题引导到相对次要的问题上，借此来转移对方的注意力，以求实现你的洽商目标。例如：对方最关心的是价格问题，而你方最关心的是交货问题。这时，洽商的焦点不宜直接放到价格和交货时间上，而是放到其他方面，如运输方式上。在讨价还价时，己方可以在运输方式上做出让步，而作为双方让步的交换条件，要求对手在交货时间上做出较大的让步。这样，对方感到满意，你方的目的也就达到了。

5. 保持沉默策略

保持沉默是处于被动地位的洽商人员常用的一种策略，是为了给对方造成心理压力，同时也起缓冲作用。但是如果运用不当，易适得其反。例如：在还价中沉默常被认为是默认；在对方咄咄逼人时，你方适当地运用沉默可缩小双方的差距。在沉默时，行为语言是唯一的反应信号，是对方十分关注的内容，所以应特别加以运用（倒茶等），以达到保持沉默的真正目的。

6. 适度忍耐策略

洽商中占主动地位的一方有时会以一种咄咄逼人的姿态表现自己。这时，如果表示坚决反对或不满，对方会更加骄横甚至退出洽商。此时，你方可对对方的态度不作任何反应，采取忍耐的策略，则可慢慢地消磨对方的棱角，挫其锐气，以柔克刚，反而能变弱为强。因为你方忍耐下来，对方在得到默认的满足之后，反而可能会因此而通情达理，公平合理地与你方洽商。

7. 多听少讲策略

多听少讲是忍耐的一种具体表现方式，也就是让对方尽可能多地发言，充分表明他的观点，这样做既表示你方尊重对方，也可使你方根据对方的要求，确定对付对方的具体策略。

8. 情感沟通策略

满足人的感情和欲望是人的一种基本需求。在洽商中充分利用感情因素以影响对方，则不失为一种可取的策略。例如：可利用空闲时间，主动与洽商对方一起聊天、娱乐，讨论对方感兴趣的话题，也可馈赠小礼品，请客吃饭，提供食宿的方便。还可通过帮助解决一些私人问题，从而达到增进了解、联系感情、建立友谊的目的，从侧面促进洽商的顺利进行。

9. 先苦后甜策略

例如：供应商在价格上不让步，你方可先在包装、运输、交货、付款方式等多方面提出较为苛刻的方案来作为交换条件。在讨价还价过程中，再逐步地做出让步。供应商鉴于你方的慷慨表现，往往会同意适当地降价。而事实上这些“让步”是你方本来就打算给供应商的。但要注意的是，这一策略只有在洽商中处于主动地位的一方才有资格使用。

10. 最后期限策略

处于被动地位的洽商者，总会抱有希望洽商成功达成协议的心理。当洽商双方各执己见、争执不下时，处于主动地位的洽商者就可利用这一心理，提出解决问题的最后期限和解决条件。期限是一种时间通牒，可使对方感到如不迅速作出决定，他会失去机会，从而给对方造成一种心理压力——洽商不成损失最大的还是他自己。只要你处于洽商的主动地位，就不要忘记抓住恰当的时机来适时使用该策略，使用该策略时还应注意：

（1）切记不可激怒对方，而要语气委婉、措辞恰当、事出有因。

（2）要给对方一定的时间考虑，让对方感到你不是在强迫他，而是向他提供了一个解决问题的方案，并由他自己决定具体时间。

（3）提出最后期限时最好还能对原有条件有所让步，给对方以安慰。

四、采购洽商的过程

（一）开始阶段

以尊重、礼貌和热情的态度来迎接对方，并创造一种良好的氛围，以使对方感到放松。在开始阶段，需要进行有目的的闲聊并从中发现有用的东西，但是避免实质性的问题，如价格等。开始阶段可就洽商的日程、双方期待的结果等达成一致。

（二）相互验证阶段

在这一阶段，双方可以验证各自对关键问题的理解，并试着去感受对方的潜在需求和利益。在所有必要的问题没有澄清以前，应避免给出任何肯定的建议。过早地提出建议可能使得对方产生戒心，并感到不必要的压力。

（三）提出建议阶段

首先，确定是否先表明自己的立场和建议，否则，尽可能地让对方先作出提议。在对方作出提议时，不要立刻拒绝提议，可以将这一提议与己方的目标及相关变量联系起来，并为下一阶段的讨价还价做足够的准备。

（四）讨价还价阶段

提出建议阶段和讨价还价阶段有很多交叉，如果双方在提出建议阶段能够达成很多的共识，则讨价还价阶段会很短。在讨价还价阶段，可以尽量做出有计划的让步，并尽量寻找对自己几乎没有价值而对供应商很有价值的方面做出让步。但是切记，关键问题不能让步，也不能迷失己方洽商的目标。

（五）达成协议阶段

在这一阶段，需要确信所有的问题都已经解决，对之前的洽商过程做总结，并明确阐述所达成的协议，以文字的形式表述出来形成协议文件。

五、采购洽商的技巧

（一）倾听技巧

耐心地倾听不仅是尊重对方的具体表现，而且是了解对方、获取信息、发现事实、探索动机的重要和必要的积极手段，是洽商中攻与守的重要基础和前提。倾听是一种有益的洽商艺术，它给你带来的一定比你付出的还要多。因为在洽商中采取多听少讲的策略，对于充分地洞察对方实力、扬长避短、有的放矢，都具有重大的现实指导意义。善于倾听才能完整、准确、及时地理解对方表达的实质内容和含义。不可只注意与自己有关的内容或只考虑自己头脑中的问题，而无意去听取对方发言的全部内容。记笔记是集中精力倾听的有效手段。记笔记不仅能鼓励对方发言，而且能帮助自己记忆和回忆，更有利于在对方发言完毕后，就某些问题向对方提出询问，自己也有时间充分分析和理解对方的真实意思。

（二）察言观色技巧

有经验的洽商人员，在洽商中能从对方的肢体语言中捕捉到许多他们所需要的信息。例如：眼睛闪烁不定常被视为不诚实或想掩饰事实；皱眉表示困惑、不愉快、不赞成或表示关注、思索；抿嘴并避开对方的目光则表示心中有秘密不想透露；手臂交叉地放在胸前表示不愿与你接触；用脚尖拍打地面表示焦虑不安、不耐烦或心情紧张；腰板挺直表示情绪高昂、充满自信；双手叉腰表示胸有成竹等。当然，肢体语言还会随个人性格和文化背景的不同而不同。有些老练的洽商人员还会利用肢体语言来故意迷惑你，可通过对方发言的内容、语音、语气、语调等综合因素进行分析和判断。

（三）表演技巧

为达到某一目的，洽商时还可利用各种道具进行表演。例如：相关的图片、价格表、合同书、传真件、公司文件、计算器、演算纸、笔记本、飞机票等。可以通过合起笔记本暗示对方暂停洽商；拿出合同书暗示对方赶快签约；拿出返程机票暗示对方时间有限；按几下计算器，婉转地表示拒绝对方的价格等。

洽商道具的灵活运用，能使洽商人员寓其意于不言中，避免直接论战的锋芒，使洽商顺利进行。洽商道具并无严格的规定，任何物品都可以充当，关键在于洽商者的灵活运用，见机行事，将道具的运用与神态巧妙地有机结合起来。优秀的洽商者很善于运用这些表演道具，信手拈来，演技熟练。

（四）入题技巧

1. 迂回入题

为避免洽商过于直露，影响融洽的气氛，洽谈时可先简要介绍洽商人员或本企业的最新情况，然后自然地切入主题。

2. 先谈细节，后谈原则

围绕着洽商主题，先从洽谈的细节问题入手，待各项细节问题谈妥之后，便自然而然地达成原则性的协议。

3. 先谈原则，后谈细节

在大型的采购洽商中，高级洽商人员不可能介入全部洽商，往往要分成若干等级依次进行，这就需要采取先谈原则，后谈细节的方法入题。一旦原则问题达成协议，细节也就有了洽商的依据。

4. 从具体议题入手

大型采购洽商是由具体的洽商组成的，在每一次具体的洽商中，双方可以首先确定本次洽商的议题，然后从这一具体议题入手来洽商。

（五）阐述技巧

1. 开场阐述

首先明确本次洽商的主题，统一认识。简要地回顾双方以前合作的成果，展望今后进一步合作的机遇，再表明基本立场。

2. 让对方先谈

当你对产品的性能、价格、市场态势等信息没有十足把握时，不妨让对方先谈，然后根据对方所谈的各方面的现实情况进行综合分析，判断对方在原则问题上能否与自己达成协议及达成协议的程度，你再慎重地表达意见。

3. 坦诚相见

对方想要知道的情况，要坦诚相告，有时还可适当地透露你的某些动机和想法，以获得对方的信赖和好感。但要注意不能因此而处于被动，要有限度地坦诚。

4. 正确使用语言

洽商所使用的语言要简明扼要、有条理性、留有余地、富有弹性、措辞得体、紧扣主题，并注意语音、语调、停顿和重复。

（六）提问技巧

常用的提问技巧见表4-8。

表4-8 提问技巧

序号	提问方式	示例
1	封闭式提问	您是否认为有必要改进你们的售后服务？
2	开放式提问	请问您对我们公司的印象如何？
3	婉转式提问	这种产品的功能还不错吧？您能评价一下吗？
4	澄清式提问	按您刚才所说，您拥有决定权，是吗？
5	探索式提问	我们想增加购买量，您能否在价格上更优惠些呢？
6	借助式提问	我们比较了其他供货商的价格，对该产品有了更多的了解，请您考虑能否把价格再降低一点儿呢？
7	强迫选择式提问	按照支付佣金的国贸惯例，我们从上海供应商那里一般可得到3%～5%的佣金，贵方是否同意呢？
8	引导式提问	经销这种商品，我方利润很少，贵方可否考虑给予3%的折扣呢？
9	协商式提问	您看给我方的折扣定为3%是否妥当？

不论采用何种方式，都要注意提问的时机、所提问题的连续性和留出足够的答复时间。

（七）答复技巧

（1）不要详细答复对方的提问。如果对方问及产品质量要求的评价指标，不必详细介绍所有指标，而只回答其中主要几个，造成质量好的印象即可。

（2）针对提问者的真实心理来答复。若对方问题模棱两可，含糊其词，先要探明其真实心理，然后巧妙作答，以防让其有机可乘。

（3）不要确切答复对方的提问。当对方抬价时你方可说："价格不是问题，不过我方对产品质量和售后服务的要求是相当高的。"

（4）降低提问者追问的兴致。"这个问题容易解决，不过现在还不是时候。""现在讨论这个问题还为时过早，是不会有什么结果的。"

（5）让自己获得充分的思考时间。不必顾忌对方的催问，而应转告对方你必须进行认真的计算或思考，你需要充分的时间进行周密的考虑。

（6）礼貌地拒绝不值得答复的问题。有些与洽商主题无关或关系不大的问题容易扰乱你的思路，不妨一笑了之。

（7）找借口推延答复。“对您所提的问题，我没有第一手资料，我想您是希望我为您做详尽并满意的答复的，但这需要时间，您说对吗?”

（八）说服技巧

（1）先谈容易解决的问题，后谈容易引起争议的问题。

（2）用大量的事实影响对方的意见，在不知不觉中说服对方。

（3）强调与对方立场、观点、期望的一致，淡化差异，提高接纳程度。

（4）先谈好的消息，再谈坏的消息。

（5）不断地强调合同中有利于对方的条款。

（6）先听听对方的意见，再寻找恰当的时机，适时提出你的意见。

（7）精心设计开头和结尾，以便给对方留下深刻的印象。

（8）结论应由你明确地提出而不是让对方猜测。

（9）多次重复你的观点，增进对方对这些意见的了解。

（10）以对方习惯的、能接受或易于接受的方式和逻辑说服对方。

（11）不要奢望对方立即接受你的意见和建议，要事先进行巧妙的铺垫。

（12）强调合作及互惠互利的可能性和现实性，激发对方在自身利益认同的基础上接纳你的意见和建议。

洽商的本质在于沟通，即听说的技巧。首先要克服语言障碍，然后确定双方是否听懂了对方的意思，最后还要掌握对方的反应。洽商其实也是一种微妙的心理战。要取得洽商成功，应尽快明确对方的意图，并迅速地作出决定。因此，察言观色是洽商的首要技能。

六、采购洽商中应注意的事项

（一）洽商前要有充分的准备

“知己知彼，百战不殆”。采购人员必须了解商品的知识、市场及价格、供需状况、本企业情况、本企业所能接受的价格底线与上限，以及其他洽商的目标，这里不赘述。但采购洽商人员一定要把各种条件列出优先顺序，将重点简短地写在纸上，在洽商时随时参考，提醒自己。

（二）只与有决定权的人洽商

洽商之前，最好先了解和判断对方的权限。采购人员接触的对象可能有：业务代表、业务各级主管、经理、副总经理、总经理甚至董事长，依据供应商的大小而定。这些人拥有的权限都不一样，采购人员应尽量避免与无权决定事务的人洽商，以免浪费自己的时间，同时也可避免事先将本企业的立场透露给对方。

（三）尽量在本企业办公室内洽商

零售商通常明确要求采购人员只能在本企业的业务洽谈室里谈业务。除了提高采购活动的透明度、杜绝个人交易行为之外，最大目的其实是在帮助采购人员创造洽商的优势地位。在自己的地盘上洽商，除了有心理上的优势外，还可以随时得到其他同事、部门或主管的必要支援，同时还可以节省时间和旅行开支，提高采购人员自己的时间利用率和工作效率。

（四）对等原则

不要单独与供应商的一群人员洽商，这样对你极为不利。洽商时应注意对等原则，也就是说：我方的人数与级别应与对方大致相同。如果对方希望集体谈判，先拒绝，再研究对策。

（五）不要表露对供应商的认可和对商品的兴趣

交易开始前，对方的期望值会决定最终的交易条件，所以有经验的采购人员，无论是否遇到合适的商品和价格，都不要过度表露内心的看法。应让供应商产生一个印象：费九牛二虎之力，终于获得了你一点宝贵的让步！永远不要忘记：在洽商的每一分钟，要一直持怀疑态度，不要流露出与对方合作的兴趣，这样比较容易获得有利的交易条件。对供应商第一次提出的条件，有礼貌地拒绝或持反对意见。采购人员可以说“什么”或者“你该不是开玩笑吧”，从而使对方产生心理负担，降低洽商标准和期望。

（六）放长线钓大鱼

有经验的采购人员会想办法知道对方的需要，因此尽量在小处着手满足对方，然后渐渐引导对方满足己方的需要。但采购人员要避免先让对方知道本公司的需要，否则对方会利用此弱点要求采购人员先做出让步。因此，采购人员不要先让步，或不能让步太多。

（七）采取主动，但避免让对方了解本企业的立场

善用咨询技术，询问及征求要比论断及攻击更有效，而且在大多数的时候，供应商在某些领域比我们还专业。多询问，采购人员就可获得更多的市场信息。因此，采购人员应尽量将自己预先准备好的问题，以开放式的问话方式，让对方尽量暴露出其立场。然后再采取主动方式，乘胜追击，给对方足够的压力。对方若难以招架，自然会做出让步。

（八）必要时转移话题

若买卖双方对某一细节争论不休，无法洽商，有经验的采购人员会转移话题，或暂停讨论，以缓和紧张气氛，并寻找新的切入点或更合适的洽商时机。高素质的采购人员

是把整个洽商内容化整为零，当某一事项的洽商使对方筋疲力尽时，他又突然转向另一事项，有时会绕回先前讨论的事项。如果双方谈不拢，可暂时中止洽商，不要害怕主动中止会带来什么负面效应。采购人员要“斗争”到底，这并不是说要坚持不让步，“斗争”的主要目的是找到一个双赢的策略。

（九）尽量以肯定的语气与对方谈话

在洽商的中盘，对于对方有建设性的或自认为聪明的意见和发言，如果采取否定的语气，容易激怒对方，让对方没面子，洽商因而难以进行，而且可能导致对方搞小动作。因此，采购人员应尽量肯定对方，称赞对方，给对方面子，这样对方也会愿意给你面子。

（十）尽量成为一个好的倾听者

一般而言，供应商的业务人员总认为自己能言善道，比较喜欢讲话。采购人员了解这一点后，应尽量让他们说话，从其言谈举止中，可知道他们的优点和缺点，也可以了解其洽商的立场。

（十一）尽量站在对方的立场说话

很多人误以为在洽商时，应赶尽杀绝，毫不让步。但事实证明，大部分成功的采购洽商都要在和谐的气氛下进行才可能达成交易。在相同的交涉条件下，要站在对方的立场上去说明，往往更有说服力。因为对方更会感觉到：达成交易的前提是双方都能获得预期的利益。

（十二）以退为进

有些事情可能超出采购人员的权限或知识范围，此时，采购人员不应操之过急，不应装出自己有决策权或了解某事，作出不恰当的决定。此时不妨以退为进，请示领导或与同事弄清事实情况后，再答复或决定也不迟，毕竟没有人是万事通。草率而仓促的决定通常都不是很好的决定，智者总是深思熟虑再作决定。古语云：“三思而后行”“小不忍则乱大谋”。不了解的事情待到下次解决可能会更好，要知道，往往我们能等而供应商不能等。在洽商要结束时，采购人员应表示需由上级决定，为自己争取更多的时间来拒绝或重新拟定一份方案。

（十三）用数据和事实说话，提高权威性

无论什么时候都要以事实为依据。这里说的事实主要是指充分运用准确的数据分析，如销售额分析、市场份额分析、品类表现分析、毛利分析等，进行横向及纵向的比较。

（十四）坚持原则

采购人员在洽商前要明确自己的目标。一定要坚持公司的原则，即使在不得不让步的情况下，也要反复强调该原则，而且该原则是有数据和分析支持的。要永远保持职业化的风格，让对方在无形中加深“他说的是对的，因为他对这方面很内行”的感觉。

（十五）控制洽商时间

预计的洽商时间一到，就应结束洽商离开，让对方紧张，促使其做出更大的让步。可能的话，把他的竞争对手也同时约谈过来，让你的助理故意进来告诉你下一个约谈的对象（即他的竞争对手）已经在等待。

（十六）不要误认为 50／50 最好

有些采购人员认为洽商的结果是 50/50 最好，彼此不伤和气，这是一种错误的想法。事实上，有经验的采购人员总会设法为自己的公司争取最好的条件，然后让对方也得到一点好处。因此，站在零售采购的立场上，若洽商的结果是 60/40、70/30，甚至是 80/20，不应有什么“于心不忍”的感觉。

操作指导

任务 1 采购方式选择

（一）任务分析

招标采购和电子商务（网络）采购是企业采购的主要方式。本任务通过查阅资料、实地调研、走访等方式，可以使学生了解采购的基本业务和运作流程，认识企业实施招标、网络采购的原因、业务程序、优缺点，以及实施招标、网络采购需具备的条件等，为以后深入学习采购运作及管理技能做好铺垫。

（二）实施条件

校内图书馆、物流综合实训基地或多媒体教室（可活动桌椅，具备上网条件，有无线网络，学生可自带笔记本电脑）。

（三）实施步骤

1. 准备工作：对学生分组，每组 4 人左右，指导教师讲解资料搜集方法、途径，提供相关的商务文书、工商企业采购项目资料等。

2. 指导教师可指导学生如何根据企业实际选择采购方式，并说明注意事项。

3. 通过上网查阅有关资料、进行案例分析和角色扮演，使每位同学都能参与其中，经过讨论，得出结论，完成相应的表格填写和报告撰写工作。

（四）具体内容

1. 制作招标书。

请根据以下材料设计、制作一份招标书（填入表 4－9），要求内容完整，条理清晰。

2018 年 6 月初，某校从实验实训设备经费中拨出 60 万元专款用于建设一个电子商务实训室，要求 2018 年 8 月底必须完工以备学生开学后使用。现在场地已经选好，初步估计需要服务器 1 台、投影机 1 台、电脑 120 台、空调 2 台、电脑桌 120 张、相关附件若干，面向全社会进行竞争性招标。

表 4－9　招标书

招标书

2. 网上采购实际操作（以下题目任选两题）。

（1）通过互联网寻求汽车 GPS 导航仪（无规格限制，但解题时需做说明）的供应商，并获得批量分别为 2 台、5 台、10 台的报价。

（2）通过互联网寻求 2.5 英寸 2T 移动硬盘的供应商，并获得批量分别为 20 个、50 个、100 个的报价。

（3）通过互联网寻求单根 8G（无规格限制，但解题时需做说明）内存条的供应商，尝试与多家供应商联系，并分别获得批量为 2 个、10 个、20 个的报价。

（4）通过互联网寻找尿不湿（无规格限制，但解题时需做说明）的报价，尝试与多家供应商联系，并分别获得不同批量下（至少 3 个不同批量）的报价。

（5）通过互联网寻求任意一款标准托盘（不限材质、不限大小）的报价，尝试与多家供应商联系，并分别获得不同批量下（200 个起，至少 3 个不同批量）的报价。

（6）通过互联网寻求跑步机（无规格限制，但解题时需做说明）的报价，尝试与多家供应商联系，并分别获得至少 3 个不同批量的报价。

以上 6 道题目均需提供网店名称（或供应商的名称）、地址、联系人、联系电话等，至少获得 3 家供应商的供应信息（3 家供应商所供应的产品规格相同或类似）。将相应内容填入表 4－10、表 4－11。

表 4－10　网上采购实际操作

产品名称		产品规格		
供应商 基本信息		不同数量的报价		
		数量 1	数量 2	数量 3
供应商 1	名称： 地址： 联系人： 联系电话： 其他联系方式：			
供应商 2	名称： 地址： 联系人： 联系电话： 其他联系方式：			
供应商 3	名称： 地址： 联系人： 联系电话： 其他联系方式：			

表 4－11　网上采购实际操作

产品名称		产品规格		
供应商 基本信息		不同数量的报价		
		数量 1	数量 2	数量 3
供应商 1	名称： 地址： 联系人： 联系电话： 其他联系方式：			
供应商 2	名称： 地址： 联系人： 联系电话： 其他联系方式：			
供应商 3	名称： 地址： 联系人： 联系电话： 其他联系方式：			

（五）结果评价

对学生任务实施过程及所填表格进行评价，评价可分为个人评价和小组评价两个层面，以激励学生积极、认真地实施项目及发挥团队作用。同时，在下一个任务实施前，选取优秀案例进行展示点评，对表现突出的学生和完成任务的亮点给予表彰和推广，对于存在的共性问题提醒学生及时改进。

任务 2　采购成本控制

（一）任务分析

采购成本的控制对企业而言，意义重大。而要做好采购成本控制，只有了解了采购成本的影响因素，并从这些因素入手来制定相关策略，才能达到降低采购成本的目的。

（二）实施条件

校内图书馆、物流综合实训基地或多媒体教室（可活动桌椅，具备上网条件，有无线网络更佳，学生可自带笔记本电脑）。

（三）实施步骤

1. 准备工作：对学生分组，每组 4 人左右，指导教师讲解资料搜集方法、途径，提供相关的商务文书、工商企业采购项目资料等。

2. 指导教师可指导学生作为采购作业层人员和管理层人员该从哪个角度去考虑降低采购成本。

3. 通过上网查阅有关资料、案例分析和角色扮演，使每位同学都能参与其中，经过讨论，得出结论，完成相应的任务。

（四）具体内容

1. 以某生产制造企业的采购部门采购某一批次原材料为例，制定控制产品价格、降低采购成本的行动策划书。内容包括：

（1）采购过程中各环节采购执行层降低采购价格的具体做法；

（2）作为统筹规划的管理层，需要应用什么方法来控制采购成本。

2. 降低采购成本的训练过程案例分析。

王先生是某企业事业部供应处招标专员，负责外包装箱的采购，2017 年全年节约外包装箱采购成本约 1 000 万元，他自己定的 2018 年 1 月 1 日至 12 月 31 日外包装箱采购节约额为 600 万元。本案例的教练是供应处招标负责人，当事人是供应处招标专员王先生。

试安排学生以对话的形式体验下述训练过程。

（1）训练过程第一阶段：

教练：你的目标是?

当事人：2018年1月1日至12月31日外包装箱采购节约额600万元。

教练：采购节约额是怎么定的?

当事人：与2017年采购价格对比而来的。

教练：2017年采购价格和数量各是多少?

当事人：1.05元/个，6亿个。

教练：2018年预计采购数量呢?

当事人：预计6亿个。

教练：那2018年的节约额是怎么计算出来的?

当事人：2018年节约额＝(2017年采购单价－2018年采购单价)×2018年采购数量。

分析一：

①教练已明确当事人的目标是表现目标，目标成果600万元。

教练：你的目标是?

当事人：2018年1月1日至12月31日外包装箱采购节约额600万元。

②找出关键词"采购节约额"。

教练：采购节约额是怎么定的?

当事人：与2017年采购价格对比而来的。

③利用"采购节约额"导出价值公式。

教练：那2018年的节约额是怎么计算出来的?

当事人：2018年节约额＝(2017年采购单价－2018年采购单价)×2018年采购数量。

(2)训练过程第二阶段：

教练：要完成2018年节约额我们看哪一个呢?

当事人：2018年采购单价。

教练：采购单价由哪些部分组成呢?

当事人：原纸成本、人工成本、设备折旧、运输成本、税金、利润。

教练：各占成本的多少呢?

当事人：原纸占0.7，人工占0.06，设备折旧占0.08，运输占0.04，税金占0.08，利润占0.05(合计1.01)。

教练：2017年的以上数据是多少呢?

当事人：原纸占0.67，人工占0.07，设备折旧占0.09，运输占0.05，税金占0.08，利润占0.06(合计1.02)。

教练：我们现在看哪一个?

当事人：年生产纸箱数量。

分析二：

①采购单价分解加数据对比。

教练：采购单价由哪些部分组成呢?

当事人：原纸成本、人工成本、设备折旧、运输成本、税金、利润。

②用教练专业的时间概念，由当事人选择关键环节。

教练：我们看哪一个？

当事人：年生产纸箱数量。

（3）训练过程第三阶段：

教练：这取决于什么呢？

当事人：我公司给厂家的采购数量。

教练：目前是什么情况呢？

当事人：为了保证稳定供货给厂家，下达订单时，只下达相当于其产能的70%的供货量。

教练：这对成本有多大的影响呢？

当事人：如果能够提高10%，则单个纸箱成本中设备折旧会降低0.01元/个。

教练：那你打算提高到多少呢？

当事人：80%。

分析三：

①如果关键环节还不是最终价值来源，那就还有价值公式。

教练：厂家单个纸箱设备折旧一般是怎样计算的？

当事人：固定资产折旧÷年生产纸箱数量。

②再次聚焦关键环节。

教练：我们看哪一个？

当事人：年生产纸箱数量。

③教练顺藤摸瓜，发现了降低成本的关键问题点。

教练：这取决于什么呢？

当事人：我公司给厂家的采购数量。

（4）训练过程第四阶段：

教练：这对成本有多大的影响呢？

当事人：如果能够提高10%，则单个纸箱成本中设备折旧会降低0.01元/个。

教练：那你打算提高到多少呢？

当事人：80%。

教练：会影响稳定供货吗？

当事人：应该不会。

教练：那你打算采取什么途径呢？

当事人：通知合作供应商→组织洽商→确定合作厂家。

教练：目前的合作供应商有多少？

当事人：60个。

教练：减少到多少呢？

当事人：53个。

教练：还能减少吗？

当事人：还可以减少3个。

教练：那能达到厂家产能的多少呢？

当事人：60 000÷60÷70%=1 428（厂家实际产能）；

60 000÷50=1 200（可以给厂家下达的订单量）；

1 200÷1 428=84%（厂家产能利用率）。

（五）结果评价

对学生任务实施过程进行评价，评价可分为个人评价和小组评价两个层面，以激励学生积极、认真地实施项目及发挥团队作用。同时，在下一个任务实施前，选取优秀案例进行展示点评，对表现突出的学生和完成任务的亮点给予表彰和推广，对于存在的共性问题提醒学生及时改进。

任务3 采购洽商

（一）任务分析

根据模拟情景或者真实情景，分析该次洽商的内容和需要达到的目的，运用恰当的采购洽商策略和技巧进行采购洽商。

（二）实施条件

校内图书馆、物流综合实训基地或多媒体教室（可活动桌椅，具备上网条件，有无线网络更佳，学生可自带笔记本电脑）。

（三）实施步骤

1. 准备工作：对学生分组，每组4人左右，指导教师讲解资料搜集方法、途径，提供相关的商务文书、工商企业采购项目资料等。

2. 指导教师可推荐学生观看经典的采购洽商视频，也可由学生自行查找。

3. 通过上网查阅有关资料、案例分析和角色扮演，使每位同学都能参与其中，经过讨论，得出结论，完成相应的表格填写、角色扮演等任务。

（四）具体内容

1. 选取某一采购项目，通过角色扮演，运用恰当的采购洽商策略和技巧模拟采购洽商过程。

2. 采购洽商游戏。

（1）游戏背景：

各公司相互之间有着密切的业务联系。每个公司都有自己的主打产品，也有一般产品。本公司的主打产品可能是其他公司的一般产品，本公司的一般产品也可能是其他公司的主打产品。根据经济学的基本原理，通过交换，可以使各公司的利益最大化。

(2) 游戏过程：

①教师将班级同学随机分为 8 组（即 8 家公司），约需 5 分钟。

②各公司通过战略决策，选择本公司的主打产品、辅助产品和一般产品，填写公司经营计划书（见表 4-12），约需 15 分钟。

确定 1 种主打产品，每件产品可获 10 元利润；

确定 2 种辅助产品，每件产品可获 5 元利润；

确定 3 种一般产品，每件产品可获 1 元利润。

初始阶段，各公司均有 6 种不同的产品（如锂、钛、锆、钒、钨、钼，或者鸡、鸭、鹅、牛、羊、猪等），每种产品各 3 件，总计 69 元。

表 4-12　　公司经营计划书

公司经营计划书
公司名称：________
负 责 人：________
成员姓名：____、____、____、____、____
主打产品（10 元）：________
辅助产品（5 元）：____、____
一般产品（1 元）：____、____、____
最后金额：________

借助洽商和交易，力争在不损害其他公司利益的情况下，使本公司获得最大收益。

③确定本公司的经营计划和洽商目标，约需 5 分钟。

重要提示：经营计划属于公司的核心秘密，主打产品的选择是非常重要的。

④将公司经营计划书上交给老师，各公司所确定的主打产品、辅助产品和一般产品不可变更，也不可查询，约需 1 分钟。

⑤教师宣布交易开始后，计时开始，约需 20 分钟。

⑥教师宣布交易结束，之后不得进行交易，同时，开始统计各公司的交易成果（填入表 4-13），约需 10 分钟。

表 4-13　　交易成果统计表

公司名	锂	钛	锆	钒	钨	钼	最后金额
公司 1							
公司 2							
公司 3							
公司 4							
公司 5							
公司 6							
公司 7							
公司 8							
总计							

⑦各公司总结洽商过程，约需 10 分钟。

（3）游戏规则和内容：

①每个公司期初实力相当，通过交换，活动结束后统计洽商绩效结果，最后金额多者为优。

②交易方式不限，唯一原则就是自愿。公司通过洽商达成交易，不能强卖强买，用一件产品换多件产品也可以。

③交易前不允许交流，各公司信息保密。

（4）游戏总结：

得分最高和得分最低的公司均需总结发言，其他组自愿发言，教师分别点评。

（五）结果评价

对学生任务实施过程及洽商过程（录像）进行评价，评价可分为个人评价和小组评价两个层面，以激励学生积极、认真地实施项目及发挥团队作用。同时，在下一个任务实施前，选取优秀案例进行展示点评，对表现突出的学生和完成任务的亮点给予表彰和推广，对于存在的共性问题提醒学生及时改进。

案例学习

案例一：标准决定公平

“这个招标文件编制得绝对有问题。如果这样进行政府采购，根本谈不上公平、公正。”某年7月，山东省某地一隧道灯具采购开评标现场，一家灯具企业的投标代表抱怨说。

这家供应商的抱怨不是没有道理。翻开这个采购项目的招标文件，第一页的补充文件就明确要求“灯具采用飞利浦品牌电器及光源”。在评分细则中，只有报价，设备质量、设备性能及技术水平、类似工程项目业绩、售后服务、公司实力、信誉、优惠条件及其他承诺、样品评价等评分项，都没有具体的评价标准，只是简单地分为优、良、差三个评分区间。而且招标文件提供的样品图纸，更被一些供应商指出是参照某个品牌的灯具绘制的。

这样一份招标文件导致的后果是评标难以进行，几名评标专家对供应商提供的资质文件进行了讨论，确定哪些可以作为评标资格。随后，一名女专家提出招标文件提供的图纸和采购人的要求超出实际使用规格，隧道灯不一定非要具有这么高的要求。再之后，又是争论怎么样评定产品的优、良、差……最终，这个项目不得不废标。

“法律法规的规定不可能事无巨细，因此，对于一个具体的招标项目来说，招标文件应该是‘准则’，不只是规范供应商，同时也是规范采购人员和代理机构的‘准则’。

一份招标文件出现这么多的问题，不得不让我们反思。”谈到这个案例，一名政府采购专家的语气显得有些沉重：前后矛盾，限制性、歧视性条款时有出现，用语不规范等问题，在现在的标书编制中时有出现。

（一）前后内容不一致

招标文件的编制前后不统一在现实中极其常见。招标文件前面规定投标供应商应具备相关二级资质而后面又变成了三级资质等现象时有发生。

“由于缺少统一的标准，目前招标文件的编制中前后矛盾的现象经常可见。”云南省财政厅政府采购管理处副处长张应敏介绍说。

张应敏说，前后不统一是因为招标文件编制得不严谨。云南省的一些采购监管部门就接到过这样的投诉，一个招标文件在前面明明规定采用综合评分法，到后面评标方法和细则却改成了其他评标方法。“这样的错误让我们十分无奈，结果是评标根本就无法进行，不得不重新编制招标文件，重新组织招标。”

还有一个常见的前后不统一的现象是：招标文件在资质要求中明确要求投标供应商必须具备某种资质，但这种资质却又成了打分项。一名政府采购专家认为：“既然规定了供应商必须具备某种资质，那么就应该把资质当成一道门槛，符合的进来，不符合的出去。既然都合格了，再对该项打分是不能让人信服的。”

（二）限制性、歧视性条款时有出现

确保投标供应商能够充分竞争、尽可能地满足招标人的需要，是编制招标文件的一个重要目的。但在招标文件编制中，却经常出现一些限制性、歧视性条款，严重影响了政府采购的公平、公正。

一位业内人士介绍说，限制性条款在招标文件中非常多。例如：某个项目供应商只要具备国家规定的三级资质就可满足要求了，但招标文件中却规定要达到二级资质；采购普通电脑非要采用专业电脑的参数标准等。这样一来就排斥了一大批潜在的供应商，在一定程度上限制了公平竞争。

打“擦边球”“明招暗定”的现象也时常可见。在某地一个1 000多万元的电脑服务器采购项目中，采购中心发现由采购人员提交的技术需求有倾向性，就召开了标书编制论证会。多家供应商指出采购人员的参数是按照Sun微系统公司的技术标准设定的。采购中心要求采购人员重新提供技术需求，结果在标书编制论证会上，又被一些供应商指出是按照曙光公司的技术标准设定的，采购中心再次否决了采购人员的要求。该采购中心的工作人员介绍说，指定品牌的要求往往来自采购人员，采购中心稍有不慎就会把这样不合理的需求带入招标文件，形成歧视性条款。

（三）用语不规范导致专家自由裁量权过大

张应敏对招标文件编制中用语的不规范颇有感触。他认为，分包不细、废标条款不明确、评分条款模糊等都是用语不规范的突出表现。“由于招标文件本身的规定就有问题，供应商反应过来时往往已经过了质疑期，结果就把问题带到了评标程序中，影响了评标的进程。”

针对用语不规范的现象，福建省财政厅政府采购管理办公室副主任肖宝铭举了个生动的例子："有的评分条款要求'能满足采购人使用需要'，分值设置是5～10分，但满足需要本身就是一个很虚的概念，到底是得5分还是得10分，则完全取决于专家的自由裁量。专家自由裁量权的增大，往往会妨碍评标结果的公正。"

一名政府采购专家认为，招标文件中出现诸如"达到国际先进水平""知名品牌"等词语，都属于用语不规范。"到底什么样才叫国际先进水平，必须有明确的评价标准，不能到了评标阶段再让专家讨论什么是'国际先进水平'。不然影响了采购效率，扩大了专家的自由裁量权，有碍评标公正。"

招标文件中评标标准规定不细，也被不少业内人士提及。这个问题主要存在于综合评分法中，虽然《政府采购货物和服务招标投标管理办法》规定货物项目的价格分值占总分值的比重为30%～60%。但何时采用30%的下限，何时采用60%的上限，却没有统一的标准。因此，一些价格占主要因素、价格分值应占较大比重的项目却被规定采用30%的下限，造成"高价中标"现象的出现，不少质疑和投诉事件也都由此而生。

资料来源：http://www.caigou2003.com/theory/discussion/20070925/discussion_5893.html.

问题：

1. 请根据上述资料，总结招标文件中存在的常见问题，并分析出现案例中问题的可能原因。
2. 根据有关招标文件编制的要求，应如何避免案例中出现的问题？
3. 结合案例内容，谈谈你对招标文件的认识。

案例二：降低采购成本的"金钥匙"

仪征化纤（仪化）公司通过直供和代储代销的形式，淘汰了150多家供应商，2014年一年减少流动资金占用超2.5亿元，仅利息就少支付1 000多万元。公司通过改革物资采购方式，实现了采购成本的降低。

（一）包装材料实现零库存

仪化公司过去为了保证生产的需要，物资采购和库存量比较大，以前仅包装材料每月入库额就达400多万元，占用的流动资金比较多，采购成本较大。同时，企业在采购过程中承担着很大的市场风险。为了降低采购成本，抵御市场风险，公司首先对部分原辅材料、包装材料变间接供应为直接供应的方式，就是生产需要多少包装材料，供应厂商直接将需要的包装材料送到生产现场，定期结算，不占用流动资金。为了确保包装材料的稳定供应，仪化公司还组织供应商参与仪化公司的生产经营，供应商根据仪化公司的生产经营情况安排物资供应，并根据仪化公司的生产及时调整物资供应的品种和数量。2014年第二季度以来，仪化公司由于受市场低迷的影响，生产经营形势处于低谷，与仪化公司签订协议的供应商就把多生产出来的包装材料存在自己的仓库内。2015年2月中旬，仪化公司原涤纶三厂设备大修期间，一家供应商准备了50多万元的密封件，由于现场大修人员通过修旧利废，仅用了10万元的密封件，供应商就把剩余的密封件调剂到浙江一家用户。如果在过去，这些备件就成了仪化公司的库存积压物资。

（二）代理商争相代储代销

在包装材料等物资实行直供的基础上，仪化公司又开始对部分仪表、电气、轴承和阀门等易耗品实行代储代销的形式组织物资供应。代储代销是一种新型的物资流通模式。由于仪化公司物资采购的量大、品种多，许多设备配件的供货周期长，一开始，有不少供应商因代储代销占用很多的流动资金，都不太愿意做。仪化公司物资供应部门通过座谈、走访等形式，与供应商交流沟通，使供应商接受了代储代销的模式。随后，仪化公司挑选了为其供货多年的企业信誉、产品质量及售后服务都比较好的56家供应商进行试点。

实行代储代销模式后，也使物资供应的效率有明显提高。过去，大修中采购急需的配件，从计划、找供应商，到询价比价，最后备件运到现场，最快也要一个星期的时间。2015年3月，仪化公司PTA生产中心大修时，泰州一家供应商主动抽调人员进入大修现场，根据大修的需要及时为现场加工密封垫等配件。仪化公司实行物资供应代储代销后，没有发生一起因质量问题而退货，或因备货不定、交货不及时而影响生产的现象。

（三）供应商协助清仓利库

仪化公司近几年的发展给许多供应商带来了很大的市场机遇。许多供应商一方面感到与仪化公司做生意诚信度高、没有资金风险，并有广阔的市场前景；另一方面也给自己积累了无形资产，因为在双方的合作中，有眼光的供应商追求的不单是买卖关系，而是通过合作建立的良好的长期伙伴关系。

通过组织供应商回购积压物资，仪化公司库存积压的物资不断减少。2014年，仪化公司通过供应商回购的方式，减少了750多万元的积压物资。

资料来源：https://www.examw.com/wuliu/anli/192363.

问题：

1. 仪化公司通过哪些方法实现了采购成本的降低？
2. 你觉得仪化公司还可以从哪些方面来降低采购成本？

思考练习

（一）简答题

1. 联系实际说说身边的采购方式。
2. 试述集中采购和分散采购的优缺点。
3. 政府采购的目标和原则是什么？

4. 电子商务采购的基本步骤是什么？
5. 简述国际采购的流程。
6. 试述采购成本的构成。
7. 影响采购洽商的因素有哪些？
8. 结合实际，谈谈在采购洽商中如何运用洽商技巧。

（二）单选题

1.（　　）是采购作业成本分析的主要信息。

A. 成本诱因　B. 财务制度　C. 管理制度　D. 人力资源

2. 下面不是采购洽商影响因素的是（　　）。

A. 洽商计划的制定　B. 洽商参与者　C. 市场状况　D. 洽商时间

3. 采购成本通常不包括（　　）。

A. 订购成本　B. 损耗成本　C. 维持成本　D. 缺料成本

4. 下面（　　）的描述是正确的。

A. 针对关键项目，在确定获取与选择报价的方法时应尽可能多邀请供应商
B. 针对关键项目，在确定获取与选择报价的方法时应该邀请少量的供应商
C. 针对关键项目，在确定获取与选择报价的方法时应接洽选定数目的供应商
D. 以上没有正确的答案

5. 获取与选择报价时，下面的描述（　　）是不正确的。

A. 询价-报价方法适用于采购十分复杂的情况
B. 询价-报价方法适用于标准件的采购项目
C. 询价-报价方法适用于支出水平足够高的采购项目
D. 询价-报价方法适用于存在一定供应风险的采购项目

6. 下面所列的成本中，（　　）不属于采购成本的内容。

A. 设备价格　B. 零配件的采购和存货
C. 随主订单采购的零件费用　D. 试运行费用

7. 在选择供应商报价评估标准时，应选用最低价格标准的是（　　）。

A. 不需要复杂估价的标准产品，采购后成本较小的情况
B. 采购后成本高时，需要权衡采购价格与运行成本的情况
C. 与其他因素相比，成本不是决定性考虑因素，以及成本不能确定的情况
D. 成本被认为是相对重要的情况，但非成本因素也同样重要

8. 在同样一组供应商被重复要求呈送报价时，下面（　　）种情况对我们观察他们是否共谋没有帮助。

A. 与企业了解到的市场情况相比，所接受的报价看起来都不具有竞争性
B. 大量供应商都很反常地没有报价，“让位”给某些供应商，从而使他们成为“指定”给客户的供应商
C. 供应商使采购公司的业务在他们之间轮转，每次轮流让一个不同的供应商赢得

合同

D. 一个在预先确认资格之前涉及为公司提出建议的供应商没有参加相关合同的投标

9. 在（　　）的情形中，洽商是尤其必要的。

A. 采购很低价值的产品或服务

B. 采购很高价值的产品或服务

C. 供应商群体比较大的产品

D. 只需要短期供应的大批量产品

10. 在进入采购洽商之前，必须充分了解所购买产品的（　　）。

A. 采购和供应战略　　B. 采购和物流策略

C. 采购和价格战略　　D. 采购和分析策略

11. 供应方-采购方关系连续图谱中的现货采购是（　　）。

A. 基于良好的个人关系

B. 基于合同的信任

C. 基于良好的愿望和合作的信任

D. 基于合同和供应商能力的信任

12. 由买方银行根据买方的要求进行担保的付款方式，在卖方提交了表明货物在特定的时限内已供应的单据时，向卖方付款，这种付款方式是（　　）。

A. 信用证　　B. 期票　　C. 跟单托收　　D. 贸易卡

13. 制造业中标准件采购属于（　　）采购。

A. 项目型　　B. 运作型　　C. 交易型　　D. 合作型

14. 即时制采购的根本目的是（　　）。

A. 提高质量　　B. 减少供应商数量

C. 消除库存，减少不必要的浪费　　D. 充分交流信息

15. 邀请招标，又称（　　），即由招标单位选择一定数目的企业，向其发出投标邀请书，邀请他们参加招标竞争。

A. 选择性招标　　B. 议标　　C. 限制性招标　　D. 竞争性招标

16. 以下（　　）的典型后果是过高的采购成本，以及原本可用的供应商由于达不到规格而被排除。

A. 标准化的缺乏　　B. 松散的规格　　C. 倾斜的规格　　D. 苛刻的规格

17. 以下（　　）是学习曲线的主要表现形式。

A. 随着累计产量的增加，生产过程中的报废率、返工率保持不变

B. 随着累计产量的增加，工人愈趋熟练，生产效率不断提高

C. 生产批次不断优化，设备的设定、模具的更换时间不断增加

D. 随着累计产量的增加，原材料的采购成本不断降低

18. 降低采购成本的最高境界是（　　）。

A. 通过洽商降低采购成本

B. 通过价格折扣降低采购成本

C. 通过供应商早期参与产品开发降低成本

D. 通过招标的方式降低成本

19. 服务采购中的工作说明（即SOW）不包括（　　）。

A. 功能说明　　B. 规格说明　　C. 设计说明　　D. 努力水平说明

20. 招标方式一般是（　　）。

A. 公开招标　　B. 邀请指标

C. 公开招标或邀请指标　　D. 以上都不对

（三）多选题

1. 采购成本控制宜采取（　　）。

A. 事前规划策略　　B. 及时采购策略　　C. 过程审计策略　　D. 网上采购策略

2. 招标采购操作中应该注意（　　）。

A. 严格遵守采购程序　　B. 严格遵守采购承诺

C. 做好文档整理和保管工作　　D. 防止供应商抢标

3. 以下适用于集中采购的物品有（　　）。

A. 市场资源有保证、易于送达、物流费用较少的物品

B. 大宗或批量物品，价值高或总价多的物品

C. 关键零部件、原材料或其他战略资源，保密程度高，产权约束多的物品

D. 产品开发研制、试验或少量变型产品所需的物品

4. 招标采购方式通常用于以下（　　）情况。

A. 重大的建设工程项目　　B. 新企业寻找长期物资供应商

C. 政府采购　　D. 采购批量比较大

5. 网上采购方式的优点包括（　　）。

A. 随时了解市场行情　　B. 提高了采购的透明度

C. 提高了商品质量的保证程度　　D. 有利于货比三家，降低成本

6. 采购成本除价格外，还应考虑的因素包括（　　）。

A. 价格的稳定性或走向　　B. 不同订购数量的价格变化

C. 付款方式与结算方式　　D. 交货地点

7. 政府采购的主要方式总的来说分为（　　）。

A. 招标采购　　B. 非招标采购　　C. 洽商采购　　D. 批量采购

8. 科学采购方法包括（　　）。

A. 订货点法　　B. MRP采购

C. 准时化采购　　D. 供应链采购与电子商务采购

项目五
采购合同的履行

【学习目标】

知识目标

1. 知道合同的要件，熟悉采购合同的条款及注意事项；
2. 知道合同管理的内容及合同修改的条件，熟悉合同履行的督导方法；
3. 熟悉采购物料的交货验收方法；
4. 熟悉采购货款结算的流程。

技能目标

1. 能编制采购合同，并能签订合同；
2. 会对合同履行进行跟踪，能处理一般的合同争议；
3. 会安排验收和检验采购物料；
4. 会安排货款结算。

【重点难点】

本项目的重点是采购合同的编制与签订，难点是采购交货期管理。

任务 1
采购合同的编制与签订

业务背景

采购合同是经济合同的一种，经济合同是法人之间为实现一定的经济目的，明确相互的权利义务关系而签订的书面契约。经过前期供应商评估和选择、采购洽商等工作，采购双方需要一种法律认可的形式来约定采购的具体事项，这种形式就是合同。作为一名采购人员，要能够根据具体的采购任务编制相应的合同，并能够根据采购洽商的结果，与供应商签订符合双方利益的采购合同。

应该说，采购合同既是采购任务前期工作的结果，也是采购任务中期执行的依托，更是采购任务后期跟踪的依据。

导入任务

本任务主要通过相关采购合同案例的展示和分析，使学习者了解采购合同在采购工作中的重要作用，帮助学习者学会填写格式化合同，并能根据洽商结果初步拟定较为简单的书面合同。

知识准备

一、合同概述

（一）合同的定义及其法律性质

1. 合同的定义

合同是平等主体的自然人、法人、其他组织之间设立、变更、终止民事权利义务关系的协议。简而言之，合同是当事人之间设立、变更或者终止权利义务关系的协议。

根据《中华人民共和国合同法》(以下简称《合同法》)的规定，合同是平等主体的自然人、法人、其他组织之间设立、变更、终止民事权利义务关系的协议。实践中，合同可以以不同的名称出现，如合同、合同书、协议、协议书、备忘录等，名字并不是最重要的，关键是看其内容。较为重要的合同最好有律师参与，对于一些设立法务部门的企业，签订合同时必须经过法务部门的审核。

2. 合同的法律性质

(1) 合同是一种民事法律行为。合同以意思表示为要素，并且按意思表示的内容赋予法律效果。

(2) 合同是两方以上当事人的意思表示一致的民事法律行为。合同成立必须有两方以上的当事人，他们相互作出意思表示，并且取得一致。如果合同当事人的意思表示不一致，就不能形成合同。

(3) 合同是以设立、变更、终止民事权利义务关系为目的的民事法律行为。设立民事权利义务关系是指当事人依法订立合同后，便在他们之间产生民事权利义务关系；变更民事权利义务关系是指当事人依法订立合同后，便使他们之间原有的民事权利义务关系发生变化，形成新的民事权利义务关系；终止民事权利义务关系是指当事人依法订立合同后，便使他们之间既有的民事权利义务关系归于消灭。

(4) 合同是当事人在平等、自愿的基础上产生的民事法律关系。合同当事人的法律地位平等，一方不得将自己的意志强加给另一方。当事人依法享有自愿订立合同的权利，任何单位和个人不得非法干预。

(5) 合同是具有法律约束力的民事法律行为。依法订立的合同对当事人具有法律约束力。当事人应当按照约定履行自己的义务，不得擅自变更或者解除合同。依法订立的合同受法律保护。除不可抗力等法律规定的情形外，当事人一方不履行合同或者履行合同义务不符合约定，皆要承担继续履行、采取补救措施或者赔偿损失等违约责任。

(二) 合同的成立要件

合同属于法律行为中的双方法律行为。合同有两个意思表示，即要约和承诺。法律关系由主体、客体和内容三部分构成，称为合同法律关系的三要素，也就是合同的成立要件，采购合同当然也不例外。

1. 合同法律关系的主体

合同法律关系的主体简称合同主体，是指拥有权利并承担义务的当事人，合同既然属于双方法律行为，其当事人应有两方。各方的当事人可以是一人或多人，分属于对立的双方。

2. 合同法律关系的客体

合同法律关系的客体是指合同法律关系主体（当事人）享有的权利和承担的义务所指的对象，客体是主体的目标所在，所以法律关系中的客体又叫标的。合同标的是指当事人通过法律行为所要完成的事项。

3. 合同法律关系的内容

合同法律关系的内容是指合同当事人享有的权利（即债权）和承担的义务（即债务）。从民事法律关系方面讲，合同的内容是指合同当事人依据法律规定和合同的约定所产生的权利义务关系，简称合同权利和合同义务，或债权债务关系。合同的内容也被称为双方当事人的意思表示，合同双方要有对立的两个意思表示，而且双方的意思表示要一致，即双方达成一个合意。所谓合意，即双方当事人的意思表示在内容上的一致。法律对双方的意思表示分别称为要约与承诺。

二、采购合同的概念

采购合同是经济合同的一种，是法人之间为实现一定的经济目的，明确相互的权利义务关系而签订的书面契约。

采购合同属于买卖合同，这一名称是从买方的角度来看的。如果从卖方的角度来看，就被称为“销售合同”。我国《合同法》第九章即为“买卖合同”，其中第130条规定，买卖合同是出卖人转移标的物的所有权于买受人，买受人支付价款的合同。买卖合同的内容由当事人约定，一般包括以下条款：当事人的名称或者姓名和住所，标的，数量，质量，价款或者报酬，履行期限、地点和方式，违约责任，解决争议的方法，此外，还可以包括包装方式、检验标准和方法、结算方式、合同使用的文字及其效力等条款。采购合同的签订根据采购商品的要求、供应商的情况、企业本身的管理要求、采购方针等的不同而各不相同。

三、采购合同的作用

采购合同是供应商（供方）与需求方（需方），经过谈判协商一致同意而签订的“供需关系”的法律性文件，合同双方都应遵守和履行，并且是双方联系的共同语言基础。签订采购合同的双方都有各自的经济目的，采购合同是经济合同，双方都受合同的保护且需承担相应的责任。

当采购货物技术含量高、结构复杂、加工难度大时，单靠采购合同还不能满足企业（需方）的质量要求，因而还必须签订质量和技术协议，进一步规定货物的技术规范、质量保证要求和验收方法等。质量协议是采购合同的附件，与采购合同具有同样的法律效力。

根据采购合同和质量协议的性质，双方同意签订的采购合同和质量协议可为双方都带来好处。

（一）给需求方（需方）带来的好处

需方是采购商，签订了采购合同和质量协议后，就使产品生产所需的原材料、外购件、外协件供应有了保证，从而企业可以安排生产，接受订货或组织销售，通过销售获得效益。

（二）给供应商（供方）带来的好处

供方是供应商，签订了采购合同和质量协议，就明确了质量要求和需要的数量，供方就可据此编制生产计划，安排生产，采购材料和做好其他生产准备，有利于均衡生产，保证质量，提高生产效率，降低成本，从而获得更好的经济效益。

四、采购合同的内容与格式

一份采购合同主要由首部、正文、尾部三部分组成。

（一）首部

合同的首部主要包括以下内容：

1. 名称

如生产用原材料采购合同、设备采购合同、售后服务合同等。

2. 编号

每一份合同都必须有一个编号，不应重复或遗漏。不同的企业，编号方法和规则也有所不同。

3. 合同签订时间和地点

合同执行过程中一旦产生纠纷并需要诉诸法律时，这将是重要的因素。有的合同将签订时间和签订地点放在尾部。

4. 买卖双方的名称

买卖双方的名称必须是全称，并与企业营业执照上的名称一致。名称可以用“甲方、乙方”（或“买方、卖方”“供方、需方”等）简称，但是要匹配。

5. 合同序言

说明合同签订的依据、遵循的原则等。

（二）正文

合同正文是采供双方议定的主要内容，是采购合同的必备条款，是采供双方履行合同的基本依据。具体列明各项交易的条件或条款，如品名、品质规格、数量、单价、包装、交货时间与地点、运输与保险条件、支付方式、检验、索赔、不可抗力和仲裁条款等，明确了双方当事人的权利和义务。采购合同的正文主要包括以下内容：

1. 采购标的物的名称

这是对采购标的物的具体描述，是构成货物描述的主要组成部分，是双方交接货物的一项基本依据。若卖方交付货物不符合约定的品名或说明，买方有权提出损害赔偿要求，直至拒收货物或撤销合同。

2. 品质

如果采购标的是实物，品质是指采购标的所具有的内在质量与外观形态的结合，包括各种性能指标和外观造型。该条款的主要内容有技术规格、质量标准和品牌等。对合同品质的控制方法有两种：一是使用实物或样品；二是使用设计图纸或说明书等文字性描述。在使用样品确定品质时，供应商提供的物品的品质要与样品的品质完全一致。使用设计图纸或说明书确定品质时，供应商提供的物品的品质要符合设计图纸或说明书的要求。如果采购标的是某项服务，如设备维护、工程设计等，品质描述就是需要达到的服务水平等内容，相对于货物的品质描述来说，比较困难一些。

3. 价格

该条款的主要内容包括每一计量单位的金额、合同总价、货币类型、交货地点、定价方法等。如果涉及国际采购，还要使用国际贸易术语（如 FOB、CIF 等）来进行说明。

4. 数量

数量是采用一定的度量制度来确定买卖商品的重量、个数、长度、面积和容积等。它包括的主要内容有交货数量、单位、计量方式等。

5. 包装

按照包装所起的作用可分为运输包装和销售包装。运输包装是为了有效地保护商品在运输、存放过程中的质量和数量要求。它有利于分拣和环保，并把货物装进适当容器。销售包装又称为内包装，是直接接触商品并随商品进入零售网点和消费者直接见面的包装。该条款的主要内容有包装标识、包装方法、包装材料要求、包装质量、包装要求、环保要求、规格、成本以及分拣、运输成本等。

6. 装运条件

装运是把货物装上运载工具并运送到交货地点。该条款的主要内容有运输方式、装运时间、装运地与目的地、装运方式（分批、转运）和装运通知等。

7. 到货期限

到货期限是指约定的最晚到货时间，它要以不延误企业生产经营为标准。

8. 交货地点

交货地点是指供应商将用户采购的货物最终交付至用户指定的地点。一般要求供应商提供“门到门”服务，即把货物送到用户的仓库或商店的门口。

9. 检验

采购方对购入的货物进行检验，双方应在合同中约定检验的标准、方法、期限以及索赔的条件。

10. 支付条款

支付条款包括支付工具、付款方式和支付时间等。

11. 保险

对于国际交易来说，由于货物需要经过长途跋涉才能最终完成交易，因此一般需要投保货物运输保险。该条款的主要内容包括确定保险类别及其保险金额，指明投保人并支付保险费。根据国际惯例，凡是按 CIF 和 CIP 条件成交的出口货物，一般由卖方办理保险；按 FOB、CFR、CPT 条件成交的出口货物，一般由买方办理保险。

12. 违约责任

这是指采购合同的当事人由于自己的过错，没有履行或没有全部履行应承担的义务，按照法律规定和合同约定应承担的法律责任。对于违约责任，条款当事人应根据《合同法》的规定，在合同中进一步具体规定。

13. 仲裁

当事人在合同中约定仲裁条款或者在纠纷时达成仲裁协议，这是仲裁机构受理合同纠纷的法律依据。该条款包括仲裁机构、适用的仲裁程序、仲裁地点和解决效力等。

14. 不可抗力

遭遇不可抗力的一方可因此免除合同责任。该条款包括不可抗力的含义、适用范围、法律后果和双方的权利义务等。

15. 合同的变更或解除条件

在什么情况下可变更或解除合同，在什么情况下不可变更或解除合同，通过什么手续来变更或解除合同等情况，都应在合同中予以规定。

除此之外，采购合同应视实际情况，增加若干具体的补充规定，使签订的合同更切实际，更有效力。

（三）尾部

尾部包含下列几个方面的内容：

1. 合同的份数

一般的采购合同至少有两份，均为正本，具有同样的法律效力。如果有其他需要，也可能有两份正本、若干份副本，均具备同样的法律效力。若副本内容与正本不符，则以正本为准。

2. 附件与合同的关系

合同附件可能包括买卖双方的其他约定和说明材料，如样图、样品等。例如：经过招投标确定的采购合同，附件里还必须包含招标书和中标企业的投标书、中标通知书等。

3. 合同的生效日期和终止日期

通常情况下，合同的生效日期为双方签字盖章的时间，双方另有约定的除外。终止日期随合同内容的不同而有所区别，从几天、几月到几年不等，但均应符合合同变更、解除等条款的要求。

4. 双方的签字盖章

双方都必须使用合格的印章（公章或合同专用章），不得使用财务章或业务章等不合格印章。由法定代表人或项目负责人签名生效的文本，若未加盖单位印章，应确保系亲笔签名或有合法依据可证实其真实有效性；合同签订时，应要求委托代理人出具相应授权书并作为附件构成合同的一个组成部分。

五、采购合同的签订

（一）采购合同的签订原则

1. 合同的当事人必须具备法人资格

这里的法人，是指有一定的组织机构和独立支配财产，能够独立从事商品流通活动或其他经济活动，享有权利和承担义务，依照法定程序成立的企业。

2. 合同必须合法

当事人必须遵照国家的法律、法规、方针和政策签订合同，其内容和手续应符合有关合同管理的具体条例和实施细则的规定。

3. 必须坚持平等互利、充分协商的原则

签订合同的双方是对等的，不存在谁高谁低的问题，因此，签订合同应本着平等互利的原则。一般情况下，双方应就合同条款做充分的沟通和协商，保证双方对合同条款的知情权，并保证对条款内容理解的一致性。

4. 采用书面形式

通常而言，采购合同应为书面形式。非正式情况下，也可以使用口头合同。

（二）采购合同的签订程序

合同的签订程序是指合同当事人对合同的内容进行协商，取得一致意见，并签署书面协议的过程。一般有以下五个步骤：

1. 订约提议

订约提议是指当事人一方向对方提出的订立合同的要求或建议，也称要约。订约提议应提出订立合同所必须具备的主要条款和希望对方答复的期限等，以供对方考虑是否订立合同。提议人在答复期限内不得拒绝承诺。

2. 接受提议

接受提议是指被对方接受，双方对合同的主要内容表示同意，经过双方签署书面契约，合同即告成立，也称承诺。承诺不能附带任何条件，如果附带其他条件，应认为是拒绝要约，而提出新的要约。新的要约提出后，原要约人变成接受新的要约人，而原承诺人成为新的要约人。实践中签订合同的双方当事人，就合同的内容反复协商的过程，就是要约→新的要约→再要约→…→承诺的过程。

3. 填写合同文本

填写合同文本，即合同双方确定并填写合同条款，应当在当事人主体、合同标的、价款及支付方式、交付方式、质量标准及验收、违约责任等方面尽量进行详细、明确的约定，以使双方顺利地依约履行，减少履行过程中发生歧义的概率。部分企业还会要求法律顾问对合同条款的合法性进行审查并提出意见。

4. 履行签约手续

严格按照合乎法律规范的要求进行双方的签字、盖章，需确认所盖图章为企业公章或合同专用章。合同有多页的，需盖骑缝章（即一个图章各个部分分别盖在合同文本的各个页面上，全部合同页面上的章印拼在一起才是一个完整的章印）。

5. 报请签约机关签证，或报请公证机关公证

对于有的经济合同，法律规定应获得主管部门的批准或工商行政管理部门的签证。对没有法律规定必须签证的合同，双方可以协商决定是否签证或公证。

六、签订采购合同的注意事项

（一）合同起草

在合同起草、讨论过程中，应有采购、品管、财务、法律等相关人员共同参与，由具有法定资格的代表签署。对于生产用原材料与零部件，应尽可能采用统一的合同格式和条款，以便于对供应商统一管理。

（二）合同内容

1. 单价及交货数量

对于生产用原材料与零部件的采购合同，单价及交货数量应尽可能采用“开口”方式，即只确定定价的原则与方法、交货数量的计算原则与方法，具体的价格用采购订单等合同附件进行约束，从而为定期评审价格与日常交货付款提供方便。

2. 合同条款的对等

合同条款的对等是公平原则的体现，其中包括义务、责任、权利等内容。

3. 合同条款的明确

合同是双方交易的准则，根本要求是实用。合同条款用词要简洁、明了，不能含糊其词，同时条款之间不能存在相互矛盾之处。

4. 仲裁机构名称

合同双方应明确仲裁机构，尽量要求在有利于采购一方所辖范围内进行裁决。

（三）其他

1. 签约对象的主体资格

当前，经营单位的性质、种类较为复杂，为了防范欺诈行为，降低交易风险，签订合同前，必须对交易对方的法人资格、经营范围、履行合同的能力、信用等级进行严格审查。

2. 签字、盖章同时操作

合同签订时，签字、盖章应同时进行，避免其他问题发生。传真签订的合同必须注

明传真件有效的字样。只签字或只盖章的合同在法律上属于无效合同。

3. 区分定金与订金

定金在法律上是债务的一种担保方式，若给付定金的一方不能履行约定的债务，则无权要求返还定金。而收受定金的一方不能履行约定的债务，则应当双倍返还定金。在实际操作过程中常有人将定金写成订金，而订金在法律上是被认定为预付款。

任务2
采购合同的管理及纠纷处理

业务背景

由于采购合同都有一定的执行周期，因此在整个采购合同的实施过程中都需要一定的管理工作。合同管理的任务是促使采购合同顺利地实施，并及时解决合同执行中产生的各种问题，特别是要处理由于各种主客观原因引起的采购纠纷。

导入任务

本任务主要通过案例分析的方式，使学习者熟悉采购合同管理工作的原则和内容，了解采购合同变更的相关要求，学会处理一般的采购纠纷。

知识准备

一、采购合同的管理

采购合同的管理涉及从合同签订到合同终止期间内，供应商或者采购商的关于合同的所有活动。采购企业对合同管理的目标是解决合同期间出现的任何问题，确保供应商履行合同规定的义务和责任。

采购合同的管理应当做好以下几方面的工作：

（一）采购合同签订的管理

企业要对签订合同的准备工作加强管理。在签订合同之前，应当认真研究市场需求和货源情况，掌握企业的经营情况、库存情况和合同对方单位的情况，依据本企业的购销任务，收集各方面的信息，为签订合同、确定合同条款提供信息依据；同时，要对合同签订过程加强管理，在签订合同时，要按照有关的合同法规的要求，严格审查，使签订的合同合理、合法。

（二）构建合同管理机制

企业应当设置专门机构或专职人员，建立合同登记、汇报检查制度，以统一保管合同、统一监督和检查合同的执行情况，及时发现问题，采取措施，解决纠纷，保证合同的履行。同时，可以加强与合同对方单位的联系，密切双方的协作，以利于合同的顺利实现。

（三）处理好合同纠纷

当经济合同发生纠纷时，双方当事人可协商解决。若协商无果，可以向国家工商行政管理部门申请调解或仲裁，也可以直接向法院起诉。

（四）信守合同

合同的履行情况好坏，不仅关系到企业经营活动的顺利进行，而且到关系本企业的声誉和形象。

二、采购合同履行的原则和要件

合同的履行是依法成立的合同所必然发生的法律效果，并且是构成合同法律效力的主要内容。

（一）采购合同履行的原则

1. 诚实信用原则

在合同履行的过程中应遵循诚实信用原则，表现为以下几个方面：

（1）当事人除应遵守法定、约定义务以外，还应遵守依诚实信用原则所产生的附随义务。

（2）在法律、合同对义务无规定、约定，或规定、约定不明确时，当事人应依诚实信用原则履行义务。

2. 适当履行原则

适当履行原则是指当事人应依合同约定的标的、质量、数量，由适当主体在适当的期限、地点，以适当的方式，全面完成合同义务的原则。这一原则要求：

（1）履行主体适当。即当事人必须亲自履行合同义务或接受履行，不得擅自将合同义务或合同权利让其他人代为履行或接受履行。

（2）履行标的及其数量和质量适当。即卖方必须按合同约定的标的履行义务，而且还应依合同约定的数量和质量来给付标的。

（3）履行期限适当。即当事人必须依照合同约定的时间来履行合同，卖方不得延迟履行，买方不得延迟受领。

（4）履行地点适当。即当事人必须严格依照合同约定的地点来履行合同。

（5）履行方式适当。履行方式包括标的的履行方式以及价款或酬金的履行方式，当事人必须严格依照合同约定的方式履行合同。

3. 经济合理原则

经济合理原则是指在合同履行过程中，应讲求经济效益，以最少的成本取得最佳的合同效益。如供需双方应商定选择快捷、合理的运输方法。

4. 协作履行原则

协作履行原则是指在合同履行过程中，双方当事人应互助合作共同完成合同义务。协作履行原则具有以下几个方面的要求：

（1）供应商履行合同时，采购方应适当受领给付；

（2）供应商履行合同债务时，采购方应创造必要条件、提供方便；

（3）供应商因故不能履行或不能完全履行合同义务时，采购方应积极采取措施防止损失扩大，否则，应就扩大的损失自负其责。

（二）采购合同履行的要件

1. 履行主体

采购合同的履行主体包括采购方（买方）和供应商（卖方），或称为债权人和债务人。除法律规定、当事人约定、性质上必须由债务人本人履行的债务以外，也可以由债务人的代理人代为履行。但是代理只有在履行行为是法律行为时方可适用。同样，在上述情况下，债权人的代理人也可以代为受领。

2. 交付标的

交付标的是供应商的主要义务，将标的交付给采购方是供应商的主要履行行为。这是由于合同的标的是合同债务人必须实施的特定行为，是合同的核心内容，是合同当事人订立合同的目的所在。必须严格按照合同标的履行合同就成为合同履行的一项基本原则。合同标的的质量和数量是衡量合同标的的基本指标，因此，按照合同标的履行合同，在标的的质量和数量上必须严格按照合同约定履行。如果合同对标的的质量没有约定或者约定不明确的，当事人可以补充协议，协议不成的，按照合同的条款和交易习惯来确定。如果仍然无法确定的，按照国家标准、行业标准履行；没有国家标准、行业标准的，按照通常标准或者符合合同目的的特定标准履行。在标的的数量上，全面履行原则的基本要求便是全部履行，而不应当部分履行。

3. 履行地点

履行地点是指卖方交付、买方受领标的的地点，履行地点直接关系到履行的费用和时间。如果合同中明确约定了履行地点的，就应当在该地点履行合同。如果合同约定不明确的，依据《合同法》的规定，双方当事人可以协议补充，如果不能达成补充协议的，则按照合同有关条款或者交易习惯确定。

4. 履行方式

履行方式是指合同双方当事人约定以何种形式来履行义务。合同的履行方式主要包括运输方式、交货方式、结算方式等。根据合同履行的基本要求，在履行方式上，履行义务人必须首先按照合同约定的方式进行履行。如果约定不明确的，当事人可以协议补充，协议不成的，可以根据合同的有关条款和交易习惯来确定；如果仍然无法确定的，按照有利于实现合同目的的方式履行。

5. 履行期限

采购合同的履行期限是指供应商交付和采购方接受标的的时间。作为合同的主要条款，合同的履行期限一般应当在合同中予以约定，当事人应当在该履行期限内履行合同。如果当事人不在该履行期限内履行合同，则可能构成迟延履行而应当承担违约责任。

6. 价款及相关费用的支付

价款及相关费用是指供应商履行合同所支出的费用。如果合同中作出了相关约定，则采购方应当按照合同的约定予以支付。如果合同没有约定或者约定不明确的，则按照合同的有关条款或者交易习惯确定。

三、采购合同的变更

（一）采购合同变更的概念

采购合同的变更是指在合同成立以后、履行完毕之前由合同双方当事人依法对原合同的内容所进行的修改。采购合同变更主要有以下特征：合同变更的对象是合同内容，而合同的主体则保持不变；合同变更只能发生在合同有效成立之后尚未完全履行之前；合同的变更主要是使合同内容发生变化，而变更之外的合同内容继续有效。

（二）采购合同变更的要件

按照《中华人民共和国民法通则》和《合同法》的规定，采购合同的变更应具备以下要件或条件：

1. 合同变更的前提

合同变更的前提是当事人之间原已存在的、有效的买卖合同关系。

2. 合同变更的内容

采购合同变更的内容必须明确。采购合同内容的变更主要包括如下内容：标的数量的增减、标的品质的改变、价款或酬金的增减、履行期限的变更、履行地点的改变、履行方式的改变、结算方式的改变、所附条件的增添或删除、违约金的变更、担保的设定或取消。

3. 合同的变更需依当事人的协议或法院、仲裁机构的裁决

当事人协商一致变更原合同是合同自由原则的体现，因此，当事人的合意是引起合同关系变更的重要法律事实。实际上，以这种方式变更合同就是成立新合同以取代旧合同，所以合意变更合同的程序应遵循合同订立的要约承诺规则，并且变更后的合同内容要发生法律效力，也需符合合同的生效要件。在生效要件方面，合同的变更除需符合合同生效的一般要件外，还应遵守《合同法》相关规定。

（三）采购合同变更的效力

采购合同一经变更，即产生以下法律效力：

第一，合同变更部分取代被变更的部分，但原合同未变更部分仍继续有效。因此，在合同变更后，当事人应按照变更后的合同内容进行履行，否则将构成违约。

第二，合同变更原则上仅向将来发挥效力，对已履行的部分没有溯及力，已经履行的债务不因合同的变更而失去其法律根据。

第三，合同变更并不影响当事人要求赔偿的权利。这种情况一般发生在合同的司法变更之中。

【实例5-1】某公司采购合同变更流程图及说明

（1）采购合同变更流程图（见图5-1）。

（2）采购合同变更流程说明（见表5-1）。

表5-1　　采购合同变更流程说明表

节点控制	相关说明
①	采购部和供应商按照合同确定的双方的权利和义务严格履行采购合同
②	质量管理部、物资使用部门等相关部门，在采购部执行采购合同的过程中进行配合
③	采购部将采购合同执行情况进行记录，包括货款的支付、货物的交接等内容
④	公司相关部门在使用物资的过程中，提出具体的变更合同要求
⑤	供应商在执行合同或供货过程中，提出变更合同要求，并发出合同变更通知
⑥	采购部分析合同的变更要求，并就具体的变更事项与供应商进行协商
⑦	合同变更意见达成一致后，采购部着手修改原采购合同的相关条款
⑧	修改后的采购合同交采购部经理审阅，若采购部经理不批准，应返给采购部相关人员进行修改
⑨	根据实际情况，将修改后的采购合同继续提交给高层管理人员进行审批

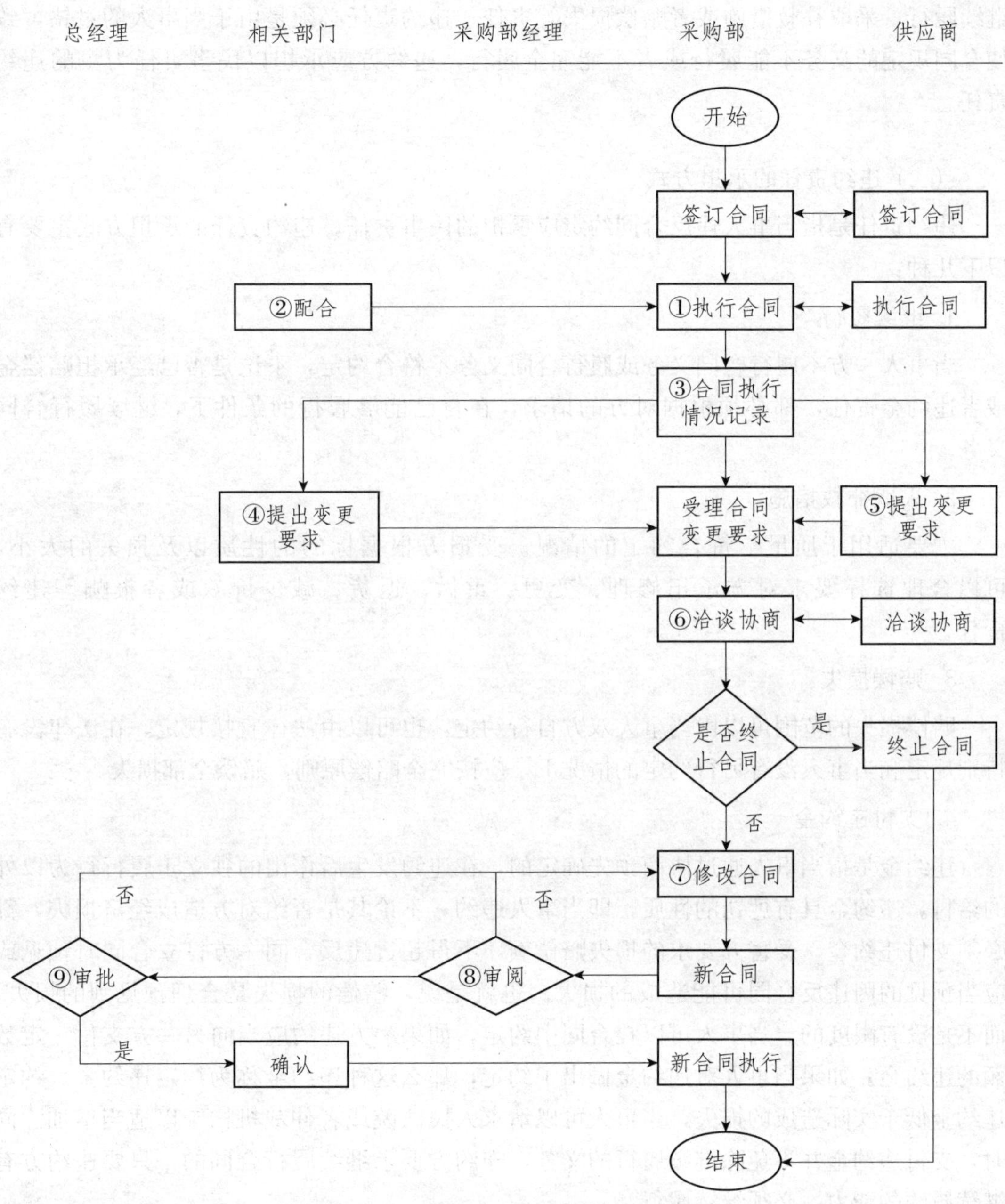

图 5-1 采购合同变更流程

四、采购合同纠纷的处理

（一）采购合同纠纷的概念

采购合同纠纷是指采购合同当事人之间由于违反采购合同的责任，即违约责任引起的。违约责任是指当事人一方不履行合同义务或者履行合同义务不符合约定，应当承担继续履行、采取补救措施或者赔偿损失等责任。违约责任必须是由于当事人的过错，致使合同规定的义务不能履行或者不能完全履行，违约方应承担以民事责任为主的违约责任。

（二）违约责任的承担方式

违约责任是指当事人违反合同约定应承担的民事责任。违约责任的承担方式主要有以下几种：

1. 继续履行

当事人一方不履行合同义务或履行合同义务不符合约定，不论是否已经承担赔偿金或者违约金责任，都必须根据对方的请求，在自己能够履行的条件下，继续履行合同义务。

2. 采取补救措施

主要适用于质量不符合约定的情况。受损方根据标的的性质以及损失的大小，可以合理选择要求对方承担修理、变更、重做、退货、减少价款或者报酬等违约责任。

3. 赔偿损失

赔偿损失的范围可以由当事人双方自行约定，也可以由法律直接规定。在法律没有特别规定和当事人没有另行约定的情况下，应按完全赔偿原则，赔偿全部损失。

4. 支付违约金

违约金是指当事人通过协商预先确定的，在违约发生后作出的独立于履行行为以外的给付。违约金具有惩罚的性质，即当事人违约，不论其是否给对方造成经济损失，都必须支付违约金。受害方要求的损失赔偿额，不得超过违反合同一方订立合同时预见或应当预见的因违反合同可能造成的损失。也就是说，赔偿的损失是合理预见到的损失，而不是没有限度的。当事人可以在合同中约定，如果一方违约应当向另一方支付一定数额的违约金。如果当事人对违约金做出了约定，那么这种违约金称为约定违约金。约定违约金低于实际造成的损失，当事人可以请求人民法院或者仲裁机构予以适当增加。同时，支付违约金并不免除继续履行的义务，守约方要求继续履行合同的，只要违约方有继续履约的能力，必须继续履行。

5. 赔付定金

如前所述，当事人设立了违约金的情况下，任何一方不履行合同都将承担定金责任。另外，如果当事人在合同中既约定违约金，又约定定金的，一方违约时，对方可以选择适用违约金或者定金条款。也就是说，当事人只能使用违约金和定金条款中的一种作为违约责任的承担方式，而不能将两者同时并用。

（三）采购合同纠纷解决的途径

根据《合同法》的规定，采购合同纠纷的解决途径有三种：和解或者调解、仲裁和诉讼。

1. 和解或者调解

和解，简单地说，就是买卖合同双方当事人之间的协商解决，是指发生买卖合同争议以后，合同各方当事人直接磋商，在互相谅解的基础上解决争议的一种方式。协商解决争议是不能随心所欲的，必须遵循自愿、依法和平等的规则。调解，是指买卖合同当事人之间发生争议后，由第三方对争议各方依理依法劝说，并使争议双方在互相谅解的基础上自愿达成和解协议的一种解决争议的方式。同协商解决一样，调解解决也需要按照自愿、依法和平等的规则。

2. 仲裁

仲裁，又称公断，是指买卖合同的当事人通过协议将其争议提交给仲裁机构，由仲裁机构依照仲裁程序对其争议作出裁决从而解决争议的一种具体方式。仲裁结果具有法律效力。

（1）仲裁的含义和特点。仲裁是指买卖双方在争议发生之前或发生之后，签订书面协议，自愿将争议提交双方均同意的第三方予以裁决。由于仲裁是依照法律所允许的仲裁程序裁定争端，因而仲裁裁决是最终裁决，具有法律约束力，当事人双方必须遵照执行。合同纠纷仲裁是指合同纠纷当事人在自愿基础上达成协议，将纠纷提交仲裁委员会审理，并作出对争议各方有约束力的裁决的一种解决合同纠纷的制度。仲裁方式具有解决争议时间短、费用低、能为当事人保密、异国执行方便等优点。且仲裁是终局的，对双方都有约束力。

（2）合同纠纷仲裁的原则。第一，协议仲裁原则。协议仲裁原则又称尊重当事人意愿原则。当事人采用仲裁方式解决纠纷，应当双方自愿，达成仲裁协议；没有仲裁协议，一方申请仲裁的，仲裁委员会不予受理；当事人达成仲裁协议，一方向人民法院起诉的，人民法院不予受理，但仲裁协议无效的除外；仲裁委员会应当由当事人协议选定。另外，仲裁不实行级别管辖和地域管辖。第二，公平合理原则。仲裁委员会应当根据事实，符合法律规定，公平、合理地解决纠纷。第三，独立公正原则。仲裁委员会独立于行政机关，依法独立进行，与行政机关没有隶属关系，不受行政机关、社会团体和个人的干涉。仲裁委员会之间也没有隶属关系。第四，一裁终局原则。裁决作出后，当事人就同一纠纷再申请仲裁或者向人民法院起诉的，仲裁委员会或者人民法院不予受理。

（3）合同纠纷的仲裁协议。仲裁协议是各方当事人愿意将他们之间的争端提交仲裁解决的一项协议，是提交合同仲裁的前提。仲裁协议包括合同中订立的仲裁条款和以其他书面方式在纠纷发生前或者纠纷发生后达成的请求仲裁的协议。

（4）合同纠纷仲裁裁决的执行和撤销。仲裁裁决一经作出即发生法律效力，当事人应当履行裁决。一方当事人不履行的，另一方当事人可以依照《中华人民共和国民事诉讼法》的有关规定向人民法院申请执行，受理的人民法院应当执行。仲裁机构本身没有执行权。申请执行应当由当事人向被执行人住所地或被执行财产所在地的基层人民法院提交申请执行书和仲裁裁决书。申请执行必须在法定的期限内才有效。当事人提出证据证明仲裁裁决有下列情形之一的，可以向仲裁委员会所在地的中级人民法院申请撤销裁决：没有仲裁协议的；裁决的事项不属于仲裁协议的范围或者仲裁委员会无权仲裁的；仲裁庭的组成或者仲裁的程序违反法定程序的；裁决所根据的证据是伪造的；对方当事人隐瞒了足以影响公正裁决的证据的；仲裁员在仲裁该案时有索贿受贿、徇私舞弊、枉法裁决行为的。

3. 诉讼

诉讼，是指买卖合同当事人之间产生纠纷以后在没有有效仲裁协议的情形下，其中的一方向人民法院提起民事诉讼，请求人民法院予以解决争议的一种具体方式。采用这种方式需要遵循《中华人民共和国民事诉讼法》的有关规定。

合同纠纷诉讼是指合同纠纷的当事人向人民法院起诉，人民法院立案受理，在合同双方当事人和其他诉讼参与人的参与下，由人民法院审理和解决合同纠纷的法律制度。合同纠纷诉讼是人民法院执行和适用《合同法》，解决合同纠纷案件的民事执法活动。诉讼是合同纠纷的最终解决途径，权威性高，法律约束力强。只要当事人不愿和解、调解或者和解、调解不成，当事人之间又没有订立仲裁协议或者仲裁协议无效，便可以直接向人民法院起诉，通过人民法院的审判活动，使合同纠纷得到公正、合理的解决。

（1）合同纠纷诉讼的受案范围和法院管辖。根据我国法院审判案件分工的规定，除了自然人之间的合同纠纷外（法院民事法庭受理），绝大部分合同纠纷案件归人民法院经济审判庭管辖，他们受理各类合同纠纷案件。法院管辖是指法院系统内部的上下级法院、同级法院之间在受理第一审合同纠纷案件上的权限分工。根据《中华人民共和国民事诉讼法》的规定，法院管辖包括级别管辖、地域管辖、移送管辖和指定管辖四种。

（2）合同纠纷诉讼当事人的诉讼权利与义务。当事人有进行诉讼、要求人民法院公正审判的权利。其中包括请求司法保护、委托代理人和申请回避等。请求司法保护是当事人一项最基本的诉讼权利。凡是符合起诉条件的合同当事人（原告）都有权向人民法院起诉；被起诉的合同对方当事人（被告）有义务到人民法院应诉，并有权提起反诉。当事人有维护自己实体合同权利的请求和主张的诉讼权利，其中包括收集、提供证据，进行辩论和查阅本案有关材料等；处分合同实体权利的诉讼权利，其中包括请求调解、提起上诉、双方自行和解以及提起反诉等；借以实现合同权益的诉讼权利，指合同当事人申请执行的权利。

任务3
交货验收管理

业务背景

交货验收是采购合同执行的结果。通常情况下，供应商无法做到百分之百的按期交货，其中既有一定的主观原因，也有一些客观原因，甚至可能是采购企业自身的原因导致供应商无法按期交货。因此，交货管理的重点就是尽可能地预防影响供应商按期交货的问题，未雨绸缪，保证供应。

在力争供应商按期交货的同时，采购企业还将面对货品的验收工作。验收工作既是货物所有权的转移节点，也是理清问题货物责任的重要节点。采购企业要与仓管、生产、质管等部门密切配合，把握好货物验收关，保证收到的每件货物都是符合企业要求的。

导入任务

本任务主要通过相关案例分析、现场操作等方式，使学习者掌握交货验收的要求，能够正确按照交货验收的流程开展工作，通过质量和数量两个方面验收指定的货物，并能够正确处理验收中发现的简单问题。

知识准备

一、交货管理

交货，一般是指货物所有权的转移，转移成立，即表示完成交货。采购的目的在于货物的获取，而交货则是完成采购合同的关键作业，交货是采购作业中最为重要的一环。

（一）确保交货日期的重要性

交货日期（简称货期）是交货作业中最重要的因素。唯有确保交货日期，才能算是成功的采购。确保交货日期的目的是企业所需货物在必要的时候能获得供应，并以最低的成本来完成生产。推迟交货日期固然不好，提前交货也未必是好事。容许提前交货会发生交货的延迟。因为供应商为资金调度的方便，会优先生产高价格的货物以提早交货，所以假如容许其提早交货，就会造成低价格货物的延迟交货。非急需货物的提早交货，必定增加存货而导致资金运用效率的恶化。

（二）延迟交货的原因

货期的延迟会阻碍生产活动的顺利进行，会给生产现场及其有关部门带来有形、无形的不良影响，以致成为增加成本的原因，如停工待料、失去客户、员工加班等。

【实例 5－2】某电机公司货期延迟的原因

在日本科学技术联盟所举办的“采购、材料部门的 TQC 研究发表会”上，某电机公司对该公司货期延迟的原因做出了检讨报告。表 5－2 就是该公司货期延迟的原因。

表 5－2　货期延迟的原因

供应商需要对延期交货负责的情况	采购商需要对延期交货负责的情况		双方沟通不良所造成的原因
	采购部门的责任	采购部门以外的责任	
1. 超过产能接单 2. 超过技术水平接单 3. 产量的变动 4. 现有作业量的掌握不充分 5. 时间估计错误 6. 对新下单产品不熟悉 7. 过程管理不完备 8. 不合格品的发生 9. 员工工作缺乏积极性 10. 品质管理不充分 11. 零配件不足或未能及时采购 12. 缺乏责任感 13. 作业管理不完备 14. 转包业务管理能力不足 15. 由于经营业绩不良，使经营者转变工作重心 16. 机器设备不完备 17. 等待其他小批量订单，以获得规模效益	1. 供应商选择错误 2. 对供应商产能或技术水平调查不足 3. 业务手续不完备或延误 4. 订单或指示联络事项不完备与不彻底 5. 材料、零配件供给延迟 6. 需求描述不明确 7. 价格过低，使供应商无钱可赚 8. 进度掌握与督促不充分 9. 技术指导疏忽 10. 采购人员经验不足或确保货期的意识弱 11. 付款条件过严或付款耽误 12. 频频更换供应商 13. 下订单到过远的地方 14. 信息沟通不顺畅	1. 调度期间过短 2. 部门间缺乏协调 3. 尚未考虑材料或零配件的供应时间就决定货期 4. 模具延迟 5. 图纸、规范不完备 6. 由于紧急订货而引起的日程变更、混乱 7. 生产计划的制定、实施有错误或延迟 8. 生产计划变更 9. 订货数量太少 10. 设计变更或规范变更 11. 其他特殊事情	1. 双方未能就产能变动作沟通 2. 新下单产品规范、规格掌握不充分 3. 机器设备问题点的掌握不充分 4. 未能充分掌握经营状况 5. 单方面指定货期 6. 对日程变更未能作充分说明 7. 对图纸、规范沟通不充分

（三）如何确保如期交货

采购商可借助下列方式，来确保供应商如期交货。

1. 合理工作规划

采购商应制定合理的购运时间，即将请购、采购、卖方准备、运输、检验等各项作业所需的时间，予以合理的规划，避免供应商无法配合。

2. 销售、生产及采购单位加强联系和沟通

由于市场的状况变化莫测，因此生产计划若有调整的必要，必须征询采购部门的意见，以使其对停止或减少送货的数量、应追加或新订的数量作出正确的判断，并尽快通知供应商，使其减少可能的损失，以提高配合的意愿。

3. 期中稽催，驻厂查验

采购商应要求供应商提供生产计划或工作日程表，以便在交货之前查核进度，若有延误事项，促其改善；若供应商不具备交货能力，即停止交易，另觅供货来源。因此，期中稽催的目的在于“亡羊补牢”。此外，为了避免交货品质不良，影响可用数量，对于重要物料应派员驻厂查验，亦可省去将来退货的麻烦。

4. 准备替代来源

供应商不能如期交货的原因颇多，且有些是属于不可抗力。因此，采购人员应未雨绸缪，多联系其他来源，研发人员亦应多寻求替代品，以备不时之需。

5. 加重违约罚款或解约责任

在签订买卖合约时，应加重违约罚款或解约责任，使供应商不敢心存侥幸；不过，若需求急迫时，应对如期交货或提前交货的供应商给予奖励，或给予较优厚的付款条件。

6. 查核的重要性

采购人员如果希望按照日程进货，则于订货后，必须有计划地进行查核工作。因为如果到了约定交货时间，才作联络，可能为时已晚，无法补救。

制造品不可能在交货日期一次全部制造完成。之所以未能准时交货，通常都是在交货日期之前的生产过程中，其计划进度与实际进度发生偏差所致。所以，查核的目的是，一旦发生上述事件，可以有足够时间思考解决办法，掌握生产情况，以便采取必要行动。

二、验收管理

供应商交货时，采购商验收的主要工作包括：检验数量和质量。检验数量，即通过计数或度量衡器具，以查明物品的数量；检验质量，即通过触感或简单的仪器，以鉴定或测度物品的外表及内容，或凭物理试验及化学分析，以鉴定或测度物品的性质或成分。

物品验收是按照验收业务作业流程，核对凭证等规定的程序和手续，对入库物品进行数量和质量检验的经济技术活动的总称。凡物品进入仓库储存，必须经过检查验收，只有验收后的物品，方可入库保管。物品验收涉及多项作业技术。

验收的主要任务是查明到货的数量和质量状态，为入库和保管打好基础，防止仓库和货主遭受不必要的经济损失，同时对供货单位的产品质量和承运部门的服务质量进行监督。

（一）物品验收的作用

所有到库物品，必须在入库前进行验收，只有在验收合格后方算正式入库。这种必要性体现在：一方面，各种到库物品来源复杂，渠道繁多，从结束其生产过程到进入仓库前，经过一系列储运环节，受到储运质量和其他各种外界因素的影响，质量和数量可能发生某种程度的变化；另一方面，各类物品虽然在出厂前都经过了检验，但有时也会出现失误，造成错检或漏检，使一些不合格物品按合格物品交货。

物品验收的作用，主要表现在以下方面。

1. 验收是做好物品保管、保养和使用的基础

物品的验收工作是做好物品保管、保养和使用的基础。物品经过长途运输、装卸搬运后，包装标志容易损坏、散失，没有包装的物品更容易发生变化。这些情况都将影响物品的保管。所以，只有在物品入库时，将物品实际状况搞清楚，判明物品的品种、规格质量等是否符合国家标准或供货合同规定的技术条件，数量上是否与供货单位附带的凭证相符，才能分类分区按品种、规格分别堆码存放，才能针对物品的实际情况，采取相应的措施对物品进行保管、保养。

2. 验收记录是仓库提出退货、换货和索赔的依据

在物品验收过程中，若发现物品数量不足、规格不符或质量不合格时，仓库检验人员应做出详细的验收记录，据此由业务主管部门向供货单位提出退货、换货或向承运责任方提出索赔等要求。倘若物品入库时未进行严格的验收，或没有做出严格的验收记录，而在保管过程中，甚至在发货时才发现问题，就会使责任不分，丧失理赔权，带来不必要的经济损失。所以，物品只有经过严格的检验，在分清物品入库前供货单位及各个流转运输环节的责任后，才能将符合合同规定、符合企业生产需要的物品入库。

3. 验收是避免物品积压、减少经济损失的重要手段

保管不合格品是一种无效的劳动。对于一批不合格物品，如果不经过检查验收，就按合格物品入库，必然造成物品积压；对于计重物品，如果不进行检斤验数，就按有关单据的供货数量付款，当实际数量不足时，就会造成经济损失。

4. 验收有利于维护企业利益

当前物品的品种规格不断增加，产地和厂家等情况更为复杂，采购商必须依据物品验收工作的程序与制度，严格认真地做好验收工作；否则，数量与质量方面的问题就不能得到及时发现。若超过索赔期，即使发现问题，也难以与供应商交涉，这就会给企业造成重大损失。

（二）验收工作的要求

物品验收工作是一项技术要求高、组织严密的工作，关系到整个仓储业务能否顺利

进行，所以必须做到及时、准确、严格、经济。

1. 及时

到库物品必须在规定的期限内完成验收工作。这是因为物品虽然到库，但是未经过验收的物品不算入库入账，不能供应给用料单位。只有及时验收，尽快提出检验报告，才能保证物品尽快入库，满足用料单位需要，加快物品和资金周转。同时，物品的托收承付和索赔都有一定的期限，如果验收时发现物品不符合规定要求，要退货、换货或赔偿，均应在规定的期限内提出；否则，供方或责任方不再承担责任，银行也将办理拒付手续。

2. 准确

验收的各项数据或检验报告必须准确无误。验收的目的是要弄清物品数量和质量方面的实际情况，验收不准确，就失去了验收的意义。而且，不准确的验收还会给人以假象，造成错误的判断，引起保管工作的混乱，严重者还可能危及营运安全。

3. 严格

仓库有关各方都要严肃、认真地对待物品验收工作。验收工作的好坏直接关系到国家和企业利益，也关系到以后各项仓储业务的顺利开展，因此仓库领导应高度重视验收工作，直接参与人员更要以高度负责的精神来对待这项工作。

4. 经济

在多数情况下，物品在验收时不仅需要检验设备和验收人员，而且需要装卸搬运机具和设备及相应工种工人的配合。这就要求各工种密切协作，合理组织调配人员与设备，以节省作业费用。此外，在验收工作中，应尽可能保护原包装，减少或避免破坏性试验，这也是提高作业经济性的有效手段。

（三）验收作业流程及其内容

验收作业流程包括验收准备、核对凭证和实物检验三个环节。

1. 验收准备

仓库接到到货通知后，应根据物品的性质和批量提前做好验收前的准备工作，大致包括以下内容：

（1）人员准备。安排好负责质量验收的技术人员或用料单位的专业技术人员，以及配合数量验收的装卸搬运人员。

（2）资料准备。收集并熟悉待验物品的有关文件，如技术标准、订货合同等。

（3）器具准备。准备好验收用的检验工具，如衡器、量具等，并校验准确。

（4）货位准备。确定验收入库时存放货位，计算和准备堆码与苫垫材料。

（5）设备准备。大批量物品的数量验收，必须有装卸搬运机械的配合，应做好设备的申请调用。

此外，对于有些特殊物品的验收，如毒害品、腐蚀品、放射品等，还要准备相应的防护用品。

2. 核对凭证

入库物品必须具备下列凭证：

（1）入库通知单和订货合同副本，这是仓库接受物品的凭证。

（2）供货单位提供的材质证明书、装箱单、磅码单、发货明细表等。

（3）物品承运单位提供的运单，若物品在入库前发现残损情况，还要有承运部门提供的货运记录或普通记录，作为与责任方交涉的依据。

核对凭证，也就是将上述凭证加以整理、全面核对。入库通知单、订货合同要与供货单位提供的所有凭证逐一核对，相符后才可进行下一步的实物检验。

3. 实物检验

实物检验，就是根据入库单和有关技术资料，按照一定的方法对实物进行数量和质量检验。

（1）数量检验。数量检验是保证物品数量准确而不可缺少的重要步骤，一般在质量验收之前，由仓库保管职能机构组织进行。按物品性质和包装情况，数量检验分为三种形式，即计件、检斤、检尺求积。

1）计件是按件数供货或以件数为计量单位的物品，做数量验收时的清点件数。一般情况下，计件物品应全部逐一点清，固定包装物的小件物品，如果包装完好，打开包装对保管不利。国内货物只检查外包装，不拆包检查（贵重物品除外）；进口物品按合同或惯例办理。

2）检斤是按重量供货或以重量为计量单位的物品，做数量验收时的称重。金属材料、某些化工产品多半是检斤验收。按理论换算重量供应的物品，先要通过检斤，如金属材料中的板材、型材等，然后按规定的换算方法换算成重量验收。对于进口物品，原则上应全部检斤，但如果订货合同规定按理论换算重量交货，则应该按合同规定办理。所有检斤的物品都应填写磅码单。

3）检尺求积是对以体积为计量单位的物品，如木材、竹材、砂石等，先检尺后求体积所做的数量验收。凡是经过检尺求积检验的物品，都应该填写磅码单。在做数量验收之前，还应根据物品来源、包装好坏或有关部门规定，确定对到库物品是采取抽验还是全验方式。在一般情况下，数量检验应全验，即按件数全部进行点数，按重量供货的全部检斤，按理论换算重量供货的全部先检尺，后换算为重量，以实际检验结果的数量为实收数。

（2）质量检验。在仓库中，质量验收主要指物品外观检验，由仓库保管职能机构组织进行。外观检验是指通过人的感觉器官，检验物品的包装外形或装饰有无缺陷；检查物品包装的牢固程度；检查物品有无损伤，如撞击、变形、破碎等；检查物品是否被雨、雪、油污等污染，有无潮湿、霉腐、生虫等。外观有缺陷的物品，有时可能影响其质量，所以对外观有严重缺陷的物品，要单独存放，防止混杂，等待进一步处理。凡经过外观检验的物品，都应该填写检验记录单。物品的外观检验只通过直接观察物品包装或物品外观来判别质量情况，大大简化了仓库的质量验收工作，避免了各个部门反复进行复杂的质量检验，从而节省了大量的人力、物力和时间。

（3）检验方法。仓库常用的检验方法主要有：1）视觉检验。在充足的光线下，利用视力观察物品的状态、颜色、结构等表面状况，检查有无变形、破损、脱落、变色、结块等损害情况，以判定质量。同时检验物品标签、标志是否具备、完整、清晰等，标签、标志与物品内容是否一致。2）听觉、触觉、嗅觉、味觉检验。通过摇动、搬运操作、轻度敲击物品的声音，或利用手感鉴定物品的细度、光滑度、黏度、柔软程度等来判定有无结块、干涸、融化、受潮，或通过物品所特有的气味、滋味判定是否新鲜，有无变质。3）测试仪器检验。利用各种专用测试仪器进行物品性质测定，如含水量、密度、黏度、成分、光谱等测试。4）运行检验。对物品进行运行操作，如电器、车辆等，检查操作功能是否正常。

仓库主要是对物品的外包装进行检验，检验包装有无被撬、开缝、污染、破损、水渍等不良情况。包装的含水量是影响物品保管质量的重要指标，一些包装物含水量高表明物品已经受损害，需要进一步检验。

【实例 5-3】纸张入库验收及简易检测方法

对于印刷企业来说，如果没有一套完整的纸张测量仪器，在进购纸张时只能凭供应商提供的技术检验报告单，无从知道该批纸张是否达到所需质量要求或者是否与其提供的技术检验报告相符。那么，在这种情况下，怎样才能在这批纸张入库前把好质量关呢？根据笔者几年来的工作经验总结，至少要从以下几方面对纸张进行检测。

1. 必须检查采购数、实收数，查看外包装是否有散落、损坏的情况。若有，则必须清点小包装数量，并作好损坏记录。

2. 仔细检查供应商提供的技术数据及检验报告。

（1）抽查每件产品是否有出厂合格证。

（2）查看是否有供应商所在地的浆纸质量监督检验中心站（所）提供的检验报告（最好看原件）。

3. 随机拆开一两件产品，观察其外观是否有裂口、皱纹、卷曲等问题，如有此类缺陷，可直接要求退货、换货。

4. 用简易的操作方法检验其质量。

（1）检验定量：从纸中随机抽取 5 张样张以上，裁切成 100 毫米×100 毫米 4 叠（精确到 0.1 毫米），分别称出每叠纸样的重量，计算出其定量是否达到要求。

（2）检验其耐折度：取出几张纸样，拿住某张的一角往复折叠 180°（5～8 次），最低质量要求是几张纸样都没有出现裂纹、折断现象。

（3）检验透明点：拿 3～5 张纸样挡住太阳光或明亮灯光观看，如没有出现片、点、线特别透明现象，则基本达到质量要求。

（4）检验白度：多抽查几张纸样可用目测法观察纸张正反面的白度，并将其与本厂所留标准样进行对比，观察其白度是否达到质量要求。

（5）检验有无鼓泡和霉变：取 3～5 张随机抽纸样，放置与地面成 45°方向，迎自然光目测或拿放大镜观察，要求没有霉点和水泡痕迹。

（6）检查其平整度：用检验鼓泡和霉变的方法，再用手轻抚其表面的平滑程度，并仔细查看其表面有无条纹针眼。

(7) 检查有无掉粉（也是纸张施胶度和表面强度的手检方法）：多取几张试样，分别拿住纸张的一角，用指甲轻微刮同一处，查看有无纸粉掉出，纸粉掉出越多，表明该纸越差（此项方法对检查玻璃卡纸更有效果）。

(8) 检测其浸水性的方法，把纸样平铺在玻璃板上，用鸭嘴笔以10厘米/秒的速度横竖画线，并在线条末端停留约半分钟，看纸样对墨水渗透的程度是否达到印刷所需的要求。

如果以上几项都没有问题，其他项目也都检测合格，则表明该纸已达到印刷时的基本要求，这时应填写好入库单，并准备在干燥、阴凉、通风的地方分类存放。但在以后上机印刷时，如果还是因纸张质量问题而无法正常印刷，则必须依靠检测仪器来检测其精确数据，查看哪项不合格。

（四）检验范围

检验范围是指对入库物品实施数量和质量检验的数量，分为全验和抽验。原则上，对于大批量、同包装、同规格，较难损坏的物品，应采用全验的方式，质量较高、可信赖的可以采用抽验的方式。但是在抽查中发现不符情况较多时，应扩大抽查范围，甚至全验。

1. 数量检验的范围

以重量交货的物品，在验收时一律按净重计数验收。不带包装和不定尺交货的，一律全部过磅计重；带包装交货的，毛重检斤率为100%，回皮率为5%～10%，清点件数为100%；有标量或按标准定量包装交货的，按标量抽验，抽验率为5%～10%；按理论换算计重交货的，定尺物品检尺率为10%～20%，非定尺物品检尺率为100%，且要注意单位的换算；贵重金属材料，不论是否有包装，均100%过净重。以件数交货的物品，在验收时一律全部点清件数，带有附件的和成套的机电设备，不仅要清点主件和主机，而且要清点附件和部件、零件和工具；定量小包装的物品，若包装完好，可抽验5%～15%，在抽验范围内无差错，则全批合格，若有差错则应全部拆箱点查。不按件也不按重量交货的物品，应按合同规定的计量方法验收。数量验收中采取检斤称量方式时，每种物品都有一个合理的允许磅差。

2. 质量检验的范围

带包装的金属材料，抽验5%～10%；无包装的金属材料全部目测查验；入库量10台以内的机电设备，验收率为100%；100台以内，验收率不小于10%；运输、起重设备100%查验；仪器仪表外观质量缺陷查验率为100%；易于发霉、变质、受潮、变色、污染、虫蛀、机械性损伤的物品，抽验率为5%～10%；外包装质量缺陷检验率为100%；对于供货稳定，信誉、质量较好的厂家产品，特大批量物品可以采用抽查的方式检验质量。

（五）检验时间

物品的数量、外观质量应在入库时进行检验；物品的内在质量，应在合同约定的时间之内进行检验，或者按照仓储惯例在入库10天之内；进口货物的检验应在到货后的

30 天之内进行。

三、验收问题处理

在物品验收中，可能会发现诸如证件不齐、数量短缺、质量不符合要求等问题，应区别不同情况，及时处理。

（一）待处理的物品

凡验收中发现问题等待处理的物品，应该单独存放，妥善保管，防止混杂、丢失、损坏。

（二）数量短缺

数量短缺规定在磅差范围内的，可按原数入账；凡超过规定磅差范围的，应查对核实，填制验收记录和磅码单交主管部门会同货主与供货商交涉。凡实际数量多于原发料量的，可由主管部门向供货商退回多发数，或补发货款。在物品入库验收过程中发生的数量不符情况，其原因可能是因为发货方在发货过程中出现了差错，误发了物品，或者是在运输过程中漏装或丢失了物品等。在物品验收过程中，如果对数量不进行严格的检验，或由于工作粗心，未查清数量的短缺，就会给仓库造成经济损失。

（三）质量不符合规定

凡质量不符合规定时，应及时向供货商办理退货、换货，或征得供货商同意代为修理，或在不影响使用前提下降价处理。物品规格不符或错发时，应先将规格对的予以入库，规格不对的做成验收记录交给主管部门办理换货。

（四）证件问题

证件未到或不齐时，应及时向供货商索取，到库物品应作为待检验物品堆放在待验区，待证件到齐后再进行验收；证件未到之前，不能验收，不能入库，更不能发料。入库通知单或其他证件已到，在规定的时间未见物品到库时，应及时向主管部门反映，以便查询处理。

（五）发生损坏

凡因承运部门造成的物品数量短少或外观包装严重残损等，应凭接运提货时索取的货运记录向承运部门索赔。

（六）价格不符

凡价格不符，供应商多收部分应该拒付，少收部分经过检查核对后，应主动联系，及时更正。

任务4 采购货款结算

业务背景

在供应商按时、保质、保量地完成采购货物的交付任务并经采购企业验收完成后，采购企业应按照采购合同的相关条款支付采购货款。在当前的经济技术环境下，采购企业应充分了解各种支付方式，以便选择对双方都有利的方式完成采购货款的结算任务，这既是采购企业的责任，也是采购企业的义务。

导入任务

本任务主要通过图片以及实物展示的方式，向学习者说明采购货款结算的各种方式及其优缺点，使学习者能够正确掌握各种支付方式，了解各种支付方式的操作流程，并根据具体的采购活动选择相应的支付方式。

知识准备

一、相关票据认知

（一）支票

支票是以银行为付款人的即期汇票，即存款人签发给银行的无条件支付一定金额的委托或命令，出票人在支票上签发一定的金额，要求受票的银行于见票时，立即支付一定金额给特定人或持票人。支票一般分为现金支票（见图5－2和图5－3）、转账支票（见图5－4）和定额支票三种。

1. 现金支票

现金支票是专门制作的用于支取现金的一种支票。当客户需要使用现金时，随时签发现金支票，向开户银行提取现金，银行在见票时无条件支付给收款人确定金额的现金的票据。

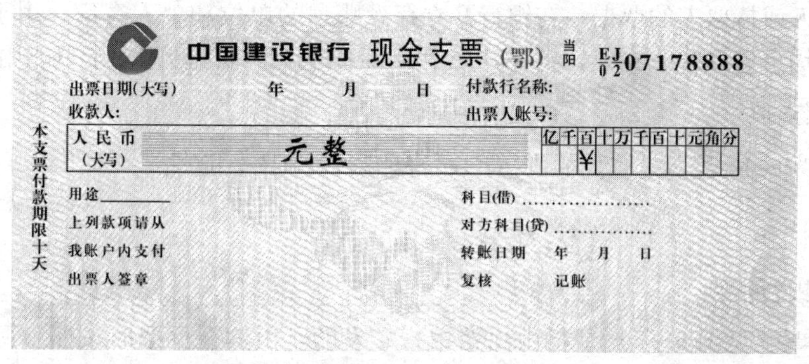

中国建设银行 现金支票（鄂）　EJ 02 07178888

出票日期(大写)　年　月　日　付款行名称：

收款人：　出票人账号：

本支票付款期限十天

人民币（大写） 元整	亿	千	百	十	万	千	百	十	元	角	分
			¥								

用途________　科目(借)……………

上列款项请从　对方科目(贷)……………

我账户内支付　转账日期　年　月　日

出票人签章　复核　记账

图 5-2　中国建设银行现金支票（样张）

中国工商银行 支票　BG 02

出票日期(大写)　年　月　日　付款行名称：

收款人：　出票人帐号：

本支票付款期限十天

人民币（大写）	亿	千	百	十	万	千	百	十	元	角	分

用途________

上列款项请从　科目(借)……………

我账户内支付　对方科目(贷)……………

出票人签章　复核　记账

图 5-3　中国工商银行现金支票（样张）

中国银行 转账支票（皖）　D0 02 03513251

出票日期（大写）贰零零玖 年 零肆 月 贰拾 日　付款行名称：

收款人：彬 伊 奴 奉 节 专 卖 店　出票人账号：

本支票付款期限十天

人民币（大写） 壹 仟 元 整	亿	千	百	十	万	千	百	十	元	角	分
					¥	1	0	0	0	0	0

用途________

上列款项请从

我账户内支付

出票人签章　复核　记账

⑈357828⑈035104046 3⑆7148150598091⑈

图 5-4　中国银行转账支票（样张）

现金支票用于支取现金，它可以由存款人签发用于到银行为本单位提取现金，也可以签发给其他单位和个人用来办理结算或者委托银行代为支付现金给收款人。

2. 转账支票

当客户不用现金支付收款人的款项时，可签发转账支票，自己到开户银行或将转账支票交给收款人到开户银行办理支付款项手续。转账支票只能用于转账，不能用于提取现金。

转账支票是出票人签发的，委托办理支票存款业务的银行在见票时无条件支付确定的金额给收款人或持票人的票据；在银行开立存款账户的单位和个人客户，用于同城交易的各种款项，均可签发转账支票，委托开户银行办理付款手续。转账支票只能用于转账。

3. 定额支票

定额支票是指支票票面金额确定的支票。定额支票不记名，不挂失，自银行签发后生效。

（二）银行汇票

银行汇票（见图5-5）是指由出票银行签发的，由其在见票时按照实际结算金额无条件付给收款人或者持票人的票据。银行汇票的出票银行为银行汇票的付款人。单位和个人各种款项的结算，均可使用银行汇票。

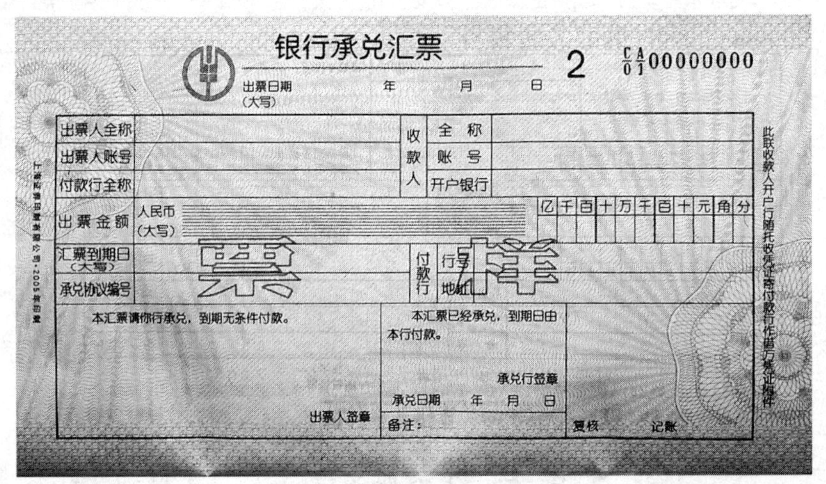

银行承兑汇票　2　CA 01 00000000

出票日期（大写）　年　月　日

出票人全称		收款人	全称	
出票人账号			账号	
付款行全称			开户银行	
出票金额	人民币（大写）		亿 千 百 十 万 千 百 十 元 角 分	
汇票到期日（大写）		付款行	行号	
承兑协议编号			地址	

本汇票请你行承兑，到期无条件付款。
出票人签章

本汇票已经承兑，到期日由本行付款。
承兑行签章
承兑日期　年　月　日
备注：　复核　记账

此联收款人开户行随托收凭证寄付款行作借方凭证附件

票样

图5-5　银行承兑汇票（样张）

银行汇票具有适用范围广泛、使用灵活、适应性强等特点。它的提示付款期限自出票日起1个月；银行汇票可用于转账，填明“现金”字样的银行汇票可以用于支取现金（申请人和收款人均须为个人），票随人走，钱货两清，且结算不受金额起点限制。

（三）银行本票

银行本票（见图5-6）是申请人将款项交存银行，由银行签发的承诺自己在见票时无条件支付确定的金额给收款人或者持票人的票据。银行本票按照其金额是否固定可分为不定额银行本票与定额银行本票两种。

不定额银行本票是指凭证上金额栏是空白的，签发时根据实际需要填写金额（起点金额为5 000元），并用压数机压印金额的银行本票。

定额银行本票是指凭证上预先印有固定面额的银行本票。定额银行本票面额为1 000元、5 000元、10 000元和50 000元。

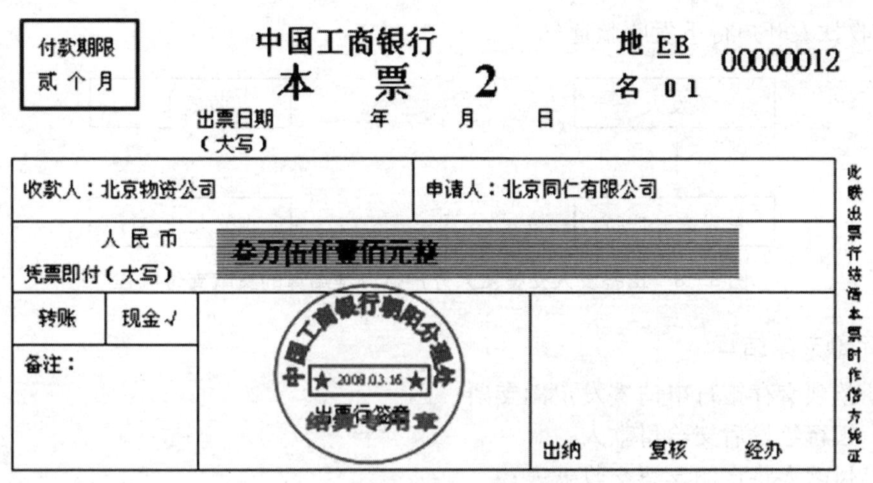

付款期限
贰 个 月

中国工商银行
本　票　2

地 EB　00000012
名 01

出票日期（大写）　　年　　月　　日

收款人：北京物资公司　　申请人：北京同仁有限公司

人民币
凭票即付（大写）　叁万伍仟壹佰元整

转账　　现金√

备注：

中国工商银行朝阳分理处
2008.03.16
结算专用章
出票行签章

出纳　　复核　　经办

此联出票行结清本票时作借方凭证

图 5-6　中国工商银行本票（样张）

二、常见采购货款支付流程

（一）支票结算的货款支付流程

1. 现金支票结算

开户单位用现金支票提取现金时，由单位出纳人员签发现金支票并加盖银行预留印鉴，然后到开户银行提取现金；开户单位用现金支票向外单位或个人支付现金，由付款单位出纳人员签发现金支票，并加盖银行预留印鉴和注明收款人后交收款人，收款人持现金支票到付款单位开户银行提取现金，并按照银行的要求校验有关证件。

2. 转账支票结算

（1）由签发人交收款人办理结算（见图 5-7）。

1）付款人签发转账支票交收款人；

2）收款人持票并填写进账单到开户行办理入账；

3）银行间办理划拨；

4）收款人开户行下发收款通知。

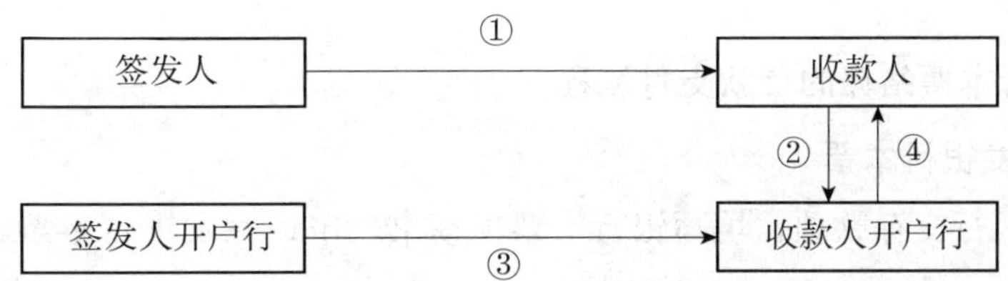

图 5-7　由签发人交收款人办理结算的货款支付流程

（2）由签发人交签发人开户行办理结算（见图 5-8）。

1）签发转账支票并填进账单办理转账；

2）银行间办理划拨；

3）收款人开户行下发收款通知。

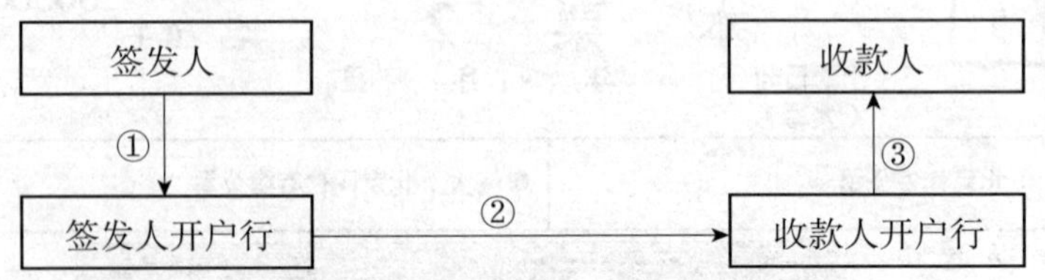

图5-8　由签发人交签发人开户行办理结算的货款支付流程

3. 定额支票结算

（1）款项交存银行申请签发定额支票；

（2）银行签发后交给付款人；

（3）付款人将定额支票交收款人；

（4）收款人将定额支票交银行；

（5）收款人是个人，银行支付给收款人现金；收款人是单位，款项通过银行划拨。

（二）银行汇票结算的货款支付流程

银行汇票结算的货款支付流程见图5-9。

（1）汇款人委托银行办理汇票；

（2）银行签发汇票；

（3）汇款人使用汇票结算；

（4）持汇票进账或取款；

（5）通知汇票已解付；

（6）银行结算划拨。

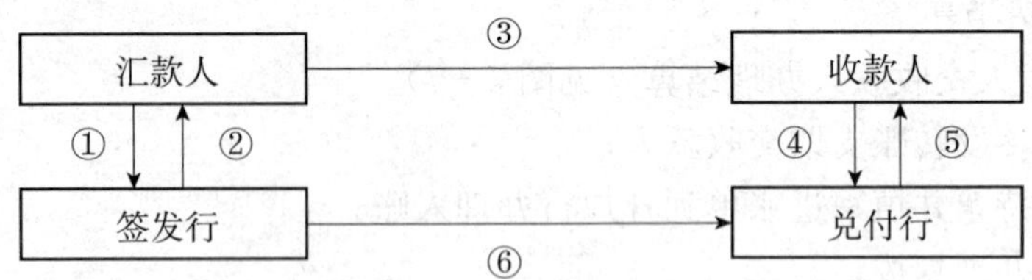

图5-9　银行汇票结算的货款支付流程

（三）银行本票结算的货款支付流程

1. 申请签发银行本票

申请人向银行交存款项，填写银行本票申请书，申请签发银行本票；银行向申请人签发银行本票。

2. 出票

申请人持银行本票可以向填明的收款单位或个体经济户办理结算。

按照《中华人民共和国票据法》的规定，本票必须记载下列事项：

（1）表明“本票”的字样；

（2）无条件支付的承诺；

（3）确定的金额；

（4）收款人名称；

（5）出票日期；

（6）出票人签章。

3. 收款人受理银行本票

收款人收到银行本票后，应审查下列事项：

（1）收款人是否确为本单位或本人；

（2）银行本票是否在提示付款期限内；

（3）必须记载的事项是否齐全；

（4）出票人签章是否符合规定，不定额银行本票是否有压数机压印的出票金额，并与大写出票金额一致；

（5）出票金额、出票日期、收款人名称是否有所更改，更改的其他记载事项是否由原记载人签章证明。

收款人持本票、进账单到开户行办理收款。

4. 银行间划拨资金

收款人开户行收妥入账后，通知收款人。付款人开户行和收款人开户行办理资金划拨。

（四）汇兑结算的货款支付流程

汇兑是汇款人（付款企业）委托银行将其款项支付给收款人的结算方式。这种结算方式划拨款项简便、灵活。

汇款人委托银行办理信汇或电汇时，应向银行填制一式四联的信汇凭证或一式三联的电汇凭证，加盖预留银行印鉴，并按要求详细填写收、付款人名称、账号、汇入地点及汇入行名称、汇款金额等。汇兑结算的具体流程见图 5－10：

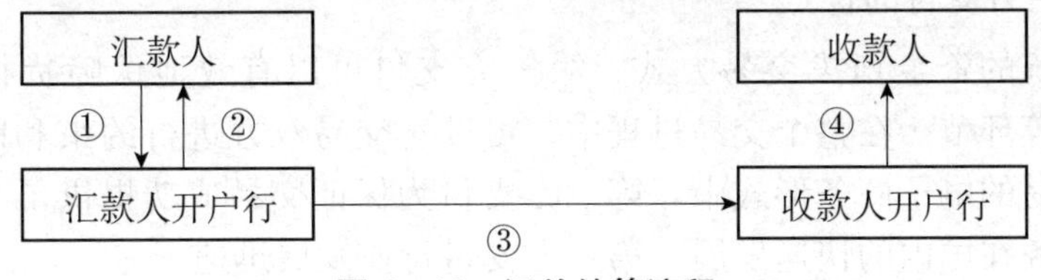

图 5－10　汇兑结算流程

（1）汇款人委托汇款人开户行办理汇款；

（2）汇款人开户行受理退回回单；

（3）汇款人开户行向收款人开户行划转款项；

（4）收款人开户行通知收款人汇款已到。

（五）异地托收承付结算的货款支付流程

异地托收承付是指根据购销合同由收款人发货后委托银行向异地购货单位收取货款，购货单位根据合同核对单证或验货后，向银行承认付款的一种结算方式。

异地托收承付结算流程如下：

（1）收款人发运物品；

（2）收款人委托银行收款；

（3）收款人开户行将收款凭证传递给付款人开户行；

（4）付款人开户行通知付款人承付；

（5）付款人承认付款；

（6）银行间划拨款项；

（7）通知收款人货款收妥入账。

（六）信用卡结算流程

信用卡是指商业银行向个人和单位发行的凭以向特约单位购物、消费及向银行存取现金，且具有消费信用的特别载体卡片。与普通银行储蓄卡相比，信用卡最方便之处在于持卡者可以在卡里没有现金的情况下进行普通消费，在很多情况下只要按期归还消费的金额即可。还款方式通常有发卡行内还款、跨行转账（汇款）还款、网络还款、便利店还款、柜面通还款、信付通还款、还款通还款等。

三、第三方支付

（一）第三方支付的基本概念

第三方支付，就是一些和国内外各大银行签约并具备一定实力和信誉保障的第三方独立机构提供的交易支持平台。在通过第三方支付平台的交易中，买方选购商品后，使用第三方平台提供的账户进行货款支付，由第三方通知卖家货款到达、进行发货；买方检验物品后，就可以通知付款给卖家，第三方再将款项转至卖家账户。

（二）第三方支付的优点

相对于传统的资金划拨交易方式，第三方支付可以有效地保障货物质量、交易诚信、退换要求等环节，在整个交易过程中，可以对交易双方进行约束和监督。在不需要面对面进行交易的电子商务形式中，第三方支付为保证交易成功提供了必要的支持，因此随着电子商务在国内的快速发展，第三方支付行业发展迅速。

1. 提供成本优势

第三方支付平台降低了政府、企业、事业单位直连银行的成本，满足了企业专注发展在线业务的收付要求。

2. 提供竞争优势

由于第三方支付平台的利益中立，因此避免了与被服务企业在业务上的竞争。

3. 提供创新优势

第三方支付平台的个性化服务，使其可以根据被服务企业的市场竞争与业务发展创新商业模式，同步定制个性化的支付结算服务。

（三）典型第三方支付平台简介

经营第三方支付，需获得支付牌照，其全称是“中华人民共和国支付业务许可证”，自 2011 年至 2015 年，央行已经发出 8 批共计 270 张支付牌照，此后停止发放。除去因违规被撤销的 3 张和已经到期的第一批 27 张支付牌照之外，目前市场上可用的支付牌照共有 240 张，这意味着全国目前共有 240 家第三方支付平台。图 5－11 为 2019 年第一季度中国第三方移动支付交易规模市场份额。

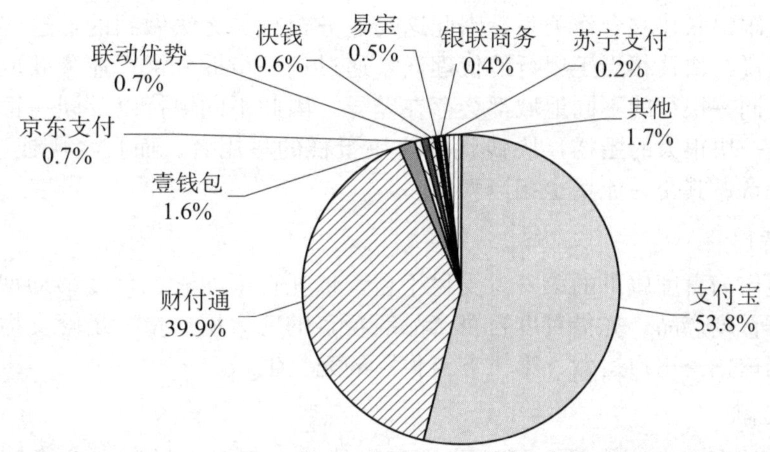

图 5－11　2019 年第一季度中国第三方移动支付交易规模市场份额

资料来源：https://www.iresearch.com.cn/Detail/report? id=3413&isfree=0.

以下，我们介绍国内七家较大的第三方支付平台。

1. 支付宝

支付宝最初作为淘宝网为了解决网络交易安全所设的一个功能，该功能为首先使用的“第三方担保交易模式”，由买家将货款打到支付宝账户，由支付宝向卖家通知发货，买家收到商品确认指令后，支付宝将货款打给卖家，至此完成一笔网络交易。创新的产品技术、独特的理念及庞大的用户群吸引了越来越多的互联网商家主动选择支付宝作为其在线支付体系，使得支付宝一直牢牢占据国内的第三方支付第一的位置，支付宝在天猫、淘宝等 B2B、B2C 电商支付场景中几乎处于垄断地位，其地位的确立在于一套信息齐全、用户数量可观的账户体系，这是支付宝的竞争壁垒。

2. 银联商务

银联控股的银联商务作为“国字号”，其很多业务都是直接委托银联商务的，先天优势不言而喻。此外，在银联控股将重心放在后台建设的情况下，很多业务落地都要委托银联商务，特别是各个省级的银联分公司更是要依托于当地的银联商务来完成其业务指标。目前而言，作为老牌线下银行支付提供商，银联商务可以说是线下第三方支付霸主，涵盖 POS 收单、预付卡受理等线下支付业务，同时也在大力发展线上支付业务，如云闪付。

3. 财付通

财付通是腾讯公司于 2005 年 9 月正式推出的专业在线支付平台，致力于为互联网用户和企业提供安全、便捷、专业的在线支付服务，业务覆盖 B2B、B2C 和 C2C 各领域，提供卓越的网上支付及清算服务。微信支付和财付通虽然服务的渠道不一样，但是它们都是腾讯旗下的支付产品，依旧会互相支持。这就是财付通能与支付宝抗衡的原因。

4. 快钱

快钱是万达控股的第三方支付平台，万达的综合实力毋庸置疑。快钱成立时间较早，服务涵盖零售、商旅、保险、电子商务、物流、制造、医药、服装等各个领域，是一家提供基于 E-mail 和手机号码的网上收付费平台。快钱作为全国性的第三方支付平台，可以进行全国性的收单和资金归集。由于银联规定收单和资金归集是不能跨区域结算，银行普遍跟银联建立合作关系，因此这类业务银行是无法做到的，这就是快钱的优势所在。可以说，快钱相当于银行的代理商，通过进一步拆分银行业务获取利润。由于不同银行以及同一银行的不同地域都会存在差异，因此不同银行以及同一银行的不同地域间的业务是一块很大的蛋糕，快钱就是这块蛋糕的享用者。而且，快钱连接了京东、当当等电商平台，其交易流量也相当大。

5. 百度钱包

百度钱包作为百度旗下的第三方支付平台，依托百度搜索、百度移动搜索、百度地图、爱奇艺等百度产品，凭借百度自身产品线覆盖的庞大用户量，足够支撑起一个“信息查询→数据挖掘→用户运营→第三方支付”的完整生态。

6. 京东金融

京东金融是京东旗下产品，可以分为京东钱包、京东支付和京东快捷支付三大业务。京东收购了网银在线后，改名为京东钱包，独立于京东账号体系。京东以网银在线提供底层技术支持，衍生出京东支付。京东支付具有无须注册、内嵌无须跳转、费率低、跨平台支付等特点，是针对中小企业客户开发的支付产品。京东快捷支付是由京东联合多家第三方支付公司而推出的一款支付产品，这其中包括快钱支付、网银在线等多家公司，这也是京东最早推出的支付方式。

7. 智付支付

智付支付是智付电子支付有限公司的第三方支付平台，该平台支持电子钱包、网银支付、网上支付、移动支付、电子收款、扫码支付、信用卡支付等各种电子支付方式外，此外还提供撒手锏——跨境服务。智付在 2015 年获得国家外汇管理局跨境外汇结算业务试点资格，是全国 27 家有跨境支付资质的金融机构之一。同时，智付旗下还拥有叮叮网、DD4 等跨境电商平台和智汇宝钱包。这意味着智付可以开展如国际信用卡结算、跨境结算等跨境服务。在对外贸易电商化的今天，传统的交易方式逐渐被电子支付取代，跨境结算的需求巨大。PayPal、亚马逊等国外第三方支付虽然是全球霸主，并且占据了一定的国内份额，但是国内政策通常让很多国外企业水土不服。智付作为具备跨境业务能力的本土第三方支付平台，其竞争优势是显而易见的。

四、国际采购的货款支付

（一）信用证

信用证（见图 5－12）是指由银行（开证行）依照（申请人）的要求和指示或自己

主动，在符合信用证条款的条件下，凭规定单据向第三者（受益人）或其指定方进行付款的书面文件。信用证是银行开立的一种有条件的承诺付款的书面文件。

南京商业银行

Nanjing Commercial Bank

No.19 Lane 32 I Sen Rd, Nanjing 210014, P.R.China

FAX:86-25-27203335

信 用 证 通 知 书

NOTIFICATION OF DOCUMENTARY CREDIT

日期:2012-04-07

<table>
<tr><td colspan="2">TO 致:
GRAND WESTERN TRADING CORP.
ROOM2501,JIAFA MANSION, BEIJING WEST ROAD,
NANJING 210005, P.R.CHINA</td><td colspan="2">WHEN CORRESPOND NG
PLEASE QUOTE OUT REF NO.</td></tr>
<tr><td colspan="2">ISSUING BANK开证行
THE CHARTERED BANK
P.O.Box99552,Riyadh 22766,KSA</td><td colspan="2">TRANSMITTED TO US THROUGH 转递行
REF NO.</td></tr>
<tr><td>L/C NO.信用证号
STLCN000002</td><td>DATED 开证日期
120407</td><td>AMOUNT 金额
[USD] [450000]</td><td>EXPIRY PLACE 有效地
CANADA</td></tr>
<tr><td>EXPIRY DATE 有效期
120615</td><td>TENOR 期限
SIGHT</td><td>CHARGE 未付费用
RMB0.00</td><td>CHARGE BY 费用承担人
BENE</td></tr>
<tr><td>RECEIVED VIA 来证方式
SWIFT</td><td>AVAILABLE 是否生效
VALID</td><td>TEST/SIGN 印押是否相符
YES</td><td>CONFIRM 我行是否保兑
NO</td></tr>
<tr><td colspan="4">DEAR SIRS 敬启者:
WE HAVE PLEASURE IN ADVISING YOU THAT WE HAVE RECEIVED FROM THE A/M BANK A(N) LETTER OF CREDIT, CONTENTS OF WHICH ARE AS PER ATTACHED SHEET(S).
THIS ADVICE AND THE ATTACHED SHEET(S) MUST ACCOMPANY THE RELATIVE DOCUMENTS WHEN PRESENTED FOR NEGOTIATION.
兹通知贵公司，我行收自上述银行信用证一份，现随附通知。贵司交单时，请将本通知书及信用证一并提示。

REMARK备注:
PLEASE NOTE THAT THIS ADVICE DOES NOT CONSTITUTE OUR CONFIRMATION OF THE ABOVE L/C NOR DOES IT CONVEY ANY ENGAGEMENT OR OBLIGATION ON OUT PART.</td></tr>
</table>

THIS L/C CONSISTS OF SHEET(S), INCLUDING THE COVERING LETTER AND ATTACHMENT(S).
本信用证连同面函及附件共 纸。

IF YOU FIND ANY TERMS AND CONDITIONS IN THE L/C WHICH YOU ARE UNABLE TO COMPLY WITH AND OR ANY ERROR(S), IT IS SUGGESTED THAT YOU CONTACT APPLICANT DIRECTLY FOR NECESSARY AMENDMENT(S) SO AS TO AVOID AND DIFFICULTIES WHICH MAY ARISE WHEN DOCUMENTS ARE PRESENED.
如本信用证中有无法办到的条款及/或错误，请径与开证申请人联系，进行必要的修改，以排除交单时可能发生的问题。

THIS L/C IS ADVISED SUBJECT TO ICC UCP PUBLICATION NO.500.
本信用证之通知系遵循国际商会跟单信用证统一惯例第500号出版物办理。

此证如有任何问题及疑虑，请与结算业务部审证科联络，电话： 86-25-27293344

YOURS FAITHFUL

FOR *Nanjing Commercial Bank*

图 5－12 信用证（样本）

在国际贸易活动中，买卖双方可能互不信任，买方担心预付款后，卖方不按合同要求发货；卖方担心在发货或提交货运单据后买方不付款。因此，需要两家银行作为买卖双方的保证人，代为收款交单，以银行信用代替商业信用。银行在这一活动中所使用的工具就是信用证。

1. 信用证的主要内容

（1）对信用证本身的说明。如其种类、性质、有效期及到期地点。

（2）对货物的要求。根据合同进行描述。

（3）对运输的要求。

（4）对单据的要求，包括货物单据、运输单据、保险单据及其他有关单证。

（5）特殊要求。

（6）开证行对受益人及汇票持有人保证付款的责任文句。

（7）国外来证大多数均加注："除另有规定外，本证根据国际商会《跟单信用证统一惯例》，即国际商会第600号出版物（UCP600）办理。"

（8）银行间电汇索偿条款。

2. 信用证方式的特点

（1）信用证是一项自足文件。信用证不依附于买卖合同，银行在审单时强调的是信用证与基础贸易相分离的书面形式上的认证。

（2）信用证方式是纯单据业务。信用证是凭单付款，不以货物为准。只要单据相符，开证行就应无条件付款。

（3）开证行负首要付款责任。信用证是一种银行信用，它是银行的一种担保文件，开证行对支付有首要付款的责任。

信用证付款流程见图5-13。

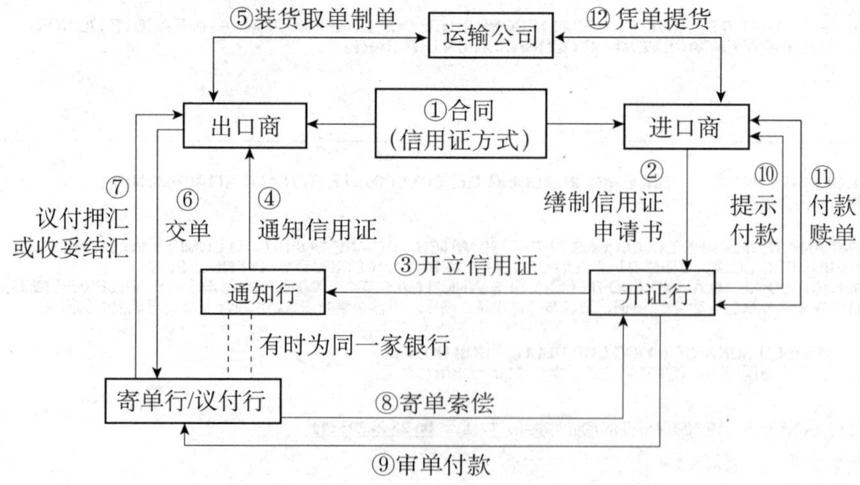

图5-13 信用证付款流程

（二）托收

托收是出口商在货物装运后，开具以进口商为付款人的汇票（随附或不随附货运单据），委托出口地银行通过它在进口地的分行或代理行代出口商收取货款的一种结算方式。托收属于商业信用，采用的是逆汇法。托收结算流程见图5-14。

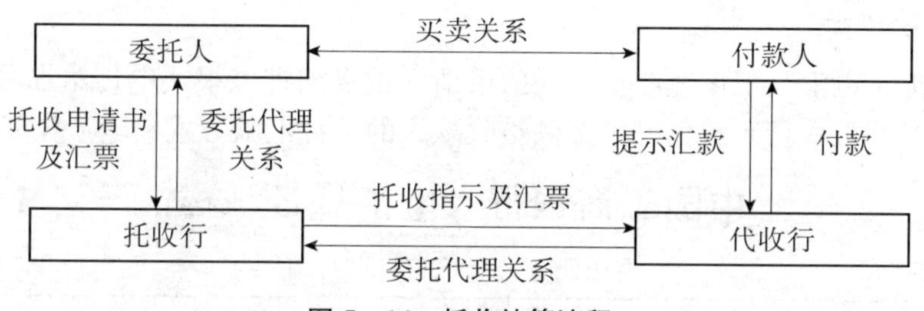

图5-14　托收结算流程

1. 托收的主要特点

托收属于商业信用，银行办理托收业务时，既没有检查货运单据正确与否或是否完整的义务，也不承担付款人必须付款的责任。托收虽然是通过银行办理，但银行只是作为出口商的受托人行事，并没有承担付款的责任，进口商不付款与银行无关。出口商向进口商收取货款靠的仍是进口商的商业信用。

如果进口商拒绝付款，除非另有规定，银行没有代管货物的义务，出口商仍然应该负责货物的安全，直到对方付清货款为止。

托收对出口商的风险较大。跟单托收方式是出口商先发货，后收取货款，因此对出口商来说风险较大。

托收对进口商比较有利，可以免去开证的手续以及预付押金，还可享受预借货物的便利。当然托收对进口商也不是没有一点风险。

2. 托收的种类

（1）光票托收。托收时如果汇票不附任何货运单据，而只附有非货运单据（如发票、垫付清单等），称为光票托收。这种结算方式多用于国际贸易中从属费用、货款尾数、佣金、样品费等的结算和非贸易结算等。

（2）跟单托收。跟单托收有两种情形：附有商业单据的金融单据的托收和不附有金融单据的商业单据的托收。在国际贸易中所讲的托收多指前一种。

（三）汇付

汇付，又称汇款，是付款人通过银行，使用各种结算工具将货款汇交收款人的一种结算方式。属于商业信用，采用顺汇法。汇付的优点在于手续简便、费用低廉。

1. 汇付的当事人

（1）汇款人即付款人，在国际贸易结算中通常是进口商、买卖合同的买方或其他经贸往来中的债务人；

（2）收款人通常是出口商、买卖合同中的卖方或其他经贸往来中的债权人；

（3）汇出行是接受汇款人的委托或申请，汇出款项的银行，通常是进口商所在地的银行；

（4）汇入行，又称解付行，是接受汇出行的委托解付款项的银行，通常是汇出行在收款人所在地的代理行。

2. 汇付的种类

（1）电汇。电汇是汇出行应汇款人的申请，拍发加押电报或电传给在另一国家的分行或代理行（即汇入行）解付一定金额给收款人的一种汇款方式。电汇凭证见图5-15。

中国工商银行　电汇凭证（回单）　1

□普通　□加急　　　委托日期　　年　月　日

汇款人	全　称		收款人	全　称	
	账　号			账　号	
	汇出地点	省　市/县		汇入地点	省　市/县
汇出行名称			汇入行名称		
金额	人民币（大写）			亿 千 百 十 万 千 百 十 元 角 分	
			支付密码		
			附加信息及用途：		
汇出行签章			复核：	记账：	

此联汇出行给汇款人的回单

图5-15　电汇凭证

电汇方式的优点在于速度快，收款人可以迅速收到货款。随着现代通信技术的发展，银行与银行之间使用电传直接通信，快速准确。电汇是目前使用较多的一种方式，但费用较高。

（2）信汇。信汇是汇出行应汇款人的申请，用航空信函的形式，指示出口国汇入行解付一定金额的款项给收款人的汇款方式。信汇的优点是费用较低廉，但收款人收到汇款的时间较迟。

（3）票汇。票汇是指汇出行应汇款人的申请，代汇款人开立以其分行或代理行为解付行的银行即期汇票，支付一定金额给收款人的汇款方式。

票汇与电汇、信汇的不同之处在于：票汇的汇入行无须通知收款人取款，而由收款人持票登门取款，这种汇票除有限制流通的规定外，经收款人背书，可以转让流通，而电汇、信汇的收款人则不能将收款权转让。

在我国外贸实践中，汇付一般只用来支付订金货款尾数、佣金等项费用，并不是一种主要的结算方式。在发达国家，由于大量的贸易是跨国企业的内部交易，而且外贸企业在国外有可靠的贸易伙伴和销售网络，因此，汇付是主要的结算方式。在分期付款和延期付款的交易中，买方往往用汇付方式支付货款，但通常需辅以银行保函或备用信用证，所以不是单纯的汇付方式。

（四）银行保函

银行保函是指银行应委托人的申请而开立的有担保性质的书面承诺文件，一旦委托人未按其与受益人签订的合同的约定偿还债务或履行约定义务时，由银行履行担保责任。银行保函大多属于“见索即付”（无条件保函），是不可撤销的文件。银行保函的当事人有委托人（要求银行开立保证书的一方）、受益人（收到保证书并凭以向银行索偿的一方）、担保人（保函的开立人）。

1. 银行保函的基本内容

（1）基本栏目。包括：保函编号、开立日期、各当事人的名称及地址、有关交易或项目的名称、有关合同或标书的编号和订约或签发日期等。

（2）责任条款。即开立保函的银行或其他金融机构在保函中承诺的责任条款，这是构成银行保函的主体。

（3）保证金额。是开立保函的银行或其他金融机构所承担责任的最高金额，可以是一个具体的金额，也可以是合同有关金额的一定百分比。如果担保人可以按委托人履行合同的程度减免责任，则必须作出具体说明。

（4）有效期。即最迟的索赔日期，或称到期日，它既可以是一个具体的日期，也可以是在某一行为或某一事件发生后的一个时期到期。例如：在交货后 3 个月或 6 个月、工程结束后 30 天等。

（5）索赔方式。即索赔条件，是指受益人在任何情况下可向开立保函的银行提出索赔。对此，国际上有两种不同的处理方法：一种是无条件的或称“见索赔偿”保函，另一种是有条件的保函。

2. 银行保函的特点

（1）银行保函依据商务合同开出，但又不依附于商务合同，具有独立法律效力。当受益人在保函项下合理索赔时，担保行就必须承担付款责任，而不论委托人是否同意付款，也不管合同履行的实际事实。即银行保函是独立的承诺并且基本上是单证化的交易业务。

（2）银行信用作为保证，易于为合同双方接受。

3. 银行保函的种类

根据保函在基础合同中所起的不同作用和担保人承担的不同的担保职责，银行保函可以具体分为以下几种：

（1）借款保函。指银行应借款人要求向贷款行所作出的一种旨在保证借款人按照借款合约的规定按期向贷款方归还所借款项本息的付款保证承诺。

（2）融资租赁保函。指承租人根据租赁协议的规定，请求银行向出租人所出具的一种旨在保证承租人按期向出租人支付租金的付款保证承诺。

（3）补偿贸易保函。指在补偿贸易合同项下，银行应设备或技术的引进方申请，向设备或技术的提供方所作出的一种旨在保证引进方在引进后的一定时期内，以其所生产的产成品或以产成品外销所得款项，来抵偿所引进设备和技术的价款及利息的保证承诺。

（4）投标保函。指银行应投标人申请向招标人作出的保证承诺，保证在投标人报价的有效期内投标人将遵守其诺言，不撤标、不改标，不更改原报价条件，并且在其一旦中标后，将按照招标文件的规定在一定时间内与招标人签订合同。

（5）履约保函。指银行应供货方或劳务承包方的请求而向买方或业主方作出的一种履约保证承诺。

（6）预付款保函。又称还款保函或定金保函，指银行应供货方或劳务承包方申请向买方或业主方保证，如申请人未能履约或未能全部按合同规定使用预付款时，则银行负责返还保函规定金额的预付款。

（7）付款保函。指银行应买方或业主申请，向卖方或承包方所出具的一种旨在保证贷款支付或承包工程进度款支付的付款保证承诺。

（8）其他的保函种类。包括来料或来件加工保函、质量保函、预留金保函、延期付款保函、票据或费用保付保函、提货担保保函、保释金保函及海关免税保函等。

操作指导

任务1　采购合同的编制与签订

（一）任务分析

采购合同是采购任务前期工作的结果，本任务是一个学习型的工作任务，具体任务的内容包括：查找资料了解编制采购合同要注意的事项、采购合同包括的内容、采购合同的格式等，然后给定一个采购项目，让学生拟定一份合同草稿。

（二）实施条件

物流综合实训基地或多媒体教室，也可以是真实的企业环境。

（三）实施步骤

1. 准备工作：学生每4人一组。
2. 教师讲解合同要求，并提示合同签订注意事项。
3. 任务实施：每个小组均作为甲方（即采购方）拟定一份采购合同。

（四）具体内容

1. 请就以下信息拟定一份采购合同，要求格式清楚、条款明确、内容完整。

2019 年 7 月，宏达有限责任公司总经理王林去上海出差，参观某纺织品交易会时遇见绿叶制衣集团公司副总经理李潇。李潇是王林的大学同学，两人多年未见，中午聚餐时李潇说："公司生意一直不错，最近又接了一个美国贸易公司的订单，但现在公司布料存货不多了，我这次来想采购一批布料。"王林听后表示，他公司正巧有一批布料要外销，价格公道。于是两人一拍即合，口头达成了布料买卖协议，其中约定：宏达公司向绿叶公司出售布料 5 万米，绿叶公司在收到全部布料后支付宏达公司货款人民币 20 万元，由宏达公司负责办理货物托运手续，交给绿叶公司指定的承运人某物流公司。

2. 根据下述条件拟定购销合同，要求格式清楚、条款明确、内容完整。

无锡龙腾食品有限公司与石家庄新源食品厂进行业务联系，并于 2019 年 7 月 11 日签订了编号为 XNH0308 的内销合同。

供方：河北省石家庄市新源食品厂

地址：石家庄市裕华路 202 号

需方：无锡龙腾食品有限公司

地址：无锡市唐平路 128 号

产品名称、规格：草莓酱罐头，每箱 24 瓶，每瓶净重 340 克

牌号商标：MALING

数量：20 吨

单价：9 250.00 元/吨

交（提）货地点、方式：需方指定仓库交货

交货日期：2019 年 8 月 20 日前

（五）结果评价

对学生任务实施过程及所拟采购合同的质量进行评价，评价可分为个人评价和小组评价两个层面，以激励学生积极认真地实施项目及发挥团队作用。同时，在下一个任务实施前，选取优秀合同案例进行展示点评，对表现突出的学生和完成任务的亮点给予表彰和推广，对于存在的共性问题提醒学生及时改进。

任务 2　采购合同的管理及纠纷处理

（一）任务分析

目前，我国市场中缺乏诚信的现象屡见不鲜，每年因采购合同诈骗造成的损失巨大，防止采购合同诈骗是企业的重要工作，加强对采购合同的管理非常重要。本任务通过案例分析采购合同管理的具体步骤及出现纠纷后的处理方法和程序。

（二）实施条件

物流综合实训基地或多媒体教室，也可以是真实的企业环境。

（三）实施步骤

1. 准备工作：学生每 4 人一组。

2. 教师讲解合同管理要求，并提示合同签订注意事项。

3. 任务实施：各小组分别承担甲方和乙方的角色，就给定的案例背景处理合同纠纷。

（四）具体内容

1. 购销合同纠纷案例。

甲、乙双方于 2018 年 7 月 12 日签订了一份简单的购销合同，约定乙方向甲方购买 50 万米涤纶哔叽，由于当时货物的价格变化大，不便将价格在合同中定死，双方一致同意合同价格只写明以市场价而定，同时双方约定交货时间为 2018 年年底，除上述简单约定，合同中便无其他条款。

合同签署后，甲方开始组织生产，到 2018 年 11 月底甲方已生产 40 万米货物，为防止仓库仓储货物过多，同时为便于及时收取部分货款，甲方遂电告乙方，要求向乙方先交付已生产的 40 万米货物。乙方复函表示同意。货物送达乙方后，乙方根据相关验收标准组织相关工作人员进行了初步检验，认为货物中跳丝、接头太多，遂提出产品质量问题，但乙方同时认为考虑到该产品在市场上仍有销路，且与甲方有多年的良好合作关系，遂同意接受了该批货物，并对剩下的 10 万米货物提出了明确的质量要求。在收取货物的 15 天后，乙方向甲方按 5 元/米的价格汇去了 200 万元人民币货款。甲方收到货款后认为价格过低，提出市场价格为 6.8 元/米，按照双方合同约定的价格确定方式，乙方应按照市场价格补足全部货款，但是乙方一直未予回复。

2018 年 12 月 20 日，甲方向乙方发函提出剩下货物已经生产完毕，要求发货并要求乙方补足第一批货物货款。乙方提出该批货物质量太差，没有销路，要求退回全部货物，双方因此产生纠纷并诉诸法院。

问题：案例中的甲、乙双方签订的合同有哪些问题？

2. 采购合同纠纷案例。

2017 年至 2018 年间，A 厂多次向 B 厂供应毛条，累计价款 1 194 余万元。双方每次供货、提货时，均记载了毛条的数量和价款，但始终未签订书面采购合同，也未约定付款的具体期限。其间，A 厂曾多次向 B 厂催收部分货款，但未提出清偿全部货款及利息的要求。与此同时，双方间供、提毛条的业务仍在继续进行；B 厂在提货时也曾多次向 A 厂支付过部分货款。至今，两厂间仍有 590 万余元货款未结清。A 厂遂向法院提起诉讼，要求 B 厂清偿全部货款和利息，并赔偿其经济损失。

问题：你认为 A、B 两厂的买卖行为有合同吗？后续该如何处理。

（五）结果评价

对学生任务实施过程及采购合同管理和纠纷处理质量进行评价，评价可分为个人评价和小组评价两个层面，以激励学生积极认真地实施项目及发挥团队作用。同时，在下一个任务实施前，选取典型合同纠纷处理案例进行展示点评，对表现突出的学生和完成任务的亮点给予表彰和推广，对于存在的共性问题提醒学生及时改进。

任务3　交货验收管理

（一）任务分析

交货期管理是指采购人员依照需求单位指定的交货日期与供方接洽交货日期。而催货管理则是采购人员以与供方协商定案后的交货日期为基准，根照需求单位的现状跟催，掌握交货情形。本任务通过案例分析跟催的具体步骤，让学生学会跟催供应商交货期。

（二）实施条件

物流综合实训基地或多媒体教室，也可以是真实的企业环境。

（三）实施步骤

1. 准备工作：学生每4人一组。
2. 教师讲解跟催要求，并提示跟催交货期时的注意事项。
3. 任务实施：分工协作，完成交货期的跟催。

（四）具体内容

小强是某公司的采购员，平常负责生产物料的采购兼外发加工，从供应商的开发到订单的跟催基本要一个人完成。近来，采购部门新增加了人手，采购主管将采购部分组，即一人负责主体，另外一人负责下单、催货、供应商对账之类的工作。小强与新来的采购员小新一组，平常小强精力大部分放在外加工上，基本一星期要去加工厂几次，其他事务基本交给小新处理。

有一天小强得到小新的信息，原本下给A供应商的订单交期已到，但A供应商以此批货要“款到发货”为由，暂未安排送货。小强一听到此消息就纳闷了，该供应商不是月结30天的付款条件吗？之前该供应商就抱怨订单数量少，而且每次订单的订货量还那么少。小强和A供应商讲过，客户需求的数量暂时就这么多，目前与客人是在小量生产阶段。因为小强公司的客户是大客户，对品质要求严格，在下大单前会有多次小单的考查。话回正题，小强马上拿起电话与A供应商的业务员C小姐联系问货的事情，C小姐讲当初和小新讲过付款条件的事，小新答应了。现在货是有，如果不按条件办是不发货的。小强对C小姐动之以情，晓之以理。最终C小姐还是以小新已答应为由，坚决要求先付款。小强满是怒火，强忍着，讲完电话后，问小新是否答应。小新吞吞吐吐地说当初没有答应供应商。小强也不再追究，马上将此事告诉采购主管，采购主管要小强与B供应商联系，看能不能款到发货。B供应商还是不同意。后与物控确认，生产部门在两天后要用到该料。

问题：如果你是小强，将如何处理后面的事情。

（五）结果评价

对学生跟催交货期的过程及结果进行评价，评价可分为个人评价和小组评价两个层面，以激励学生积极认真地实施项目及发挥团队作用。同时，在下一个任务实施前，选取优秀案例进行展示点评，对表现突出的学生和完成任务的亮点给予表彰和推广，对于存在的共性问题提醒学生及时改进。

任务4 采购货款结算

（一）任务分析

无论采取何种采购方式，采购实体在收到货物后，都要认真验收货物的质量，验收合格后填写货物验收报告，验收报告加盖供货单位公章、采购实体公章并由验收人签字，主管领导签字后，由采购实体带着货物验收报告和供货发货票据，到单位财务中心办理货物结算手续。本任务拟通过具体案例，让学生熟悉采购货款结算的具体步骤。

（二）实施条件

物流综合实训基地或多媒体教室，也可以是真实的企业环境。

（三）实施步骤

1. 准备工作：学生每4人一组。
2. 教师讲解采购货款结算流程，并提示货款结算的注意事项。
3. 任务实施：分工协作，完成采购货款结算。

（四）具体内容

某公司为规范货款结算流程，加强资金管理，提高资金使用效率，结合自身实际结算情况，制定了如下货款结算规范：

（1）依据商场要货通知，商品送货至商场收货处。

（2）商场收货员和柜组营业员对送货商品进行验收，核对无误后在供应商的送货回单上签收，及时将送货回单转电脑输单员入库。

（3）商场电脑输单员按签收的供应商送货回单，在采购限额数量内，按实收数输入电脑，经审核生效入库单。输单员必须将每日电脑生效的入库单与供应商送货回单进行复核，据此作为商场库存商品的入库及与供应商结算的依据（电脑输单员对所收单据需妥善保管，以备查询所需）。

（4）供应商按协议规定的结账日期至商场财务部索取对账单，财务结算员同时将此对账单写入电脑。

（5）供应商按对账单的结算数量及报价开具增值税发票送至财务结算员处。

（6）经财务结算员复核发票与结算金额，将电脑结算单生效结算，转财务出纳员制证。

（7）财务出纳员将需结算付款的单据按供应商汇总填制付款申请书，在总部集中付款日前 3 天上报总部财务。

（8）总部出纳审核商场上报的付款申请书，经审批至集中付款日由银行划款结算。

（9）总部集中付款日为每月的 10 日和 20 日，除当场买断、保底、扣率类商品，其他结算均在此 2 日到期付款。

问题 1：试根据上述文字说明，绘制该公司的货款结算流程图。

问题 2：试分析该货款结算流程的优缺点。

（五）结果评价

对学生参与采购货款结算过程及完成情况进行评价，评价可分为个人评价和小组评价两个层面，以激励学生积极认真地实施项目及发挥团队作用。同时，在下一个任务实施前，选取优秀案例进行展示点评，对表现突出的学生和完成任务的亮点给予表彰和推广，对于存在的共性问题提醒学生及时改进。

案例学习

案例一：天价的赝品水晶灯是怎样采购回来的

某日，某地国际酒店在鲜花的簇拥和鞭炮的喧嚣中正式对外营业了。这是一家集团公司投资成立的涉外星级酒店，该酒店不仅拥有装潢豪华、设施一流的套房和标准客房，下设的餐厅更是特色经营传统菜和海派家常菜肴，为中外客商提供各式专业和体贴的服务。由于集团公司资金雄厚实力强大，因此在开业当天，不仅社会各界知名人士到场剪彩庆祝，更吸引了大批新闻媒体竞相采访报道。一时之间，国际酒店门前人头攒动、星光熠熠。最让人感到炫目的是酒店大堂里天花板上如天宇星际一般的灯光装饰，和一盏星球水晶灯，使得整个酒店绚丽夺目、熠熠生光。

这些天花板上装饰所用的材料以及星球灯饰均是由水晶材料雕琢而成，是公司王副总经理亲自组织货源，最终从瑞士某珠宝公司高价购买的，货款总价高达 150 万美元。这样的超级豪华水晶灯饰不仅是在全国罕见，即使是国外，也只有在少数几家五星级酒店里能见到。开业当天，来往宾客无不对这个豪华的水晶天花板灯饰赞不绝口，称羡不已。尤其是经过媒体报道，更成为当天的头条新闻，国际酒店在这一天也像那盏水晶灯饰一样，一举成名，当天客房入住率就达到了 80%以上。王副总经理也因此受到了公司领导的高度赞扬，一连几天，王总的脸上都洋溢着快乐而满足的笑容。

然而，好景不长。两个月后，这些高规格、高价值的水晶灯饰就出了状况。首先是失去了原来的光泽，变得灰蒙蒙的，即使用清洁布使劲擦拭都不复往日光彩。其次，部分连接的金属灯杆出现了锈斑，还有一些灯珠破裂甚至脱落。人们看到破了相的水晶灯议论纷纷，这就是破费百万美元买来的高档水晶灯吗？鉴于情况严重，公司领导责令王副总经理限期内对此事做出合理解释，并停止了他的一切职务。此时，王副总经理再也笑不出来了。

事件真相很快就水落石出，原来这盏价值百万美元的水晶灯根本不是从瑞士某珠宝公司购得的，而是通过南方某地的奥尔公司代理购入的赝品水晶灯。王副总经理在交易过程中贪污受贿，中饱私囊。虽然出事之后，王副总经理毫不意外地受到了法律的严惩，然而该国际酒店不仅因此遭受了数千万元的巨额损失，更为严重的是酒店名誉蒙受重创，成为同行的笑柄。这对于一个新开业的公司而言，是一个致命的打击。

资料来源：http://www.360doc.com/content/18/0126/16/34859454_725305255.shtml.

问题：

1. 该国际酒店为什么会发生这样的悲剧？
2. 在请购、执行、验收、付款等环节中应如何防范贪污受贿？

案例二：某烟草公司的采购付款流程

某烟草公司省外卷烟的采购流程如下：

（一）签订合同

公司业务部门根据市场变动情况，结合历史销售业绩和上级公司下达的购销指标，作出销售预测，在每年的5月和10月，和全国主要供应商进行业务洽谈，形成购销意向。然后公司在一年两次的全国订货会上和供应商签订合同。由于运输中存在专卖检查问题，一般需要按每次发货的实际运输能力签订数份合同，每份合同需明确品牌、数量、价格、运输方式等。在购销总指标内，公司经过与省外供应商协商可以调整合同的执行，如推迟发货时间、取消合同执行等。如果需要临时或追加采购，公司可以到中国烟草交易中心批发市场进行交易，重新签订合同。

（二）供应商通知发货并开出发票

省外供应商在发货之前与业务部门协商，确定是否执行合同，一般是按合同执行，但也有不执行、变更合同和推迟执行等情况。确定执行合同后，省外烟厂根据合同安排发货。同时该供应商开出销售发票递交到业务部门。

（三）验收入库

货物到达仓库以后，仓库保管员根据随货同行联验收入库，填写卷烟入库验收单，一式四联。其中，第一联存根；第二联送交业务部门，以便业务员根据库存情况开展销售业务；第三联送交财务做账；第四联统计。仓库保管员在送货回单上签字交给送货人。

（四）申请付款

业务员收到供应商转来的发票，核实无误后填写付款申请单，经业务主管签字后将发票和付款申请单一并交财务部门。另外，如供应商要求先付款后发货，业务员填写预付款申请单，经业务主管同意签字后交财务部门。

（五）财务付款

财务部门收到业务部门转来的付款申请单、采购发票以及库管部门转来的入库验收单，审核无误后付款，或者根据预付款申请单审核付款。付款方式有汇票和托收承付两种。

资料来源：http://www.doc88.com/p-785443087131.html.

问题：

试分析该烟草公司省外卷烟的采购流程，说明其优缺点。

思考练习

（一）简答题

1. 采购合同的构成要件有哪些？
2. 如何正确处理采购合同纠纷？
3. 简述交货验收的一般流程。
4. 试述未能按期交货的可能原因。

（二）单选题

1.《合同法》在法律体系中的地位是？（　　）

A. 是《刑法》的一部分　　B. 是《劳动法》的一部分

C. 是《民法通则》的一部分　　D. 是《保险法》的一部分

2. 在采购中使用合同的优势是（　　）。

A. 规定买方和客户之间的权利和义务　　B. 规定买方和雇主之间的权利和义务

C. 规定买方和雇员之间的权利和义务　　D. 规定买卖双方的权利和义务

3.（　　）是采购商发给潜在供应商书面询价的法律术语。

A. 要约邀请　　B. 承诺　　C. 要约　　D. 对价

4. 最接近合同条款的描述的是（　　）。

A. 合同的次要条款，如违反，无过错方有权要求损害赔偿，但不能解除合同

B. 合同的中心条款，如违反，无过错方也可以解除合同并要求损害赔偿

C. 卖方说明如果买方希望在特定时间内收到货物，则卖方必须在特定日期前收到订单

D. 经常在订单背面出现的陈述，通常被称作“限制性附属细则”

5. 最好地描述了合同管理的本质属性的是（　　）。

A. 一旦合同中供应商的表现出现问题，通知本公司的高级管理人员

B. 允诺合同正常执行，一旦发生问题，立即采取措施

C. 要求催货员经常与供应商电话联络，以获得及时的交付信息

D. 保证合同按标准履行，能够完全满足买卖双方协定的目的和期望

6. 下列（　　）不是无效的合同。

A. 以欺诈、胁迫手段订立的损害国家利益的合同

B. 以合法形式掩盖非法目的订立的合同

C. 损害社会公共利益的合同

D. 无处分权人订立的合同

7. 作为一名采购人员，在明确交货时间时应持的正确态度是（　　）。

A. 必须是切实可行的

B. 尽可能要求提前交货以保证企业的利益

C. 听从供应商的安排

D. 签订合同后双方及时沟通

8.（　　）是指由第三方支持，说服纠纷双方当事人彼此妥协，达成一致的解决采购纠纷的方法。

A. 谈判协商　　B. 调解　　C. 仲裁　　D. 诉讼

9. 供应合同管理的目的是（　　）。

A. 为高层管理者提供合同进展报告

B. 确保供应商不过多地支付

C. 在供应商没有满足合同要求时，控制供应商的责任和义务

D. 涉及供应合同的许多问题能够在它们变得严重之前得到避免或解决

10. 对于支付合同款项经常拖延的公司，可能导致的后果是（　　）。

A. 供应商会要求采购商更换合同管理团队

B. 关键线路的工作将被推迟

C. 供应商会提供回扣鼓励及时付款

D. 供应商会考虑提高报价

（三）多选题

1. 一份有效合同除必须符合要约条件外，还须满足的要求是（　　）。

A. 承诺　　B. 当事人的合同签约资格

C. 某种价值的对价　　D. 受法律约束的关系

2. 在大多数普通法和民法制度中，对于一份有效的采购合同，当事人必须说明（　　）。

A. 愿意受到约束　　B. 同意交易所必需的术语

C. 选择适用的法律　　D. 遵从任何法定要求

3. 为了避免合同违约情形的出现，通常可供使用的方法有（　　）。

A. 重新签订合同　　B. 重新确定合同的某些方面

C. 修订条款　　D. 添加合同附录

4. 合同检查报告应该包括的内容有（　　）。

A. 执行概要　　B. 合同进度表有关进展的问题

C. 质量问题　　D. 合同预算与绩效管理

5. 在处理供应商关系问题和解决合同问题时，可以用来解决这些问题的技术方法有（　　）。

A. 生产线平衡法　　B. SWOT 分析法

C. 因果图（鱼骨刺）分析法　　D. 流程图法

6. （　　）是在起草买方的商品检验条款时要考虑的。

A. 检验时间　　B. 是否由第三方进行

C. 检验方式　　D. 检验地点

7. 合同管理计划的制定一旦完成，就应该被有效实施，为此，必须保证做到（　　）。

A. 所有的工作都要与合同目标联系起来

B. 每件工作都有一个具体的目标且责任到位

C. 关键的风险领域已经被排除

D. 时间、成本和质量之间的均衡损益被清楚地理解

8. 对于合同管理的正确描述是（　　）。

A. 跟踪和监督合同的实施过程，以便在出现问题时能够立即采取措施加以解决

B. 作为仅限于保证合同双方履行合同所规定的义务

C. 好的合同管理能够避免可能导致额外成本、工期延误或质量下降等问题

D. 合同管理工作就是对许多合同进行分类和登记

9. 采购合同中，采购说明不完整或不正确会导致的风险包括（　　）。

A. 质量风险　　B. 进度风险　　C. 成本风险　　D. 不可抗力风险

10. 作为公司的一名采购人员，在准备合同时，你应当考虑的主要问题包括（　　）。

A. 通过合同，公司希望获取的和想要避免的是什么

B. 合同中应包含或排除的内容

C. 如果出现问题，如何保护公司的利益

D. 合同中实际使用哪些条款

（四）分析题

C 集团公司的采购员老张正面临着供应商抉择——复印机租赁合同的竞争者只剩下最后的 A 和 B 两家公司。A 公司给出了更为有利的报价，但是老张对与 A 公司以前的合作并不满意。

C 集团使用的 225 台复印机，其中的 100 台是根据一份 4 年期合同从 A 公司租赁的。

4 年前，C 集团与 A 公司签订了一份为期 4 年的复印机租赁合同。A 公司是一家大

型的跨国公司，在市场中占主导地位，它以每次复印大约0.07元的投标价格获得了合同。但在合同的执行过程中，A公司表现得很一般。它所提供的所有复印机不仅都没有放大功能，而且不能保证及时的维修。

4年后，合同期满，需要重新签订合同。这一次当地一家小公司B获得了合同。激烈的竞争和生产复印机成本的降低，使B公司提供了每次复印0.05元的价格。另外，B公司提供了多种规格和适应性很强的机型，有放大、缩小等多种功能。老张对B公司比较满意，并准备与其总经理签订4年期合同，该总经理承诺将提供关于每一台复印机的服务记录，而且允许老张决定何时更换同类型的复印机，即老张有权决定可随时更换掉经常出故障的复印机。

在C集团与A公司过去的4年合作期间，A复印机公司曾不断地向C集团介绍A公司的其他系列产品，老张对此很反感，这是因为：

（1）老张从事采购工作的6年间，A公司曾先后更换了13位销售代表；

（2）C集团明确规定所有采购都要由采购总部来完成，而A公司的代表虽然也明知这项规定，却有时仍直接与最终的使用者联系而不通过C集团的采购总部。

老张曾进行过招标，共收到了19份复印机租赁合同的投标。老张把范围为缩小到5家，其中包括A和B两家公司，最后再经筛选，确定为A和B两家公司。

淘汰其他投标者的主要理由是：（1）那些供应商缺乏供应的历史记录，不能满足C集团的业务要求；（2）没有计算机化的服务系统，也没有计划要安装。

而这次A公司的投标包括重新装备的复印机，并提供了与B公司相似的服务，而且价格竟比B公司还要低20%。

老张在考虑这些影响他短期内作出决策的因素时，感到有些忧虑：

显然，A公司提供了一个在价格方面很有吸引力的投标，但在其他方面又会如何呢？另外又很难根据过去的表现来确定A公司的投标合理性。同时，B公司虽然是家小公司，对老张来说又是新的供应商，又没有足够的事实能确定它的确能提供它所承诺的服务。

如果签订的采购合同不公平，很可能会带来一些消极的影响。老张必须权衡许多问题，并被要求在3天内向采购部提出大家都能接受的建议。

问题：请你以老张的身份向采购部提出大家都能接受的建议。

项目六
采购绩效管理

【学习目标】

知识目标

1. 熟悉影响采购绩效的主要因素，知道主要的采购绩效考核指标；
2. 熟悉采购绩效考核的成员组成及方式；
3. 熟悉供应商供应绩效考核的指标体系。

技能目标

1. 会制定采购绩效考核的指标与标准；
2. 会对采购绩效进行考核；
3. 会对供应商供应绩效进行考核并对供应商分级管理。

【重点难点】

本项目的重点是采购绩效和供应商绩效考核体系的制定，难点是采购绩效考核和供应商供应绩效考核的实施。

任务 1
采购绩效考核体系的制定

业务背景

开展采购绩效考核的目的是有效地保证采购目标的实现，为采购管理部门提供改进绩效的依据，并作为个人或部门奖惩的参考，同时为甄选和培养优秀采购人员提供依据，从而促进各部门间的沟通与合作、提高采购人员的士气、增强业务的透明度。通常情况下，绩效考核很容易被考核对象所误解和抵制，从而影响考核效果。这就要求采购绩效考核能够客观、公正、公平地反映采购工作业绩，也就意味着必须有完整的采购绩效考核体系，这是绩效考核顺利实施的保证。

导入任务

本任务通过相关企业采购绩效考核体系的分析、相关理论方法的介绍，使学习者掌握采购绩效考核体系的有关知识和内容，帮助学习者学会已有的采购绩效考核体系，逐步学会根据企业采购业务的具体运行情况制定相应的采购绩效考核体系。

知识准备

一、影响采购绩效考核的因素

开展项目采购绩效考核的意义十分重大。为了保证考核的公正、公平和客观性，工作中除了按规则行事外，还应该考虑一些影响采购绩效考核的因素。

影响采购绩效考核的一个重要因素是管理人员如何看待采购业务的重要性及它在企业中所处的地位。管理人员对采购业务的不同期望会对所采用的考核方法和技术产生重要影响。对建筑企业的一项调查结果表明，各个建筑企业在采购绩效的考核方面是不同的，导致这种状况的直接原因是各企业在管理风格、组织结构、委托采购上分配的职责不同，而不是由企业的具体特征造成的。关于采购业务的绩效考核，目前主要有下面四种管理观点。

（一）业务管理活动

采购业务的绩效考核主要取决于与现行采购业务有关的一些参数，如订货量、订货间隔期、积压数量、现行市价等。

（二）商业活动

把采购业务看成一种商业活动，管理人员主要关注采购活动所能实现的潜在节约额。项目采购部门的主要目的是降低价格，以减少成本的支出。所以，采购时更关注供应商的竞争性报价，以便保持一个满意的价位。采用的主要参数是项目采购中的总体节约量、市价的高低、差异报告、通货膨胀报告等。

（三）综合物流的一部分

管理人员清楚追求低价格有一定的缺点，它可能导致次优化决策，太关注价格会引诱客户因小失大。降低产品的价格通常会使供应商觉得产品的质量可能会降低，并会降低供应的可信度。因此，管理人员要向供应商介绍产品质量改进目标情况，尽量减少到货时间并提高供应商的供货可靠度。

（四）战略性活动

项目采购业务对于决定企业的核心业务及提高企业的竞争力将产生积极的作用，因为采购业务积极地参与到产品是自制还是购买决策的研究中。地区性供应商已卷入了国际竞争之中，在这种情况下，管理人员考核采购绩效主要考虑以下几个方面：基本供应量的变化数量、新的有联系的供应商的数量及依据已实现的节约额对采购价格底线的贡献大小等。

由于外在因素的影响，那些把项目采购看成一项商业活动的企业必须思考的问题是哪些因素决定当前比较流行的采购考核模式。这些外在因素主要有价格和毛利上的压力、丧失市场份额的压力、材料成本显著降低的要求、供应市场上价格剧烈波动等。这些问题迫使各个管理人员必须关注高水平的采购绩效。另外，一些内在因素也会影响管理人员对采购业务所持有的观点。主要的内在因素有企业实行的综合物流程度、引进和应用现代质量概念的程度、材料管理领域的计算机化程度等。

由于每个企业的项目采购绩效的考核方法不同，要形成一种统一的方法和考核系统来测量采购绩效是不现实的。

二、采购绩效考核的目的

通过项目采购绩效考核，可以清楚采购部门及个人的工作表现，从而找到现状与预设目标的差距，也可奖勤罚懒，提升工作效率以促进目标的早日实现。具体而言，采购绩效考核的目的为以下几点：

（一）确保采购目标的实现

各个企业的采购目标互不相同。例如：国有企业的采购部门除注重降低采购成本外，还侧重防弊，采购作业以如期、如质、如量为目标；而民营企业的采购部门则侧重营利，采购工作除了维持正常的产销活动外，非常注重产销成本的降低。因此，各个企业需要针对采购单位所追求的主要目标加以考核，并督促目标的实现。

（二）提供改进绩效的依据

企业实行采购绩效考核制度，可以提供客观的标准来衡量采购目标是否达成，也可以确定采购部门目前的工作绩效如何。确定的绩效考核有助于指出采购作业的缺陷，从而据以制定改善措施，起到惩前毖后的作用。

（三）作为个人或部门奖惩的参考

良好的采购绩效考核方法能将采购部门的绩效独立于其他部门而显示出来，并反映出采购人员的个人表现，成为各种人事考核的参考。依据客观的绩效考核，达成公正的奖惩，可以激励采购人员不断前进，发挥团队合作精神，使整个部门发挥整体效能。

（四）协助甄选人员与训练

根据绩效考核结果，可以针对现有采购人员的工作能力缺陷，拟定改进计划。例如：安排其参加专业性的教育训练。如果在考核中发现整个部门缺乏某种特殊人才，可以另行由企业内部甄选或对外招聘，如成本分析人员或专业营销人员等。

（五）促进改善部门关系

采购部门的绩效受其他部门配合程度的影响非常大。因此，采购部门的职责是否明确，表单、流程是否简单、合理，付款条件及交货方式是否符合企业管理规章制度，各部门的目标是否一致等，都可以通过绩效考核予以判定，并可以改善部门之间的合作关系，提高企业整体运作效率。

（六）提高人员的士气

有效而且公平的绩效考核制度，可以使采购人员的努力成果获得适当的回报和认定。采购人员通过绩效考核，可以与业务人员或财务人员一样，对企业的利润贡献有客观的衡量，成为受到肯定的工作伙伴，这对采购人员和采购部门士气的提升大有帮助。

三、采购绩效考核的指标与标准

(一) 采购绩效考核的指标

采购人员应以适质、适量、适价、适时及适地等作为工作目标，因此，采购人员的绩效考核应以“五适”为中心，并以数量化的指标作为衡量绩效的尺度。具体可以把采购部门及人员的考核指标划分为以下五大类。

1. 数量绩效指标

在采购部门为争取数量折扣，增加采购物料批准，以达到降低价格的目的同时，却可能导致存货过多，甚至发生呆料、废料的情况。数量绩效指标主要有以下两点：

(1) 储存费用指标。储存费用是指存货占用资金的利息及保管费用之和。企业应当经常将现有存货占用资金利息及保管费用与正常存货占用资金利息及保管费用进行比较考核。

(2) 呆料、废料处理损失指标。呆料、废料处理损失是指处理呆料、废料的收入与其取得成本的差额。存货积压的利息及保管的费用越大，呆料、废料处理的损失越高，表明采购人员的数量绩效越差。不过此项数量绩效，有时受到企业营业状况、物料管理绩效、生产技术变更或投机采购的影响，并不能完全归咎于采购人员。

2. 质量绩效指标

质量绩效指标主要是考评供应商的质量水平以及供应商所提供产品或服务的质量，它包括供应商质量体系、物资质量等。

(1) 质量体系。质量体系具体包括：已通过 ISO9000 认证的供应商比例、实行来料质量免检的供应商比例、来料免检的价值比例、实施 SPC（统计过程控制）的供应商比例、开展专项质量改进（围绕本企业的产品或服务）的供应商数目比例、参与本企业质量改进小组的供应商人数及供应商比例等。

(2) 物资质量。物资质量包括：批次质量合格率、物料抽检缺陷率、物料在线报废率、物料免检率、物料返工率、退货率、对供应的投诉率及处理时间等。

同时，采购的质量绩效可由验收记录及生产记录来判断。验收记录是指供应商交货时，为企业所接受（或拒绝）的采购项目数量或百分比；生产记录是指交货后，在生产过程发现质量不合要求的项目数量或百分比。具体公式为：

采购物料验收指标＝合格（或拒收）数量/检验数量

若以物料质量控制抽样检验的方式进行考核，拒收或拒用比率越高，显示采购人员的质量绩效越差。

3. 时间绩效指标

时间绩效指标是用以衡量采购人员处理订单的效率，及对于供应商交货时间的控制。延迟交货固然可能形成缺货现象，但是提早交货，也可能导致买方不必要的存货成本或提前付款的利息费用。时间绩效指标包括以下两点：

(1) 紧急采购费用指标。紧急采购费用是指因紧急情况采用紧急运输方式（如空运）所产生的费用。应将紧急采购费用与正常运输方式的差额进行考核。紧急采购会使购入的价格偏高，质量欠佳，连带也会产生赶工时间，必须支付额外的加班费用。

（2）停工断料损失指标。停工断料损失是指停工生产车间作业人员工资及有关费用的损失。除了前述指标所显示的直接费用或损失外，还有许多间接损失。例如：经常停工断料，造成客户订单流失、员工离职以及恢复正常工作的机器必须做的各项调整（包括温度、压力等）。这些费用与损失，通常都没有估算在此项指标内。

4. 价格绩效指标

价格绩效是企业最重视及最常见的衡量标准。通过价格指标，可以衡量采购人员议价能力以及供需双方势力的消长情形。采购价差通常有下列几种：

（1）实际价格与标准成本的差额。是指企业采购物品的实际价格与企业事先确定的物品采购标准成本的差额。它反映了企业在采购物品过程中实际采购成本与过去采购成本的超出额或节约额。

（2）使用时的价格与采购时的价格之间的差额。是指企业在使用物品时的价格与采购时的价格的差额。它反映了企业采购物品时是否考虑了市场价格的走势。如果企业预测未来市场的价格走势是上涨的，企业应该在前期多储存物品；如果企业预测未来市场的价格走势是下跌的，则企业不宜多储存物品。

（3）将当期采购价格与基期采购价格比率及当期物价指数与基期价格指数比率相互比较。该指标是动态指标，主要反映了企业物品价格的变化趋势。

5. 采购效率指标

以上数量、质量、时间及价格绩效是对采购人员的工作效果进行衡量的，还可对采购效率进行衡量。主要包括以下几项：

（1）年采购金额。年采购金额是企业一个年度物品的采购总金额，包括生产性原材料与零部件采购总额、非生产采购总额（包括设备、备件、生产辅料、软件、服务等）、原材料采购总额占总成本的比重等。其中最重要的是原材料采购总额，它还可以按不同的材料进一步细分为包装材料、电子类零部件、塑胶件、五金件等，也可以按采购付款的币种分为人民币采购额及其占比。原材料采购总额按采购成本结构又可以分解到各个采购员及供应商，计算出每个采购人员的年采购额、年人均采购额、各种供应商采购额、供应商年平均采购额等。

（2）年采购金额占销售收入的百分比。是指企业在一个年度里商品或物资采购总额占年销售收入的比重，它反映了企业采购资金的合理性。

（3）订购单的件数。是指企业在一定时期内采购物品的数量，主要是按ABC管理法，它反映了A类商品的数量。

（4）采购人员的人数。是指企业专门从事采购业务的人员数量，它是反映企业劳动效率指标的重要因素。

（5）采购部门的费用。是指一定时期内采购部门的经费支出，它反映了采购部门的经济效益指标。

（6）新供应商开发个数。是指企业在一定时期采购部门与新的供应商的合作数量，它反映了企业采购部门的工作效率。

(7) 采购计划完成率。是指一定时期内企业物品实际采购额与计划采购额的比率，它反映了企业采购部门采购计划的完成情况。

(8) 错误采购次数。是指一定时期内企业采购人员因工作失职等原因造成错误采购的数量，它反映了企业采购部门工作质量的好坏。

(9) 订单处理的时间。是指企业在处理采购订单的过程中需要的平均时间，它反映了企业采购部门的工作效率。

【实例 6-1】某公司采购部关键绩效考核指标

某公司采购部关键绩效考核指标（即 KPI 指标）见表 6-1。

表 6-1　某公司采购部关键绩效考核指标

序号	KPI 指标	考核周期	指标定义/公式	资料来源
1	采购计划达成率	月/季/年度	$\frac{\text{实际采购金额或数量}}{\text{计划采购金额或数量}}\times 100\%$	采购部
2	新商品引进率	月/季/年度	$\frac{\text{考核期内引进新商品数量}}{\text{期末商品总数量}}\times 100\%$	采购部
3	采购及时率	月度	考核期内采购及时率达到 100%	采购部
4	采购成本的降低	年度	计划采购成本－实际采购成本	财务部
5	采购质量合格率	月/季/年度	$\frac{\text{采购合格商品的次数或数量}}{\text{全部采购商品的次数或数量}}\times 100\%$	营运部
6	毛利率	年度	$\frac{\text{毛利}}{\text{营业额}}\times 100\%$	财务部
7	商品回转天数	年度	$\frac{365}{\text{年周转次数}}$ $\text{年周转次数}=\frac{\text{年销售额}}{\text{期初库存}+\text{期末库存}}$	采购部
8	商品周转率	月/季/年度	$\text{商品周转率}=\frac{\text{平均销售额}}{\text{平均存货额}}\times 100\%$ $\text{平均存货额}=\frac{\text{期初存货额}+\text{期末存货额}}{2}$	采购部
9	应付账款周转期间	月度	$\frac{\text{应付账款}+\text{应付票据}}{\text{进货净额}}\times 360$	采购部
10	存货水平	月度	前置时间的销售量＋安全存货量＋基础存货量	采购部
11	安全存量	月度	日均销量×紧急补货所需的时间	采购部

(二) 采购绩效考核的标准

确定了采购绩效考核指标后，还必须考虑将何种标准与当前实际绩效进行比较。一般常见的标准有以下几种。

1. 历史绩效

选择企业历史绩效作为当前绩效的考核标准，是相当可行、有效的做法。但是只有在企业的采购部门，无论是组织、职责或人员等均没有重大变动的情况下，才适用此项标准。

2. 预算或标准绩效

如果历史绩效难以取得或采购业务变化比较大，可以使用预算或标准绩效作为衡量的基础。标准绩效的设定，要符合下列三个原则：

（1）固定标准。预算或标准绩效一旦建立，就不能再有变动。

（2）挑战标准。是指标准的实现具有一定的难度，采购部门和人员必须经过努力才能完成。

（3）可实现标准。是指在现有内外环境和条件下经过努力，确实应该可以达到的水平，通常依据当前的绩效加以衡量设定。

3. 行业平均绩效

如果其他行业企业在采购组织、职责以及人员等方面与本企业相似，则可与其绩效进行比较，以辨别彼此在采购工作上的优劣。数据资料既可以使用个别企业的相关采购结果，也可以应用整个行业绩效的平均水准。

4. 目标绩效

预算或标准绩效是代表在当前的情况下，应该可以达成的工作绩效；而目标绩效是在当前的情况下，只有经过一番特别的努力，才能完成的较高目标。目标绩效代表企业管理层对工作人员追求最佳绩效的期望值。

任务2 采购绩效考核的实施

业务背景

企业制定了采购绩效考核体系后，采购绩效考核就是顺理成章的事情了。然而，在实际执行中，企业还将面对很多问题，如谁来负责绩效考核的实施、如何评价绩效考核的结果等。由于每家企业都有自己独特的内外部环境，都会有各种特殊情况，因此，具体采购绩效考核的实施必然是有一定针对性的。例如：针对某家企业或某个时间段的采购任务，或者围绕某个生产项目的采购任务等。

导入任务

本任务主要通过相关教学资源的利用，使学习者熟悉采购绩效考核的实施过程，帮助学习者不仅能够从考核对象的角度理解采购绩效考核工作，而且能够从考核者的角度把握采购绩效考核的整个实施过程。

知识准备

一、采购绩效的考核人员

（一）采购部门主管

采购部门主管对下属的采购人员最为熟悉，而且所有工作任务的指派以及工作绩效的优劣，都在其直接监督之下。因此，由采购部门主管负责评估，可以注意到采购人员的表现，体现公平、客观的原则。但是采购部门主管会包含很多个人情感因素，有时因为“人情”，而使评估结果出现偏颇。

（二）会计部门或财务部门

当采购金额占企业总支出的比重较高时，采购成本的节约对企业利润的贡献非常大。尤其在经济不景气时，采购成本的节约对资金周转的影响十分明显。会计或财务部门不仅掌握企业产销成本数据，而且全盘负责资金的获得与支付，因此，会计或财务部门也可以对采购部门的工作绩效进行评估。

（三）工程部门或生产主管部门

当采购项目的品质与数量对企业的最终产品质量与生产影响重大时，可由工程或生产主管部门人员来评估采购部门的绩效。

（四）外部采购专家或管理顾问

为避免企业各部门之间的本位主义或门户之见，可以特别聘请外部采购专家或管理顾问，针对企业全盘的采购制度、组织、人员及工作绩效进行客观的分析与建议。相对而言，这样的意见和建议更为客观和公正，只是成本、代价会比较高。

二、采购绩效考核的方式

（一）定期评估

定期评估通常会配合企业年度人事考核制度进行，有时难免落入俗套。一般而言，以“人”的表现，如工作态度、学习能力、协调精神、忠诚程度等为考核内容，对采购人员的激励以及工作绩效的提升，并无太大作用。如果企业能以目标管理的方式，从各种绩效指标中选择比较重要的项目作为考核目标，年终按目标实际达成程度加以考核，则必能提升个人或部门的采购绩效。使用这种方法可以摒除“人”的抽象因素，以“事”的具体成就为考核重点，因此比较客观、公正。由于使用这种方式时，人们会特意追求考核目标的提高而忽视其他方面，因此对目标选择的要求比较高，要求目标选择应全面。

（二）不定期评估

不定期评估是以特定项目方式进行。例如：企业要求某项特定产品的采购成本降低5%，当设定的期限一到，即评估实际的成果是否高于或低于5%，并就此结果对采购人员进行奖惩。这种评估方式特别适用于新产品开发计划、资本支出预算、成本降低专项方案等。

三、采购绩效评估的方法

采购绩效评估的方法有以下三种：

（一）直接排序法

在直接排序法中，按照绩效表现从好到坏的顺序给每一位员工排序，既可以针对整体绩效，也可以针对某项特定采购工作的绩效。

（二）两两比较法

两两比较法是指在某一绩效的基础上把每一位员工都与其他员工相比来判断谁“更好”，记录每一位员工和任何其他员工比较时认为“更好”的次数，根据次数的多少给员工排序。

（三）等级分配法

等级分配法能够克服上述两种方法的弊病。这种方法由评估小组或主管先拟定有关的评估项目，按评估项目对员工的绩效作出粗略的排序。

【实例6-2】某公司建立的月度绩效评估制度

为了进一步提高采购人员的工作积极性，降低公司的采购成本，提高供应商供货质量。公司拟每月进行一次采购绩效考核，主要考核项目为：采购成本控制（价格起伏）、采购交期控制（交货进度达成率）、品质成本控制（进货品质达成率）。

1. 采购成本控制

采购人员要对各相关产品单价进行分析，学会核价，不管采购何种物料，在采购前应熟悉它的价格组成，了解供应商所生产产品的原料源头价格，为自己的准确核价打下基础。

考核方法：以某年1月确认的单价为前期单价，采购人员可以根据产品前期单价进行分析，重新报价、议价，定出每月的产品单价。按每月的价格起伏情况进行评比。

价格起伏＝当月的采购数量×(前期单价－每月的产品单价)

2. 采购交期控制

签订订单时，要确定大致到货时间，了解供应商的生产能力、发货渠道和发货信息，掌握到货的主动权，尽量避免到货不及时影响生产。如果供应商表示已经发货，一定要取得货运的联系方式，防止供应商故意拖延发货时间。对于到货时间，一定要做到心里有数。如果延误，就需要和生产部门及时沟通做好调整，尽量将损失降到最低。

考核方法：以每月下达订购单数为总批数，每张订单上的产品为一批。

交货进度达成率＝交货延迟订单数量/总订单数量×100%

3. 品质成本控制

评价供应商的品质保证能力时，要求供应商根据采购产品的品质要求进行生产及运输，确保采购产品达到公司品质要求。采购产品若未达到合同规定的品质，会造成生产计划变更、不良品增多、管理费用增加等。对于质量不合格的情况，应敦促供应商在保证质量的情况下紧急替换，确保生产计划不受影响；对于数量不符的情况，应及时与供应商沟通，确定是由于供应商发货遗失或者是物流运输问题，及时补足尾数。

考核方法：根据公司品质部提供的每月来料品质统计表，以批数为单位。

进货品质达成率＝不良来料批数/当月来料总批数×100%

第一种：绩效评估配分见表6－2。

表6－2　　绩效评估配分表

考核内容	考核内容分配等级			
	A 非常优秀	B 优秀	C 基本满足	D 略有不足
采购成本控制（价格起伏）	40	30	20	10
采购交期控制（交货进度达成率）	30	25	20	10
品质成本控制（进货品质达成率）	30	25	20	10

第二种：以采购员的名次为标准的配分见表6－3。

表6-3 以采购员的名次为标准的配分表

考核内容	考核内容分配等级			
	A 第一名	B 第二名	C 第三名	D 第四名
采购成本控制（价格起伏）	40	30	20	10
采购交期控制（交货进度达成率）	30	25	20	10
品质成本控制（进货品质达成率）	30	25	20	10

绩效评估奖惩规定：

（1）依公司有关绩效奖惩管理规定发绩效奖金。

（2）每月评分第1名的以及月度考核分数85分以上的人员，月底可加付绩效奖金200元。

（3）连续3个月考核名次是最后一名，应加强职位技能训练。

（4）连续3个月考核分数低于60分者，应调离采购岗位。

四、采购绩效考核的实施步骤

采购绩效考核的具体实施步骤如下：

（一）设定采购绩效考核的目标

采购绩效考核的目标应以提升采购工作效率为核心，具体而言，既要能够促使采购部门降低采购成本，又要保证物品供应的质量和时效。由于采购活动的效益背反现象，因此非常有必要在绩效考核之前，明确采购工作的重点和绩效考核的目标。

（二）提前做好沟通工作

由于参加采购绩效考核的既有企业内部相关部门的员工，还可能涉及相关供应商，这就需要各方面相互配合，最好能提前做好沟通工作，以便在绩效考核时通力配合。绩效考核不只是要找出问题，更重要的是要找出解决问题的办法。

（三）执行绩效考核计划

绩效考核一般定期或不定期进行，无论哪种情况，都需要认真制定并执行考核计划。考核计划要能够告知采购部门及相应员工，以得到他们的配合。应该说，考核对象在心理上总会有一定的抵制，这主要是来自考核过程的未知，因此，尽可能地降低考核过程的未知性，有利于考核计划的顺利执行。

（四）绩效考核的总结和反思

采购目标的实现要靠整个采购团队，而不是某一个人。绩效考核的结果也同样意味着整个团队的工作情况。姑且不论绩效考核的结果好坏，作为采购团队的每个成员都应对绩效考核的结果认真做总结，梳理并分享经验心得，反思采购工作中存在的问题和不足，以便为下一阶段的采购工作奠定良好的工作基础。

【实例6-3】某公司采购管理绩效考核相关流程及说明

1. 采购管理绩效考核流程（见图6-1）。

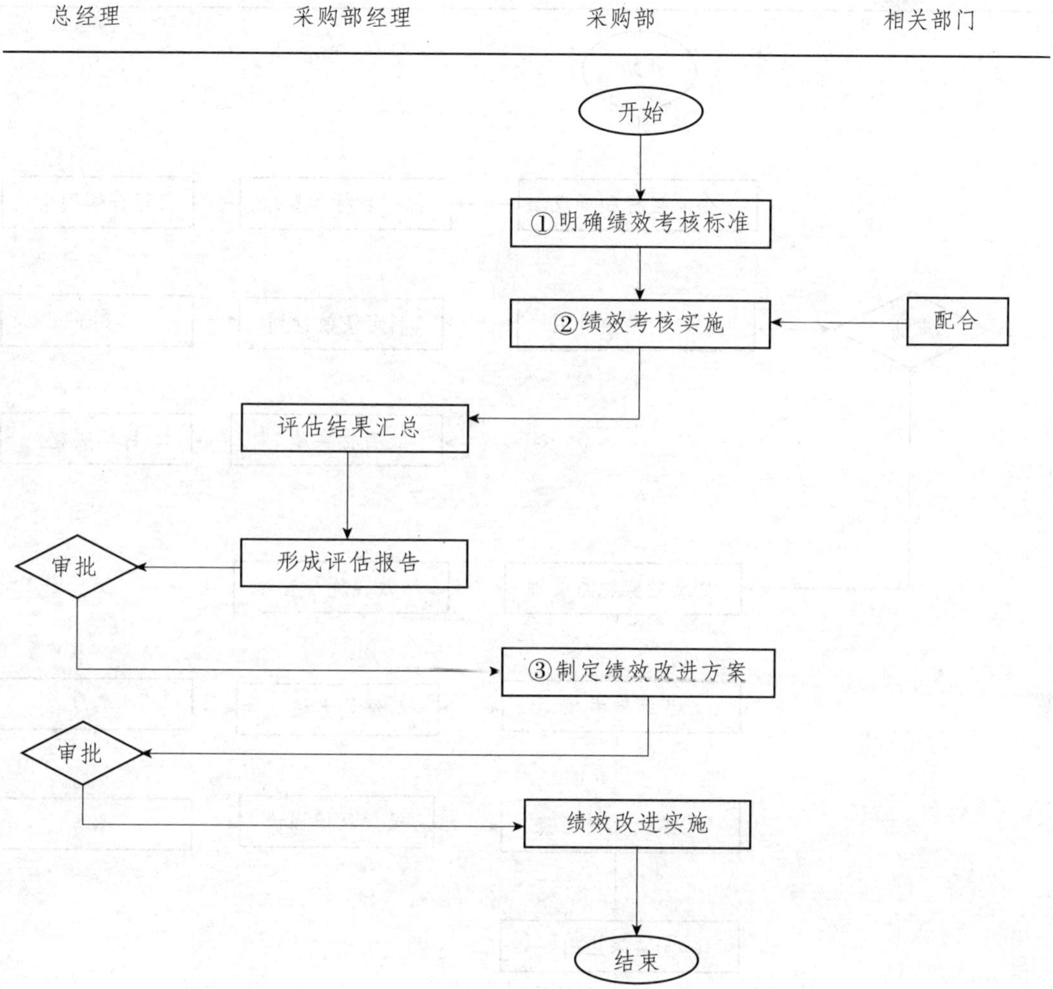

总经理　采购部经理　采购部　相关部门

开始 → ①明确绩效考核标准 → ②绩效考核实施（← 配合）→ 评估结果汇总 → 形成评估报告 → 审批 → ③制定绩效改进方案 → 审批 → 绩效改进实施 → 结束

图6-1　某公司采购管理绩效考核流程

2. 采购管理绩效考核流程说明（见表6-4）。

表6-4　采购管理绩效考核流程说明表

任务概要	采购管理绩效考核流程相关说明
①	(1) 在对采购部门工作绩效进行考核前，需明确采购工作绩效考核标准和方法 (2) 采购工作绩效考核主要依据采购组织绩效指标体系，其主要包括采购计划完成率、来料合格率、采购成本、采购周期、新开发供应商个数、库存周转率等
②	采购部经理根据确定的考核标准，在相关部门的配合下，组织本部门开展绩效考核工作
③	(1) 采购部经理根据汇总的绩效评估结果，撰写绩效评估报告并报总经理审批 (2) 采购部经理根据绩效评估的结果，与部门人员共同制定绩效改进实施方案，制定的绩效改进方案报总经理审批后组织实施

3. 采购人员绩效考核流程（见图6-2）。

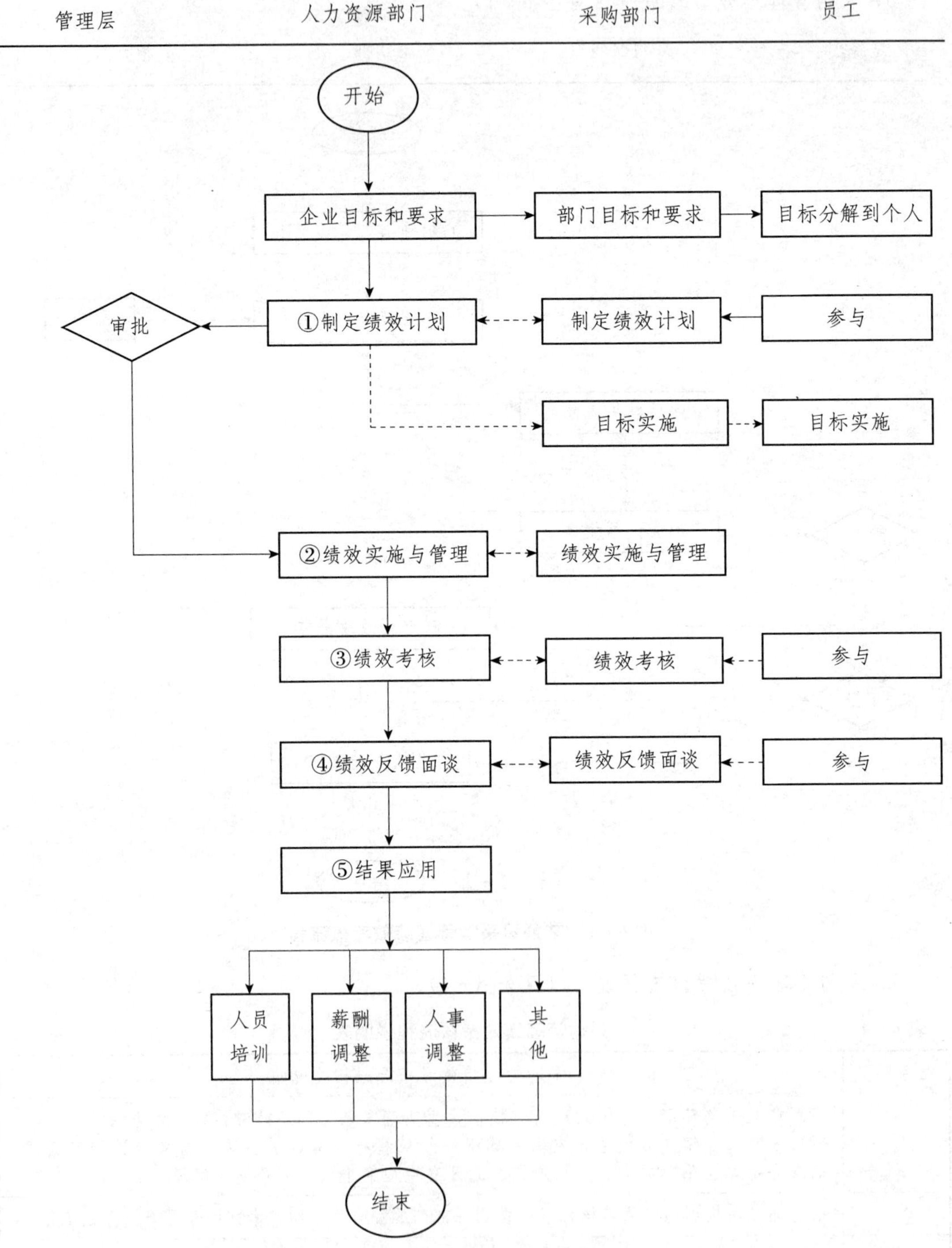

图6-2　某公司采购人员绩效考核流程

4. 采购人员绩效考核流程说明（见表6-5）。

表6-5　　　　　　　　**采购人员绩效考核流程说明表**

任务概要	采购人员绩效考核流程相关说明
①	绩效计划是整个绩效管理过程的起点，是由管理者和员工共同制定的绩效契约，它包括绩效计划目标及衡量标准等内容
②	在进行采购绩效考核时，必须首先明确考核的内容及评估标准，考核的内容主要从质量、成本、效率、时间四方面进行指标设置
③	绩效考核的方法有多种，包括排序法、对偶比较法、关键事件法、目标管理法、360度考核法等
④	在绩效面谈这一环节中，主管人员应就考核结果与员工沟通，让员工了解公司对自己的期望，认识到自己的优势和劣势，从而不断提升工作绩效
⑤	考核结果应与公司人事制度结合起来，以达到对员工更好的激励作用

5. 采购部门关键绩效指标（见表6-6）。

表6-6　　　　　　　　**采购部门关键绩效指标列表**

指标类别	关键绩效考核指标
财务类	采购成本
	呆料金额
	采购计划制定的准确率
	采购计划完成率
内部运营类	采购物资到货率
	采购物资价格的合理性
	采购物资检验合格率
	物资库存周转天数
	（采购）物资使用的不良率
	物料退货率
	错误采购次数
客户类	新开发供应商的数量
	优秀供应商的比率
	部门协作满意度
	供应商满意度
学习发展类	培训计划完成率
	关键员工保有率

任务3
供应商供应绩效考核

业务背景

有一位专家说，“不会管理供应商的企业，必将是失败的企业”，这句话充分表明采购企业要对供应商进行有效管理，而管理的手段就是供应商供应绩效考核。供应商供应绩效考核的结果是明确供应商与采购企业的合作等级。等级高的，就是采购企业的战略伙伴，等级低的，就该退出采购企业的供应商队伍。通过对供应商的考核，可以使采购企业从源头上把握生存的根本，促使企业不断向前发展。

采购活动需要遵循五项基本原则，对供应商的绩效考核也将涉及方方面面的工作，这主要通过完善的指标体系来体现，通过对各个指标的评估，确定供应商的得分和等级，以此为依据对供应商进行分级管理。

导入任务

本任务主要通过案例分析、视频展示等方式，使学习者了解供应商供应绩效考核的指标体系，学会应用指标体系计算不同供应商的考核分数，进一步学会供应商的分级管理，从而完成管理供应商的任务。

知识准备

一、供应商供应绩效考核的指标体系

（一）供应商绩效考核质量指标

质量指标是供应商考核的最基本指标，包括来料批次合格率、来料抽检缺陷率、来料在线报废率、来料免检率等。具体计算公式如下：

来料批次合格率＝合格来料批次÷来料总批次×100％

来料抽检缺陷率＝抽检缺陷总数÷抽检样品总数×100％

来料在线报废率＝来料总报废数(含生产在线数)÷来料总数×100％

来料免检率＝来料免检的种数÷该供应商供应的产品总种类数×100％

（二）供应商绩效考核供应指标

供应指标，又称企划指标，是与供应商的交货表现及其企划管理水平相关的因素，主要有准时交货率、交货周期、订单变化接受率等。

准时交货率＝按时按量交货的实际批次÷订单确认的交货总批次×100％

交货周期是自订单开出之日到收货之时的时间长度，常以天为单位。

订单变化接受率是衡量供应商对订单变化灵活性反应的一个指标，指在双方确认的交货周期中供应商可接受的订单增加或减少的比率。

订单变化接受率＝订单增加或减少的交货数÷订单原定交货数×100％

（三）供应商绩效考核经济指标

经济指标与采购价格和成本相联系，与质量指标及供应指标通常每月一次考核不同的是，经济指标相对稳定，多数企业是每季度考核一次。此外，经济指标是定性考核。经济指标包括：

1. 价格水平

企业往往同市场行情比较或根据供应商的实际成本结构及利润率判断价格水平。例如：报价是否及时，报价单是否客观、具体、透明（分解成原材料、加工、包装、运输费用、税金、利润等以及相对应的交货与付款条件）。

2. 降低成本的态度及行动

是否真诚地配合本企业或主动地开展降低成本活动，是否定期与本企业商讨价格。

3. 分享降价成果

是否将降低成本的好处也让利给客户。

4. 付款

是否积极配合响应本企业提出的付款条件要求与办法，开出的付款发票是否准确、及时、符合有关财税要求。

（四）供应商绩效考核支持、配合与服务方面的表现指标

支持、配合与服务方面的表现考核也是定性的，每季度一次，相关的指标有反应表现、沟通手段、合作态度、共同改进、售后服务、参与开发、其他支持等。

（1）反应表现。对订单、交货、质量投诉等反应是否及时，答复是否完整，对退货、挑选等是否及时处理。

（2）沟通手段。是否有合适的人员与本企业沟通，沟通手段运用是否正确。

（3）合作态度。是否将本企业看成是重要客户，供应商内部沟通协作是否良好。

（4）共同改进。是否积极参与或主动提出与本企业相关的质量、供应、成本等改进或活动。

（5）售后服务。是否主动征询本企业的意见、主动访问本企业、主动解决或预防问题。

（6）参与开发。是否参与、如何参与本企业的产品或业务开发过程。

（7）其他支持。是否在参观、访问、报价与送样、保存本企业相关文件等方面配合良好。

【实例6-4】某企业的供应商绩效考核细则

某企业的供应商绩效考核细则见表6-7、表6-8。总分100分，其中质量35分、交货25分、价格20分、支持20分。

表6-7　供应商质量与交货的月度考评细则

批次合格率	得分	准时交货率	得分
100%	35	99%～100%	25
≥99.5%	30	95%～99%（不含99%）	20
≥98.5%	25	90%～95%（不含95%）	15
≥97.5%	15	80%～90%（不含90%）	10
≥95%	5	70%～80%（不含80%）	5
<95%	0	<70%	0

表6-8　供应商价格与支持的季度考评细则

价格	得分	支持	得分
报价合理、具体、透明	2	反应及时、到位	5
价格具有竞争力	12	合作态度良好	3
不断降低成本	2	沟通手段齐备	3
让顾客分享降低成本的利益	2	共同改进积极	5
收款发票合格、及时	2	其他	4
满分	20	满分	20

二、供应商供应绩效考核的实施过程

（一）供应商绩效考核的准备

首先要制定供应商考核办法或工作程序，对供应商的表现如质量、交货、服务等进行监测记录，为考核提供量化依据；选定被考核的供应商，将考核做法、标准及要求与相应的供应商进行充分沟通，并在本企业内与参与考核的部门或人员充分沟通，做好协调。

（二）供应商绩效的考核人员

供应商绩效的考核人员包括采购部门主管，工程、质量或生产管理部门人员，外界的专家或管理顾问等。

1. 采购部门主管

由于采购主管对供应商的供应绩效最为熟悉，而且其他采购工作人员的所有工作任务的安排，或工作绩效的良莠，均在其直接督促之下，因此，由采购主管负责考核，能较为全面、真实地反映供应商的供应绩效。

2. 工程、质量或生产管理部门人员

若采购项目的品质及数量对企业的最终产出影响重大，可由工程、质量及生产管理部门人员来考核供应商的绩效。

3. 外界的专家或管理顾问

为避免企业对于供应商绩效考核的主观性，可以聘请外界的采购专家或管理顾问，针对供应商已有表现进行客观分析并提出建议。

（三）供应商绩效评估方法

1. 标杆法

标杆法是将某个产品或过程与可能得到的最好的产品或过程相比较。为了将其用于供应商的衡量中，将供应商的绩效与所衡量的方面所知道的最好的绩效进行对比。

2. 加权法

加权法是“数量”衡量方法，使得供应商能将不同的因素列为等级不同的重要性（权重）。使用这种办法的步骤如下：

第 1 步：选择要衡量的因素。

第 2 步：为每个因素建立权重，用于反映该因素与其他因素相比的重要程度。

第 3 步：确定供应商在每个因素上的实际绩效。

第 4 步：将实际绩效的数据乘以其权重并计算结果。供应商的总得分既反映了它们的绩效，也反映了采购企业对该绩效的相应重视程度。

3. 成本法

成本法是通过将所有可确定的采购成本，加上发货的价格来确定每次发货的采购总成本。加在发货价格上的额外成本的比率越低，供应商的等级就越高。使用这种方法的步骤如下：

第 1 步：确定成本要包括的因素（如交付、质量或服务）。

第 2 步：确定采购企业在这些领域中的每个非履行成本。

第 3 步：对特定的某次出货要计算实际发生的成本。计算每次所发生的成本占出货的采购价值的比率。每个因素都有一个比率。

第 4 步：计算所有因素比率的总和，以确定该次发货（以及通过扩展而得知供应商）的总额。这就是供应商的总成本比率。

第 5 步：按下列公式计算调整后的价格：

调整后价格＝价格×(1＋总成本比率)

第 6 步：用调整后的价格来评价供应商以确定未来的业务。

4. 总采购成本

总采购成本是价格总和加上所有其他采购成本，如配送、处理交易和交货的日常开支，利息以及不履行成本（如检验成本和由缺陷产品引起的成本）。

（四）供应商绩效考核结果

1. 正常状态供应商

连续 6 个月考核分≥80 分（质量部分≥30 分，交货部分≥20 分），可考虑作为长期合作对象及年终优秀供应商的候选单位。

2. 警告状态供应商

临时供应商、连续 6 个月考核分<80 分的供应商及新批准供应商。连续 6 个月考核分<80 分的供应商应限期 6 个月改进，否则就降低为“解除”状态。

3. 解除状态供应商

连续 12 个月考核分<80 分的供应商。原则上必须解除，如因客观条件所限不能解除，则需经采购经理同意，对其重新进行全面审核，审核结果符合要求且供应商愿意根据审核结果改进，才能回到“警告”状态。

【实例 6-5】某企业的供应商考核

某企业供应商的考核采取年度考核办法，由采购部门征集各方意见汇总成考核评语，再由相关权责部门给出评审意见，最终由运营总监决定是否取消不合格供应商的供应资格。供应商的考核见表 6-9。

表 6-9　　　　供应商考核表

<table>
<tr><td colspan="2">供应商名称</td><td colspan="3"></td></tr>
<tr><td colspan="2">考核日期</td><td></td><td>主要考核人</td><td></td></tr>
<tr><td colspan="2">产品名称</td><td colspan="3"></td></tr>
<tr><td colspan="2"></td><td>考核评语</td><td>评分</td><td>等级</td></tr>
<tr><td rowspan="4">考核内容</td><td>准时交货率</td><td></td><td></td><td></td></tr>
<tr><td>品质</td><td></td><td></td><td></td></tr>
<tr><td>服务</td><td></td><td></td><td></td></tr>
<tr><td>其他</td><td></td><td></td><td></td></tr>
<tr><td colspan="2">综合评价</td><td></td><td></td><td></td></tr>
<tr><td colspan="2"></td><td>意见</td><td colspan="2">是否取消其资格</td></tr>
<tr><td rowspan="4">各权责部门</td><td></td><td></td><td colspan="2"></td></tr>
<tr><td></td><td></td><td colspan="2"></td></tr>
<tr><td></td><td></td><td colspan="2"></td></tr>
<tr><td></td><td></td><td colspan="2"></td></tr>
<tr><td>审批意见</td><td colspan="4"></td></tr>
</table>

（五）供应商奖惩办法的问题与对策

根据考核结果对供应商做出的奖励通常成为促使供应商持续改进供应绩效的动力。这里我们列举一些常见的问题，并提出相应的对策（见表 6-10）。

表 6-10　　供应商奖惩办法的问题与对策

序号	问题点	对策
1	未能配合需要修订	奖惩办法需配合企业业务需要定期检讨
2	实际执行与所订条约不符	检讨未能执行的具体原因，并建立预警制度
3	奖惩办法未能周全考虑	将奖惩精神、公平性及合理性纳入考虑
4	奖惩效果表彰	对于奖惩的诱因，宜参考同行业或相关行业及地区性、时效性等因素进行通盘检讨，了解真正原因后，一一提出解决对策

三、供应商的分级管理与供应绩效的持续改进

（一）供应商的分级管理

任何问题都是可以衡量的。几乎所有问题都可以归类为三种：成本、绩效或政策问题。成本问题包括价格以及所有其他附属价格（如运输）；绩效问题包括任何企业想要衡量的构成供应商绩效的问题（如及时交付）；政策问题包括企业选择实施的有关供应的遵守事项（如处于不利的业务状况）。

建立供应商等级系统的第一步是选择其价值足以用来衡量的部分；第二步是制定一套有效的衡量每个部分的方法；第三步是收集数据并确定绩效；第四步是用得出的结果选择供应商或者改进供应商的绩效。

由于供应商的地位可能会随着时间而变化，这些因素需要定期审查。

1. 供应商能力

供应商是否有能力做到要求它们做的事情？它们是否拥有采购人员在将来会用到的能力？

2. 国际、国内以及当地能力

供应商对产品和服务的地理分配是否与企业的需求一致？是否有应当考虑的国内或者国际范围内的能力？

3. 定价方法

要衡量定价的可接受性，就必须有比较的基础。典型的有：预计价格（趋势）、竞争性价格、行业标准价格指数或者成本定价。

4. 财务能力

供应商是否有利可图？它们的长期稳定性如何？供应商的流动比率（公式：流动资产/流动负债）和速动比率（公式：速动资产/流动负债）是否可接受？债务与产权的比例是否合适？

5. 库存场所和方式

供应商是否在适合的地方有合理的库存以便在要求的处理时间内满足服务需求？存货的水平怎样？

6. 交付绩效

对于货物的交付来说，衡量绩效的典型办法是货物及时收货的百分比。及时性通常包括在预计的到达期间内所交付的货物或服务无缺陷。衡量服务的交付履行会稍微主观一些，这是由“服务产品”评价的主观性造成的。

7. 质量绩效

衡量质量绩效的典型办法是利用缺陷率或拒收率。质量绩效是按照与及时交付率相同的办法计算比率，即将被发现有缺陷的数额和收到的总额进行比较。

8. 服务绩效

衡量供应商服务的各个方面，首先，定义什么是可接受的绩效；其次，衡量所发生的事项，是否每个事项都得到了所定义的期望值。按照与质量或交付相同的方法来计算服务绩效的百分比。

9. 利润绩效和库存周转率

供应商的库存是否正在周转？供应商的库存周转率与其竞争对手和整个产业的比较如何？供应商的利润是怎样的？虽然任何企业都可能遇到不景气的时候，但是如果低迷时期延长，则库存增加以及利润缩减的迹象可能意味着该供应商将来会有麻烦。

10. 创新绩效

供应商是否提供创造性的解决问题的办法？供应商是否是新产品开发的领头人？供应商拥有多少专利？这些因素都值得考虑并列入采购商的选择指标中。

【实例6-6】某企业供应商考核标准及运用

某企业供应商考核项目及评分标准见表6-11。

表6-11　某企业供应商考核项目及评分标准

考核内容及权重		考核标准			考核得分
考核内容	权重	评分标准	最高分	最低分	
产品质量状况	60%	1. 主要从进料检验合格率与现场生产不合格率两方面考核 2. 进料检验合格率达到______%，每低1%，减______分 3. 现场生产不合格率低于______%，每高出1%，加______分			
交付情况	15%	准时交货率达到______%，每低1%，减______分			
价格水平	10%	与同类产品采购价格市场平均水平相比较，划分为偏高（______分）、居中（______分）、偏低（______分）三个等级			
服务质量	10%	满意度评价达到______分，每低5分，减______分			
管理能力	5%	主要从管理人员的流动率、员工培训状况、企业发展前景等方面进行考核，具体考核标准根据企业相关规定执行			

某企业供应商考核评定标准及运用见表 6－12。

表 6－12　　某企业供应商考核评定标准及运用表

考核得分	供应商类别	结果运用
90～100 分	一级供应商	优先采购
80～89 分	二级供应商	继续合作，但要求其对不足之处予以改善
70～79 分	三级供应商	要求其对不足之处予以改善，根据改善后的结果决定是否对其进行采购或减少采购
69 分以下	四级供应商	暂停或减少对其的采购数量，并通知供应商提高供货能力，改进供货工作

（二）采购企业对供应商分级管理的注意事项

1. 机密性

等级信息应当与受到绩效考核的供应商分享，但是不能告诉采购人员或供应商外的任何人。向竞争对手披露供应商的绩效数据会违反信任约定并严重危害双方关系。这并不排除将最好的供应商作为供应商认证或供应商认可项目。

2. 供应商对等级的反应

（1）数据的可信性。如果由于数据不准确而导致供应商在考核中排名落后，则供应商的反应可能是消极的。

（2）采购企业的态度。有时候不好的绩效源于采购企业内部。规格不清楚或者计划经常变动会导致供应商看起来很差劲，尽管供应商已经尽了最大的努力。责备的态度（而不是解决问题的态度）会导致供应商拒绝接受评价结果。但是，如果采购企业用解决问题的态度来摆出精确的数据，而供应商仍然没反应，则它们未做反应的事实可以视为不愿意改进的标志。

（3）管理层的关注。向供应商提供有关绩效服务的定期报告以吸引供应商管理层注意，反过来，通常也能增强采购企业作为消费者的重要性。

（三）供应商供应绩效的持续改进

供应商供应绩效的持续改进有赖于采购企业所制定的激励机制，有以下几种激励模式可供参考。

1. 价格激励

价格是采购企业和供应商利润分配的外在形式。价格对供应商的激励是显而易见的。高的价格能增强供应商供应的积极性，不合理的低价会挫伤供应商的积极性。合适的价格，即合适的利润分配，有利于供需双方合作的稳定和运行的顺畅。

2. 订单激励

为供应商分配更多的订单是一种极大的激励。一般而言，一个采购企业采购某种物品时往往同时拥有多个供应商。多个供应商竞争来自采购企业的订单，多的订单对供应商是一种激励。

3. 淘汰激励

淘汰激励是负激励的一种。优胜劣汰是世间万物生存的自然法则，对于供应商的管理也不例外。为了使供应商的供应能力保持在一个较高的水平，采购企业必须建立对供应商的淘汰机制。淘汰弱者是市场规律之一，保持淘汰对供应商来说是一种负激励。对于优秀供应商来说，淘汰弱者能使其获得更优秀的业绩；对于业绩较差者，为避免淘汰的危险更需要求上进。

淘汰激励使得所有的供应商都有一种危机感。这样一来，采购企业就能在促使供应商获得进步的同时，自己也获得发展。危机感可以从另一个角度激发供应商发展。

4. 信息激励

在信息时代，信息对企业意味着生存。企业获得更多的信息意味着企业拥有更多的机会、更多的资源。信息对供应商的激励实质上是一种间接的激励模式，但是它的激励作用不可低估。在前文中曾提到，采购企业要利用信息技术与供应商建立信息共享机制，其主要目的之一就是为供应商获得信息提供便利。如果供应商能够很快捷地获得采购企业的需求信息，其就能够主动采取措施提供优质服务，必然使合作方的满意度大为提高。这对与合作方建立起信任有着非常重要的作用。因此，供应商在新的信息不断产生的条件下，应始终保持对信息了解的欲望，也更加关注合作双方的运行状况，不断探求解决新问题的方法，这样就达到了对供应商激励的目的。

5. 商誉激励

商誉是一种无形资产，它由企业自身在公众和其他企业中的评价所决定。如今，人们越来越重视这种无形资产。在激烈的竞争环境下，供应商收到的订单量及其效益的多少大部分取决于其过去的运营质量及合作水平。一个企业有很高的商誉意味着其会得到大量的订单。

采购企业可以在供应商的订单完成率和准时交货率等方面对供应商进行商誉激励，并促使供应商逐渐往 JIT 方面发展。

6. 长期合作的激励

在新的员工忠诚奉献规则中，一个有趣的内容是：员工与经理人、经理人与团队之间的关系变得更加重要。员工愿意留在团队内，而不会接受其他组织的聘用，因为他们与上级之间建立了一种牢不可破的关系，担心在其他组织无法构建这种关系。

在供应商管理中也是这样，由于建立了长期的合作伙伴关系，供应商可以节省更换伙伴所发生的费用，以及对另一个伙伴的重新了解所产生的风险，供应商一般总能够从长期的合作中得到持续稳定的利润，因此，让战略性供应商成为长期的合作伙伴能够促使这种关系的形成及维系。

7. 为供应商提供更多的技术培训的机会及技术支持

采购企业可以为供应商提供一些学习、培训、交流的机会，重视供应商的个体成长和事业发展。供应商除了希望在订单中获取其应得的一份收益外，还希望能够实现企业长期发展及其更高层次的社会价值。因此，如果能够不断地为供应商提供受教育和提高自身技能的学习机会，提升供应商的核心能力，同时充分了解供应商的需求和发展意愿，为其提供富有挑战性的发展机会，就一定能够促使供应商的供应绩效不断改进。

操作指导

任务1　采购绩效考核体系的制定

（一）任务分析

企业采购绩效考核指标的设置要与企业的总体采购水平相适应。本任务主要通过到工商企业的采购部门进行调查，了解采购绩效考核方面的相关资料，并以小组为单位研讨、分析，对采购部门的绩效情况进行恰当的评价。在此基础上，设计绩效考核的评价表，并提出绩效改进的建议。

（二）实施条件

物流综合实训室或多媒体教室，也可以是真实的企业环境。

（三）实施步骤

1. 准备工作：学生每4人一组。

2. 教师讲解采购绩效考核体系的框架，并提示注意事项。

3. 任务实施：分工协作，并以考核表格和制度文档的方式完成采购绩效考核体系的制定。

（四）具体内容

1. 试填写下述有关采购绩效考核的表格。

（1）采购人员绩效考核表（见表6-13）。

表6-13　　采购人员绩效考核表

被考核者姓名		所在岗位		所属部门	
考核期间	年　月　日　至　年　月　日				
1. 考核得分汇总					
考核内容	权重		被考核得分		考核得分
工作态度	10%				
工作能力	30%				
工作业绩	60%				

2. 考核评估			
考核内容	考核项目	评价要点	评分
工作态度	主动、积极	严格遵守公司规章制度 积极协助上级领导的工作 热爱本职工作	
	工作责任心	工作一丝不苟且勇于承担责任	
工作能力	语言表达能力	能清晰地表达所要传递的信息	
	沟通能力	掌握一定的沟通技巧	
工作业绩	采购计划完成率	采购任务的完成情况	
	采购及时率	采购工作保证企业生产（经营）的顺利进行	
	采购物资质量合格率	采购物资的质量情况	
	采购成本控制	采购成本的降低情况	
	供应商信息管理	对供应商档案信息、价格信息及其他相关信息的收集和整理工作的完成情况	
3. 综合评价			
部门经理评价			
人力资源部评价			

（2）采购人员绩效改进表（见表6-14）。

表6-14　　采购人员绩效改进表

姓　名		所在岗位		所属部门		直接领导	
1. 评估期间绩效未符合工作标准之事实描述							
2. 原因分析							
3. 改善目标及措施（需详细说明工作内容、实施日期、完成日期等）							
4. 改进措施记录							
5. 改进效果评价及后续措施							

（3）采购人员绩效奖惩表（见表6-15）。

表6-15　　采购人员绩效奖惩表

编号：________					填写日期：　年　月　日
姓　名		所在岗位		所属部门	
奖惩事由					
奖惩方式					
部门经理核定	签名：				日期：　年　月　日
人力资源部核定	签名：				日期：　年　月　日
总经理批示	签名：				日期：　年　月　日

（4）采购人员绩效评估表（见表6-16）。

表6-16　　采购人员绩效评估表

被评估者姓名		所在岗位		所属部门	
考核阶段	年　月　日至　年　月　日			填表日期	年　月　日
考核内容	考核项目	权重	考核要点		评估得分
工作态度	考勤状况	2%	出勤率的高低，迟到、早退情况		
	工作主动性	4%	积极、主动地完成本职工作		
	工作责任感	4%	工作认真，勇于承担责任		
工作业绩	采购计划完成率	10%	90%≤R≤100%		
			80%≤R<90%		
			70%≤R<80%		
			60%≤R<70%		
	采购物资合格率	10%	95%≤R≤100%		
			85%≤R<90%		
			75%≤R<85%		
			70%≤R<75%		
	采购物资及时率	10%	在规定的时间内完成		
	错误采购次数	5%	不得高于　　次		
	采购成本控制	10%	成本降低　　%		
	供应商开发	5%	新增　　家供应商		
	存货周转率	10%	提高　　%		
工作能力	专业知识水平	5%	全面掌握本岗位所需的专业知识		
	语言表达能力	8%	语言清晰，有条理		
	综合分析能力	5%	对工作中出现的问题能做出准确的分析与判断		
	谈判能力	12%	有一定的谈判技巧		

（5）绩效考核申诉表（见表6-17）。

表6-17　　绩效考核申诉表

申诉人		所在岗位		所属部门		申诉日期	
申诉事由							
处理意见或建议	1. 2. 3. 受理人签字：　　　　受理日期：						
处理结果							
申诉人对申诉处理的意见	1. 2. 3.						

（6）考核结果运用表（见表6-18）。

表6-18　　考核结果运用表

等级	等级定义	分值	结果运用
S	优秀	90～100分	薪酬上调3个等级或升职1级
A	良	80～89分	薪酬上调2个等级
B	好	70～79分	薪酬上调1个等级
C	一般	60～69分	薪资待遇保持不变
D	差	60分以下	减少5%的工资

2. 宝华公司采购绩效考核指标体系分析。

宝华公司是北京一家机电产品生产企业。从去年开始，公司要求采购部门加强采购管理，以帮助企业降低成本，并提高生产物料的供货及时率。李明大学毕业以后进入宝华公司工作，如今担任采购部门经理已经三年了，在接到公司指令后，他把助理小王找来一起商量。下面是李明和小王的对话。

李明：小王，公司好像对我们部门的工作不太满意哦。

小王：那就意味着我们必须加强管理工作了！不知道您打算从哪里入手啊？

李明：俗话说，“如果不能评估，就不能管理”。我们采购部门需要建立一套绩效考核指标体系。根据考核结果，一方面能发现存在的问题，另一方面也可以找到努力的方向。但关键是选用哪些考核指标呢？

（小王从包里拿出了一本《采购与供应管理》。）

小王：李经理，咱们就照书上说的选取指标吧。

（李明和小王对着书，边商量边选择指标，最终选择的指标见表6-19第1、2列。）

李明：小王，指标选好了。这几天你去收集一下有关数据并计算出相应结果。

小王：好的，但是结果出来了，怎么知道得到的值是好是差呢？

李明：听说我们公司竞争对手A公司采购管理做得不错，我们就和A公司作比较。哪个绩效指标比他们差，就表明我们需要改进哪个。

小王：嗯，就这么办。那我也顺便打听一下 A 公司的这些考核指标的绩效表现。

李明：辛苦你了！

（3 天后，小王将公司上半年的有关数据和 A 公司的指标绩效交给了李明，具体数据见表 6－19 第 3 列。）

表 6－19　　宝华公司采购绩效测量指标与 A 公司的采购绩效指标值

评估的绩效	具体测量指标	A 公司采购绩效指标值
价格和成本绩效	当期采购金额与基准采购金额之比	95%
质量绩效	物料质量合格率	99%
效率绩效	采购金额占销售收入的百分比	45%
供应商绩效	供应商准时交货率	100%

表 6－20　　宝华公司上半年的数据

项目	数据	备注
销售收入	3 200 万元	
实际采购金额	2 000 万元	
基准采购金额	1 600 万元	以上一年 12 月份最后一次采购价格乘以总采购数量
总采购数量	3 000 箱	
合格数量	2 700 箱	
供应商准时交货数量	2 640 箱	

现在请你根据上述案例材料，回答以下问题：

（1）李明和小王利用竞争对手 A 公司作为本公司采购绩效的标准，这种绩效评估方法叫什么？如果作为标准的对象不同，该方法可以划分为哪几种类型？

（2）根据表 6－20 的数据，计算表 6－19 中宝华公司各绩效指标值。

（3）请将计算出的绩效指标值与 A 公司对比，说明宝华公司的采购管理存在哪些不足，并为李明列举一些改进采购绩效的建议（至少 4 个）。

（五）结果评价

对学生参与采购绩效考核体系制定的过程及完成情况进行评价，评价可分为个人评价和小组评价两个层面，以激励学生积极认真地实施项目及发挥团队作用。同时，在下一个任务实施前，选取优秀绩效考核体系案例进行展示点评，对表现突出的学生和完成任务的亮点给予表彰和推广，对于存在的共性问题提醒学生及时改进。

任务 2　采购绩效考核的实施

（一）任务分析

采购项目绩效考核是采购工作的最后环节，利用采购指标体系与标准对采购项目进行评估，通过不同人员、采用不同方式考核采购人员绩效来提升采购绩效。本任务主要通过具体的案例，通过相应的考核指标对采购项目绩效进行考核，并以此提出奖惩建议。

（二）实施条件

物流综合实训室或多媒体教室，也可以是真实的企业环境。

（三）实施步骤

1. 准备工作：学生每4人一组。
2. 教师讲解采购绩效考核的实施过程及注意事项。
3. 任务实施：分工协作，完成案例中所要求的绩效考核。

（四）具体内容

尤为公司是一家为商业组织和公共部门提供自动贩卖设备的供应商，该公司主要提供三种机型的设备：第一种供应冷热饮料；第二种提供各种食品，如三明治、巧克力、饼干以及各类薯片小食品；第三种为综合机型，同时提供饮料和食品。公司成立10年来发展迅速，现在为400家机构提供服务，拥有900台自动售卖机，实现年营业收入5 400万元，纯利润1 200万元。公司共有40名员工，其中采购部有4名员工。

公司的成功主要源于其对客户需求的及时响应以及注重服务质量。每位客户都有一名客户经理负责。客户反馈显示，他们能得到高度个性化的服务。公司在对员工的支持与关怀方面享有良好声誉。

采购团队由李丽负责，她6个月前刚进入公司，主要负责固定资产采购，包括贩卖机和为贩卖机配货用的配送车辆。她所在的采购部门有3名采购员，各司其职：小薇负责采购贩卖机上的饮料产品；小华负责采购三明治；小明负责采购小食品。下个月公司将对采购部的员工进行年度考核，李丽收集了3名员工的相关信息，详见尤为公司采购部门员工信息表（见表6-21）。

表6-21　　尤为公司采购部门员工信息表

考核项目	考核对象		
	小明	小薇	小华
在公司服务年数	5年	3年	1年
是否具备采购职业证书	是	否	完成部分课程
所管理的供应商数量	16	8	32
每周处理的订单数量	64	34	85
年度采购总额	820万元	1 530万元	1 050万元
上一年度审核合同数量	3	6	2
上一年度实现的采购成本节省额	12万元	35万元	40万元
受销售部门投诉的次数	0次	7次	2次

问题：论述李丽该如何对本部门的 3 名采购员进行绩效考核。

（五）结果评价

对学生参与采购项目绩效考核过程及完成情况进行评价，评价可分为个人评价和小组评价两个层面，以激励学生积极认真地实施项目及发挥团队作用。同时，在下一个任务实施前，选取优秀绩效考核体系案例进行展示点评，对表现突出的学生和完成任务的亮点给予表彰和推广，对于存在的共性问题提醒学生及时改进。

任务 3　供应商供应绩效考核

（一）任务分析

随着全球化经济的发展，企业的竞争也日趋激烈。决定企业竞争实力的也不仅限于企业本身，其供应商群在其中扮演着很重要的角色。如何通过构建完善的供应商考核评估体系（KPI），来甄别合格供应商，发展优秀供应商，淘汰不合格供应商，最终提升供应商群的整体水平，建立长效的供应商管理系统，以此增强企业的综合竞争力，使企业在纷繁复杂的商业社会中立于不败之地显得十分重要。本任务通过具体案例，让学生初步掌握运用供应商考核评估体系的工具对供应商进行有效考核和管理的方法。

（二）实施条件

物流综合实训室或多媒体教室，也可以是真实的企业环境。

（三）实施步骤

1. 准备工作：学生每 4 人一组。
2. 教师讲解供应商绩效考核的实施过程及注意事项。
3. 任务实施：分工协作，完成某个供应商的绩效考核。

（四）具体内容

1. 某工厂决定采用线性权重法来考评某物料供应商，希望能给供应商分为 A、B、C、D 四个等级，A 为优等供应商，B 为一般供应商，C 为合格供应商，D 为不合格供应商。供应商考核表中需要考核的内容有产品质量、价格、合同完成率、准时交货等几个指标，每项指标的权重依次为 0.3、0.3、0.2、0.2。公司规定，得分90～100分为优等，得分 80～89 分为良好，得分 60～79 分为基本合格，得分在 60 分以下为不合格。

现已知该物料供应商上期统计资料表（见表 6－22）。请对 4 家供应商进行等级分类，并确定相应策略。

表6-22　　4家供应商上期统计资料表

供应商	供应次数	完成合同次数	准时交货次数	收到商品数量	验收合格数量	单价
甲	5	3	3	4 500	4 100	85
乙	4	3	4	3 800	3 650	80
丙	4	3	3	3 000	2 900	75
丁	3	3	2	2 500	2 450	82

2. 试填写下述供应商月度综合考核表（见表6-23）。

表6-23　　供应商月度综合考核表

<table>
<tr><td colspan="7">供应商名称：</td><td colspan="7">主要产品：</td></tr>
<tr><td colspan="7">考核期：</td><td colspan="7">报告人：</td></tr>
<tr><td rowspan="2">细则</td><td rowspan="2">总分</td><td colspan="12">××年××月考核各项表现得分</td></tr>
<tr><td>1月</td><td>2月</td><td>3月</td><td>4月</td><td>5月</td><td>6月</td><td>7月</td><td>8月</td><td>9月</td><td>10月</td><td>11月</td><td>12月</td></tr>
<tr><td>质量</td><td>35</td><td>23</td><td>24</td><td>24</td><td>28</td><td></td><td></td><td></td><td></td><td></td><td></td><td></td><td></td></tr>
<tr><td>交货</td><td>25</td><td>24</td><td>24</td><td>23</td><td>22</td><td></td><td></td><td></td><td></td><td></td><td></td><td></td><td></td></tr>
<tr><td>价格</td><td>20</td><td>14</td><td>14</td><td>14</td><td>15</td><td></td><td></td><td></td><td></td><td></td><td></td><td></td><td></td></tr>
<tr><td>支持</td><td>20</td><td>12</td><td>12</td><td>12</td><td>12</td><td></td><td></td><td></td><td></td><td></td><td></td><td></td><td></td></tr>
<tr><td>总分</td><td>100</td><td>73</td><td>74</td><td>73</td><td>79</td><td></td><td></td><td></td><td></td><td></td><td></td><td></td><td></td></tr>
<tr><td colspan="7">采购企业：</td><td colspan="7">供应商：</td></tr>
<tr><td colspan="7">改进要求：

考核员：　　　　日期：</td><td colspan="7">跟进行动：

供应商：　　　　日期：</td></tr>
<tr><td colspan="7">改进结果检查：

考核员：　　　　日期：</td><td colspan="7">跟进行动检查：

供应商：　　　　日期：</td></tr>
</table>

3. 试填写下述供应商季度综合考核表（见表6-24）。

表6-24　　供应商季度综合考核表

考核时间	
供应商名称	
单位地址	
供货产品的名称	

<table>
<tr><td rowspan="2">考核内容、标准</td><td colspan="2">7月</td><td colspan="2">8月</td><td colspan="2">9月</td><td>评价</td><td rowspan="2">备注</td></tr>
<tr><td>结果</td><td>得分</td><td>结果</td><td>得分</td><td>结果</td><td>得分</td><td>平均得分</td></tr>
<tr><td>(1) 产品质量 40 分。交货合格率：①96%～100%，得 40 分；②85%～95%，得 30 分；③75%～84%，得 10 分；④低于 75%，不得分</td><td></td><td></td><td></td><td></td><td></td><td></td><td></td><td></td></tr>
<tr><td>(2) 产品交货期 25 分。按时交货率：①90%以上，得 25 分；②80%～89%，得 20 分；③70%～79%，得 10 分；④低于 70%，不得分</td><td></td><td></td><td></td><td></td><td></td><td></td><td></td><td></td></tr>
<tr><td>(3) 产品价格 20 分。①合理，得 20 分；②偏高 0.1%～1%，得 20 分；③偏高 1%～1.15%，得 10 分；④高于 1.16%，不得分</td><td></td><td></td><td></td><td></td><td></td><td></td><td></td><td></td></tr>
<tr><td>(4) 销售服务态度 15 分。①及时配合，有效，得 15 分；②基本配合，有效，得 10 分；③配合不及时或无效，不得分</td><td></td><td></td><td></td><td></td><td></td><td></td><td></td><td></td></tr>
<tr><td colspan="7" align="right">总分</td><td></td><td></td></tr>
<tr><td colspan="9">注：评价得分 90 分以上的为 A 级，80～89 分的为 B 级，70～79 分的为 C 级。
统计/日期：　　　　　　　　　　审核/日期：</td></tr>
</table>

(五) 结果评价

对学生参与供应商绩效考核过程及完成情况进行评价，评价可分为个人评价和小组评价两个层面，以激励学生积极认真地实施项目及发挥团队作用。同时，在下一个任务实施前，选取优秀供应商绩效考核案例进行展示点评，对表现突出的学生和完成任务的亮点给予表彰和推广，对于存在的共性问题提醒学生及时改进。

案例学习

案例一：供应商表现的考核与跟进

A 公司为一家电子产品生产厂商，年产值约 3 000 万美元，产品全部出口。A 公司原材料中价值占比为 60%的原材料依赖进口，另 40%的包装、塑胶及部分五金向由本地供应商采购。采购部共有采购人员 8 人，采购经理直接向总经理汇报、日常运作向工厂经理汇报。在本地采购的材料中，塑胶件为重要的零部件，占本地采购额的 30%，胶件数共有150种，由3个供应商分别供货。其中B公司为A公司最大、最重要的胶件供应商，胶件数量及价值都占到A公司总胶件的一半。

B公司是塑胶件的专业生产厂家，现有员工350人，其中工程技术人员12人，模具维修人员6人，共有从22吨～1 300吨的大小注塑机40多台以及配套的丝印、移印和喷涂设备。该公司3年前通过ISO9002认证，两年前又导入了MRP系统用于计划与库存控制。B公司共有大小客户十几家，A公司是它的第五大客户。虽然A公司产品的利润率不高，但A公司的高要求带动了B公司管理的不断改进。B公司推行ISO9002，导入MRP就是在A公司的帮助之下实现的。B公司确实体会到在过去的发展中A公司的推动力。B公司与其他的客户做生意时，都是先签合同、客户提供模具与材料并派工程师现场调机合格后再按订单生产交货，交货周期在半个月以上。而A公司则要求B公司对生产的所有过程与技术问题负责，B公司自己采购原材料、A公司提供模具。A公司每半个月提供一次更新的订单预测、每3天前提供未来3天的交货通知，B公司按交货通知每天交货。

小王是A公司的采购员，除非涉及价格需要请示采购经理外，B公司相关问题的协调都由他全权负责。最近小王感到非常苦恼。B公司在过去1个月表现一直欠佳，规定每天送两次货且直接免检上线，但有六七天都没有按时送货或是只送一次，影响了本公司的生产。在320批胶件中只有260批是按时、按数量交货，其中还首次出现20批不合格品退货，退货后只有一半在第二天进行了补货。原先约定的在线报废率应低于3 000 PPM（百万分率），实际平均下来达到7 500 PPM（这其中不包括不合格品的退货）。

在问题发生过程中，小王多次与B公司的计划、生产与质管主管沟通，来料质量组也对他们进行了质量投诉，但情况并未好转。相反，B公司的几位主管反而觉得委屈。销售计划人员说A公司对计划的要求太高，又经常不提供准确的订单预测，导致他们内部机台、生产与出货、运输安排都几乎跟不上，而且过去1个月A公司一连3次临时大幅度增减订单，弄得他们措手不及，只好将其他客户的生产停下来安排A公司的计划，即使这样交货还是延迟了。本来A公司的订单利润就很低，这样一折腾B公司都要亏本。生产主管也抱怨A公司提供的模具一直就不怎么样，经常要修理。本月还出现有4套模具镶块断裂，需要临时抢修，而以前这些问题都是A公司负责处理，这个月由于生产紧张、订单排不开，只好自己干，但模具一上一下反而耽误机台利用。B公司的品质人员和流程工程师也提出A公司的产品要求太高，质量标准又经常变更，很难跟上要求。

B公司与A公司已有8年的合作经验，A公司认为B公司是目前所能找到的最符合A公司产品、规模以及向伙伴关系发展的供应商，过去其综合表现远高于其他的塑胶件供应商。B供应商确实也花了很大的力气配合A公司。但过去一个月的情况似乎不妙，小王觉得问题比较严重，可又不知如何改进。再说，他应该提交B供应商的月度表现报告了。

资料来源：http://www.docin.com/p-230380102.html.

问题：

B供应商的绩效考核应该是什么样的？小王下一步应该怎么办？

案例二：沃尔玛对供应商绩效的考核

在沃尔玛，由总部统一开采购订单给供应商，供应商将产品交予配送中心。当所有的订单由门店汇总到总部采购，由总部下订单给供应商的时候，通常情况下，除了生鲜供应商和日配供应商之外，供应商一般先送到配送中心，而配送中心需要先预约，如果供应商超过了预约时间，就要重新排队。

沃尔玛对订单的要求也非常高，一张订单发出去，供应商被要求在24小时之内给予确认，是否能够按照订单上的时间、数量送货。如果不能，必须在24小时之内给予回复，沃尔玛给供应商再重新开订单。

沃尔玛所处行业的特点决定了其对供应商的绩效考核是关键。零售业效益提升的最大问题是零售资源的抢夺问题，即谁能以最快的速度、最低廉的成本，将优秀的产品送至顾客。所以，供应商管理能力将成为零售业下一步发展的核心竞争力。

沃尔玛对供应商的绩效管理体系是一个完整的体系：

首先，设计对供应商的考核指标。有如下几个指标：

● 指标一：陈列单位销售。即每一直线陈列数一天的销售额，需要非常精细的测量。包括每一米货架一天的销售量是多少、能够给零售商带来的毛利是多少、一年的销售总额是多少等。

● 指标二：资金报酬率。即零售商把某个地方安排给供应商做陈列，它的资金回报比率是多少，这个指标的权重最大。

● 指标三：营业外收入。

● 指标四：财务收益。账期天数（零售商和供应商之间结算的天数）和库存天数的差异，在银行中产生的利息称为财务收益。

对于零售商来说，关键看其在整个商品周期中的快速周转能力，商品周转得越快，给供应商的账期越短。对于供应商来说，只要账期天数大于或等于库存天数，对于他们而言采购考核就合格了。

沃尔玛利用其拥有的强大的渠道力量和客户信息促使供应商与其一样努力地降低价格，而减少库存是其中的重要步骤。沃尔玛要求所有的供应商都能通过网络实时了解自己产品的销售情况，以便及时地安排生产计划，帮助供应商大大地降低库存水平。沃尔玛通过各种方式向供应商传递自己的需求信息。同时，让供应商通过网络实时地了解沃尔玛销售产品的成本构成，从而探求如何在生产中降低成本。

● 指标五：促进支持频率。一般来说，每个超市每个月都会有至少两次的海报活动。那么，供应商愿意支持多少个促销单品，就是促进支持频率所要考核的内容。

● 指标六：促销力度。即在零售商开展促销活动时，供应商愿意就产品价格进行多大幅度的降价。

● 指标七：产品的质量投诉。这是对供应商产品质量的考核。沃尔玛基于的理念是“总成本最低”，即产品的销售成本和退货成本的总和最低。如果产品质量不能让客户满意而引起退货一样会加大企业的成本。

所以，在与供应商的合同中，沃尔玛有权随时对供应商的产品进行质量检验，同时也可以在未经供应商同意的情况下，允许第三方对产品质量抽查。这就促使供应商必须达到一定的产品质量标准。

● 指标八：缺货次数。对于零售业来说，资源就是竞争的砝码，特别是对畅销产品来说，缺货是面临的关键问题。因此，一家供应商缺货次数的多寡对于零售商选择长期合作伙伴也是一个不可或缺的评价指标。

● 指标九：退货期限。很多时候，供应商很愿意给零售商送货，但退货就不大会重视了。沃尔玛会开出退货通知单，希望供应商能够在14天内给予积极的配合。在退货期内，供应商的配合情况也就成了一个新的考核指标。

另外，沃尔玛还制定了《供应商守则》对合格供应商资格进行界定。

首先，只要在工厂发现雇用童工、使用强制劳动力、体罚殴打员工等六大问题的任何一个，该工厂的供应商资格就会被一票否决。哪怕是某些企业宣称的暑期工、临时工，只要年龄未满16周岁，同样免不了“出局”命运。

其次，汇总分数，对供应商进行等级划分。这些考核标准最后汇总成为供应商的分数。事实上，零售商对于供应商的管理并不是一刀切，根据不同的分数将供应商划分为不同的等级。例如：考核分数在80分以上的，可以划为A类供应商，表示其业绩优秀；得分在60～80分的，可以划分为B类供应商，表示其业绩合格；得分在50～60分的，可以划分为C类供应商，表示这部分供应商的业绩还需要改进；得分在50分以下的，就要归为D类供应商了，这部分供应商的业绩基本不合格。

最后，根据考核结果，对供应商进行绩效管理。沃尔玛不仅停留在考核本身，而是根据考核的分数，划分完等级之后，还要对不同等级的供应商进行绩效管理。

对于A类供应商，也就是优秀供应商，沃尔玛提供一系列优惠的政策，以此激励更多的供应商更加努力，争取得到这些优惠。例如：优先考虑优秀供应商产品摆放的位置；减免优秀供应商产品放置通道的费用；适当地开放数据，增加订单数量；收退换货优先考虑。

对于B类供应商，也就是合格供应商，遵循原先的正常程序。

对于C类供应商，通道费用可能是加收的，订单也可能比较少，位置也不会特别好。但是，为了提高他们的业绩，沃尔玛还为他们组织专门的培训。

对于D类供应商，有被替代的危险，很有可能被淘汰。

资料来源：http://www.c2cc.cn/news/Dealer/Dealer1/2007/10/11/31220.htm.

问题：

1. 沃尔玛重视对供应商的绩效管理给了你怎样的启示？
2. 如何才能真正达到供应商绩效考核的效果？

思考练习

（一）简答题

1. 通过采购绩效评估，有助于实现企业的哪些目标？

2. 简述供应商供应绩效考核的主要指标。

3. 简述供应商供应绩效考核的实施过程。

（二）单选题

1. 当一个小公司的采购部门，无论是组织、职责或人员等，均没有重大变动的情况下，比较适合使用的采购绩效评估标准是（　　）。

A. 历史绩效标准　　B. 预算标准
C. 行业平均标准　　D. 国际最先进标准

2. 以下不属于采购绩效评估的原则的是（　　）。

A. 评估工作要有全局意识
B. 选择适当的衡量指标，绩效指标的目标值要科学、合理
C. 评估工作的持续与长期化
D. 评估工作可断可续，时间比较灵活

3. 参与采购绩效的评估人员不包括（　　）。

A. 生产与工程部门人员　　B. 采购部门主管
C. 会计部门或财务部门人员　　D. 供应商

4. 企业最重视及最常见的衡量采购工作绩效的标准是（　　）。

A. 品质绩效　　B. 数量绩效　　C. 时间绩效　　D. 价格绩效

5. 进料验收指标属于采购绩效评估中的（　　）。

A. 品质绩效　　B. 数量绩效　　C. 时间绩效　　D. 采购效率指标

6. 储存费用指标属于采购绩效评估中的（　　）。

A. 品质绩效　　B. 数量绩效　　C. 时间绩效　　D. 采购效率指标

7. 在供应商绩效评价指标中，（　　）总是与采购价格和成本相联系。

A. 服务指标　　B. 供应指标　　C. 质量指标　　D. 经济指标

8. 供应商综合评价的指标体系的各种要素中，（　　）是第一位的。

A. 价格　　B. 交货时间　　C. 质量　　D. 信誉

9. 在确定评价供应商能力的标准权重时，企业要考虑的是：在与采购相关的所有评价标准中，应该按照（　　）来排列这些标准，以及如何量化。

A. 数量大小　　B. 前后顺序　　C. 计算方法　　D. 重要性顺序

10. 对供应商选择的短期考核标准包括商品质量合格、价格水平低、交易费用少、交付及时以及（　　）。

A. 整体服务水平良好

B. 是否具有健全的企业体制

C. 经营理念是否与公司相近

D. 其产品未来的发展方向能否符合公司的需求

（三）多选题

1. 供应商评价是一项应该经常进行的工作，该工作的频率取决于（　　）。

A. 采购品项的类型　　B. 供应市场的变化情况

C. 公司领导的意愿　　D. 公司的运作情况

2. 供应商评估对很多公司来说是一项很关键的工作。对供应商评估所包括的内容和实施方式，取决的因素包括（　　）。

A. 公司整体目标

B. 公司业务的特性和复杂性

C. 公司的发展阶段

D. 公司希望与供应商建立的关系类型

3. 如果公司将要在很长一段时期内不断采购某种产品或服务，那么，供应商的供应保障能力就很重要。公司在考察供应保障能力时应重点关注的因素有（　　）。

A. 供应商的积极性

B. 供应商的财务稳定性

C. 供应商市场地位的持久性

D. 采购品项在供应商核心业务中的重要程度

4. 通过对供应商评估，如果发现供应商存在积极性方面的问题，尤其是瓶颈型采购品项时，通常可以采取以下（　　）措施向供应商说明公司是一个优质的、值得合作的客户。

A. 证明公司从来都是准时付款

B. 承诺不需要供应商经常费时费力地配合公司的业务

C. 为供应商指派一个客户经理，以方便供应商处理公司的业务

D. 对供应商的询问作出快速反应

5. 激发供应商积极性的措施通常包括（　　）。

A. 增加从该供应商处的采购量

B. 准时付款以证明企业是供应商的一个优质客户

C. 为供应商指派一个“账户经理”以方便其业务交往

D. 提供生产资金并帮助供应商整合其IT系统

6. 供应商绩效管理和绩效考评的方式有（　　）。

A. 类别法　　B. 加权法　　C. 成本法　　D. 现场考察法

7. 采购绩效评估方案的实施内容包括（　　）。

A. 采购绩效评估　　B. 编制采购绩效目标计划表

C. 采购绩效反馈面谈　　　　　　　　　D. 采购绩效跟踪

8. 在评价供应商可获得性能力时，构成供应保障的因素主要有（　　）。

A. 供应商的产品范围

B. 供应商获得原材料以及其他所需投入的保障程度

C. 财务稳定性

D. 采购项目在供应商核心业务中的重要程度

9. 采购绩效评估的原则包括（　　）。

A. 评估工作要有全局意识

B. 选择适当的衡量指标，绩效指标的目标值要科学、合理

C. 评估工作的持续与长期化

D. 评估工作可断可续，时间比较灵活

10. 参与采购绩效的评估人员包括（　　）。

A. 生产与工程部门人员　　　　　　　　B. 采购部门主管

C. 会计部门或财务部门人员　　　　　　D. 外界专家或管理顾问

（四）计算题

1. 某公司对采购部 7—12 月的工作做了一次绩效考核。该公司 7—12 月完成产值2 000万元。采购部获取的物资采购预算额度为产值的 60%。预算包括所需物资成本和物资保管费。所需物资成本及合同金额，物资保管费按合同金额的 2%计。7—12 月的报表显示，采购部共收到需求计划 50 份，所需物资品类共 732 种。采购部根据需求计划和供应商签订了 60 份合同，包括物资品类 720 种。合同总金额为 1 120万元。下半年，实际到货 107 批次，物资品类 715 种。公司共对所有物资抽检 150 种，其中 142 种合格，8 种不合格。不合格的物资品类已经从供应商处得到及时补货，没有影响生产。

请根据上述信息对该公司采购部绩效进行评价：

（1）该公司采购部是否完成了公司物资采购预算额度？

（2）根据采购物资抽检数据，分析采购物资合格率为多少。

（3）按采购物资品类计算，分析采购计划完成率为多少。

2. 根据甲、乙、丙、丁 4 家供应商的供货统计资料（见表 6 - 25），用加权综合评分法对这几家供应商进行绩效考核。评估项目和分数分配为：商品质量 45 分，价格 25 分，合同完成率 30 分。

表 6 - 25　　　　4 家供应商的供货统计资料

供应商	收到的数量（件）	验收合格的数量（件）	单价（元/件）	合同完成率（%）
甲	5 000	4 750	22.5	100
乙	5 000	4 800	24	98
丙	5 000	4 700	20	96
丁	5 000	4 650	18	94

附录

中华人民共和国招标投标法

中华人民共和国招标投标法实施条例

采购术语

参考文献

1. 徐杰，田源. 采购与仓储管理［M］. 北京：清华大学出版社，北京交通大学出版社，2004.

2. 鞠颂东，徐杰. 采购管理（第 3 版）［M］. 北京：机械工业出版社，2014.

3. ［美］鲍尔索克斯等 . 供应链物流管理（原书第 3 版）［M］. 马士华，等译. 北京：机械工业出版社，2010.

4. 曾益坤，周宁武. 采购与仓储实务［M］. 北京：清华大学出版社，2011.

5. 曾益坤，周宁武. 采购与仓储实务实训手册［M］. 北京：清华大学出版社，2012.

6. 中国物流与采购联合会. 中国采购发展报告（2019）［M］. 北京：中国财富出版社，2019.

7. 司银霞. 采购与供应管理实务［M］. 北京：人民邮电出版社，2011.

8. 王元月. 跟我学做采购主管［M］. 北京：北京工业大学出版社，2004.

9. 史忠健. 物流采购与供应管理［M］. 北京：中国劳动社会保障出版社，2016.

10. 杨军，赵继新 . 采购管理（第三版）［M］. 北京：高等教育出版社，2015.

11. 蒋长兵，白丽君，吴承健等. 仓储管理与库存控制案例习题与解答［M］. 北京：中国物资出版社，2010.

12.《采购师国家职业标准（2004 版）》.

13.《物流师国家职业标准（2004 版）》.

14.《中华人民共和国政府采购法》.

15.《中华人民共和国合同法》.

16.《中华人民共和国招标投标法》.

信息反馈表

尊敬的老师：

您好！为了更好地为您的教学、科研服务，我们希望通过这张反馈表来获取您更多的建议和意见，以进一步完善我们的工作。

请您填好下表后以电子邮件、信件或传真的形式反馈给我们，十分感谢！

一、您使用的我社教材情况

您使用的我社教材名称			
您所讲授的课程		学生人数	
您希望获得哪些相关教学资源			
您对本书有哪些建议			

二、您目前使用的教材及计划编写的教材

您目前使用的教材	书名	作者	出版社
您计划编写的教材	书名	预计交稿时间	本校开课学生数量

三、请留下您的联系方式，以便我们为您赠送样书（限1本）

您的通信地址			
您的姓名		联系电话	
电子邮箱（必填）			

我们的联系方式：

地　址：苏州工业园区仁爱路158号中国人民大学苏州校区修远楼

电　话：0512-68839320　　传　真：0512-68839316

网　址：www.crup.com.cn　　邮　编：215123